古代歷史文化 研究輯刊

十 編

王 明 蓀 主編

第 18 冊

晤恩法師的行實與天台分宗之研究（上）

吳 世 英 著

國家圖書館出版品預行編目資料

晤恩法師的行實與天台分宗之研究（上）／吳世英 著 — 初版
— 新北市：花木蘭文化出版社，2013〔民 102〕
序 10+ 目 4+232 面；19×26 公分
（古代歷史文化研究輯刊 十編：第 18 冊）
ISBN：978-986-322-346-7（精裝）
1.（宋）釋晤恩　2. 天台宗
618　　　　　　　　　　　　　　　　　102014415

ISBN-978-986-322-346-7

9 789863 223467

古代歷史文化研究輯刊
十　編　第十八冊　　　　　　　ISBN：978-986-322-346-7

晤恩法師的行實與天台分宗之研究（上）

作　　者　吳世英
主　　編　王明蓀
總 編 輯　杜潔祥
出　　版　花木蘭文化出版社
發 行 所　花木蘭文化出版社
發 行 人　高小娟
聯絡地址　235 新北市中和區中安街七二號十三樓
　　　　　電話：02-2923-1455／傳真：02-2923-1452
網　　址　http://www.huamulan.tw 信箱 sut81518@gmail.com
印　　刷　普羅文化出版廣告事業
初　　版　2013 年 9 月
定　　價　十編 35 冊（精裝）新台幣 62,000 元

晤恩法師的行實與天台分宗之研究（上）

吳世英　著

作者簡介

吳世英博士，香港珠海大學中國歷史所博士。民國 87 年 9 月於中國文化大學觀光系就讀，後入研究所進修，91 年 6 月畢業。旋在大華技術學院、景文科技大學、中國科技大學任教，已升等為助理教授。國畫方面，曾跟陳柏梁學習花鳥，在王壽蘐家習字與文人畫作。專長在空服、遊遊、國際禮儀與宗教。編撰的作品，有《藝術與生活美學》、《生活美學與文化創意》與《台灣宗教信仰的特質與發展的趨勢——以佛教與民間信仰為主要論述》。

提　　要

天台宗從陳隋之際智者大師開創以來，歷經灌頂而至湛然，五世以付授相傳，在禪教與止觀方面樹立了獨特的風格，也影響到佛教其他宗派的發展。此宗派是深具中國化的特色，隋唐之後佛教其他宗派紛紛成立，下至唐武宗滅佛，依經教與寺院的教下諸宗遭受到嚴重的打擊，而氣勢頓衰。在法難之後的復教之時，唯有律宗較獲得重視，而不依經教與寺院的禪門與淨土信仰轉趨繁盛。天台宗因為有其止觀之學與禪講的習慣，使其命脈能夠在吳越地區延續下去，所以在晚唐到宋初之際有了復甦的現象。

天台宗在吳越地區的發展如同其境內，所以本文以晤恩法師與天台分宗為主題，上溯到智者之教法，下探到南宋初年的天台宗發展的態勢，以及佛教其他宗派法緣的遷流狀況。在「緒論」上首先討論前人的研究及其局限性、研究上的方向與可以探究的問題。第二章「天台宗的起源與師承」，則從時代背景與歷史的潮流談起，分「天台宗的起源」、「流派與師弟」、「天台宗的傳承」、「中晚唐的佛教發展」等四節，以探究天台宗在晚唐宋初所面臨到的問題。第三章「晤恩及其會下學人」：從晤恩法師的生平、參學、行化過程，以探究其在天台宗發展上的重要性。至於其會下學人，因為在宋初引發所謂的山家、山外之諍論，乃被後世自稱為山家正統的學人貶抑為山外宗。本文從諸多史料中，考證出他們行化上的一些輪廓，以他們所居住過寺院為主軸加以考察，重現歷史的面貌，以添補前人在敘述這段過程的不足之處，並彰顯晤恩法師及其會下學人對於天台宗的貢獻。

第四章「天台宗的分燈行化」：分「從上所傳宗風」、「會昌法難前後的僧行」、「五代宋初的宗教形勢」等三節，來看其法緣、宗匠、流派以及教內外問題。第五章「山家、山外的諍論」，包括「諍論的背景」、「直接的原因」、「引發的諍端」、「諍論後的現象」等四節來加以討論。第六章「天台分宗的影響」，以「祖師的地位」、「行化的地緣」、「教界的形勢」等三單元來討論。第七章「天台宗發展上的特質」，以「祖庭與別子」、「止觀與義學」、「法器與道法」、「正統與旁枝」、「行化與形勢」等五個單元來討論。

晚唐之後的天台宗有許多流派，到了宋初在山家、山外分宗並流之下，出現了許多特質。透過天台宗的山家、山外之爭，他們的教法為世人所認知，而有一時的繁興。但山家宗持續的排斥山外學說，其發展上的內、外部問題，使其法緣到了南宋因為禪門與淨土信仰的興發，而逐漸趨於沒落。本文在第八章「結論」部份則首先簡述天台宗的特質，以及其在晚唐宋初的發展概況。再次，談論晤恩法師及其會下學人在天台教史的成就。最後，敘述天台宗的流派，以及山家、山外分宗並流，以及天台教史的建立對兩宗的影響。

序　一
晚唐宋初天台宗發展史上的一些課題

　　目前，台灣對於天台宗史的研究尚少，只有少數的幾篇論文以及傳記之作，而大抵是以山家祖師與天台教觀爲主要論述。此外，對於祖庭的巡禮以及寺院的參學與觀光課題，也只停留在遊記階段。這些問題，都是缺乏對於歷史與人文的客觀探討所造成的，所以在其他文創層面上發揮的空間就受到局限。天台教史的研究，除了心印及教法的特質之外，還要注意不同時空環境下的禪師與法師們（或稱宗匠、師匠）對於宗風的揚舉，還有他們個人獨特的願行；再次，則是王法與中國化的問題，還有參學與寺院沿革以及學派習氣的問題。中、日、韓在佛教文化上的互動與交流，跟佛法的遷流與興衰，也存在著一些關鍵性的角色。

　　會昌法難之後，天台宗在發展上存在著許多跟以往不同的特質與問題，如在禪慧上的發揮、法門的改轉、別子傳宗以及融攝諸宗教法以抗衡他教，還有如何遵守傳統的教法，應治禪、教合流的趨勢以及教法上的推陳出新與奮進問題。吳世英的博士論文以晤恩法師的（912～986）行實與天台分宗爲主題，深入地去探討天台宗的生成的環境以及祖師人物，還有流派的發展，尤其是會昌法難（841～846）下天台宗的流派與學派的發展。該論文在內容上頗爲充實，在議題上也頗具分析能力，誠爲佳作。其次是，晤恩及天台分宗是天台教史上的重要人物與事件，對於天台宗在宋初以後的禪法發展，是頗有影響力，很值得加以研究。再次是，該論文在取采上係從史料、佛典、

寺志、諸師行狀或行業記與傳記中去探索，並配合專書論著去重建史實，把一些被遺漏、刪削及被刻意簡化的晚唐到宋初的天台教史重建起來。其對於山外派的描述，從諸師的傳承、根器、師友、寺院、教學與行化面向去考察他們，能道出一些史事來以彌補前人在研究上的不足。此外，前人的研究偏重在天台山的祖師傳承以及山家學派的歷史與禪法，對於史事的敘述有倒果為因的情況發生；或有學者對於天台教史的認知過於粗略，或偏重在義理的闡揚，致使天台宗內部長久以來存在的山家、山外問題被漠視了，而對於山家宗與山外宗的諍論問題，著重在傳統的教觀或山家宗的教觀之上。然該論文從史實以及時空環境的變遷去論述，並還給天台諸師在教史上的真實地位，此論文在這一點上就深具學術價值。

二十多年來，我研究晚唐到宋初的佛教史，我關注的問題多在禪宗與天台宗，因為兩者都跟禪法有關。研究禪宗，勢必會碰觸到天台宗的一些課題，尤其是天台宗與禪宗間禪法的交涉問題、判教與山外思想問題、禪師與法師問題、國清寺問題。天台宗的僧人，通稱是山家。如稱天台山系的僧家，為狹義的山家；把天台山之外的僧家定義為廣義的山外。如是，從晚唐歷經五代到宋代中葉，山外僧家們的學風是頗盛的。此山外僧家，約略可分成六類。一是，玄燭會下的學人，其中以秀州靈光寺的皓端系最負盛名。二是，皓端（890～961）與志因（？～951～？）會下的晤恩系，從錢塘慈光院的晤恩（912～986）會下開出山外宗。三是，義寂（919～987）會下的宗昱系，到宗昱門下契能而法緣斷絕。四是，天台元穎與嘉禾子玄等被志磐的《佛祖統紀》列為「不詳承嗣傳者」。五是，仁岳從山家宗知禮處叛出，其與門下子昉、可久、靈照等人被志磐的《佛祖統紀》列在雜傳之中。六是，從繼忠及其門下從義系，可以得知溫州僧家受山外思想影響頗深。

在五類山外僧家中，玄燭（？～890～？）被稱為台教第十祖，卻不得中興教觀者之名；其會下皓端（890～961）則台、律並弘。至於晤恩使會昌法難後的談玄遺風恢復，使法華大旨全美於世，也不得中興教觀者之名，則被山家宗人稱為山外宗之祖，晤恩系下學人如源清（？～999）與洪敏、慶昭（963～1017）與智圓（976～1022）、咸潤、繼齊及道友元穎、子玄或被山家宗人稱為「當途繼祖者」，可見當時祖述師說的風氣很盛，這都是宗匠門勤於禪講的緣故。而義寂（919～987）會下國清宗昱，可能因為他主張真心說，乃被山家義寂門派擯出門室之外，當時宗昱系的聲勢在台、杭、溫州聲勢頗大；

其會下契能，想將祖師嫡傳的鑪拂授給門人繼忠，卻不能如願；後來契能將其法席，傳給了徒弟處謙；而處謙得法於山家宗知禮會下的神照本如，繼忠則得法於知禮會下廣智尚賢。山家宗在知禮出延慶院戒法與教義之後，透過與山外宗匠論戰，從一個天台宗的一流派轉變成主流學派，在主導天台教學的風氣上起了很大的作用，因此使原先受到山外思想的學子又回歸到山家門派的行列中，溫州僧家繼忠與處謙就是實例。但也因此，使神照本如系與廣智尚賢系的學風，不完全都遵守法智之教。而義通的另一法子遵式，其門風與行法也與知禮有別，所以他能包容從知禮處叛出的仁岳，視之為猶子。遵式也盡量培養知禮的法子，如神照本如與浮石崇矩，後來的山家宗人也將遵式系區隔開來，不使混淆法智知禮的譜系。但因為有山外學風以及禪、教合流與禪、淨雙修的趨勢存在，山家宗人也不免受到影響，所以知禮卒後的山家學人不完全只是宣講知禮一家之教觀或只發揮四明之學風，這由他們所住持的寺院之性質可以窺見一些訊息。

　　山家、山外僧人法緣的流轉，跟止觀之傳習以及他們所住持或講學的寺院之型態很有關係。晤恩在錢塘法緣雖盛，其卒後門徒四散；源清在奉先寺講學，其卒後慶昭繼席不久而往他處行化。宋初時，山家義寂在於螺溪定慧院開山，其門下義通（927～988）往四明後在寶雲院開山興學，義通會下知禮（960～1028）與遵式（964～1032）後來分別在明州與天台山興建寺院。五代宋初之際，山外思想雖盛行，但宗匠們不是回本師處開講，就是繼師父的法席演教，然宗匠卒後就產生住持問題。寺院的住持問題，影響到山外學人的安住與演教；因為沒有自己的道場，他們不能安心辦道，自然會遷住他處，或暫時回到本師處居住。山家學人很早就領會到建立根本道場的重要性，而山外宗人則在山家、山外諍論時嚐到了苦處，所以後來慶昭在梵天寺開山、智圓在孤山建寺課徒講學。山家、山外之爭的優劣形勢，由根本道場以及護持的徒眾、道友有著密切的關係。山家、山外諍論前後的兩宗發展，也可以從兩家寺院的發展以及法子的狀況上可以窺見。佛法是隨四相遷流的，天台宗在會昌法難之後的佛法狀況，是不斷在延續、發展與轉變中。晚唐時，以玄燭法緣為盛，皓端依之受學後回秀州靈光寺行化。皓端法緣很盛，五代中晤恩到皓端處學習，後往志因處研習天台山教觀，志因卒後晤恩繼講而下開山外宗學風。到了宋初，天台宗的佛法又再度有新的面貌。隨著吳越入宋，文備、晤恩、義寂與義通相繼圓寂，當時的天台宗匠是錢塘的奉先寺源清，

其於咸平二年卒，慶昭繼其法席，有乃父之風。

慶昭繼席不久，就碰到狀況，導致他遷往石壁山，徒弟跟隨而去。這是因為山家人的問難，所引發的效果。天台山的山家從物外、元琇、清竦以來，道法一直不振。直到義寂出世，人們期盼他是天台祖道的發揚者，所以他努力搜尋佚失的典籍，並請求帝王追諡天台祖師。因此，在五代宋初之際義寂的聲名崛起，幾乎可與錢塘系的勢力相較量；但當時的吳越地區的學風是禪教合流，天台宗內部真心說甚囂塵上，其會下宗昱系也揚舉真心說，而石壁寺雖也宣講台教，卻是禪、教寺院。義寂會下出義通，所出文本也不廣行，但卻影響到門徒的思想，義通卒後，會下的門生很爭氣，有的主持寺務如異聞，有的講學如知禮，有的四處參學如善信，他們同心結社、修懺法以廣結善緣，這些師兄弟們共同的目標是振興天台祖道。以善信為例，其到過石壁寺、寶山與胥山，考察了山外學派的狀況後，促請同門知禮向慶昭發難。他們敢向最大學派問難，是因為他們看出了山外派的困境以及義學的特質。山外派最大的問題，是無根本道場的建立；其次，是其禪法「合會一性」，缺乏層次性的教學，而和其學的學人甚寡。三是，承接台教師的法席或在本師的寺院演教，在教化上有諸多的不方便，因為這些寺院多是禪、教合一的道場，容易引發諍訛。四是，山外宗學人不如晤恩的善於玄講、在解行上雙明，而能目、足雙運，使法華大旨全美於代；晤恩會下的學人十有七人，贊寧說他們只是：「求解而行行耳。」晤恩之後，雖有源清出世，為一代宗匠，但其禪法卻不能獲得日僧的贊同。想必當時天台山系、四明寶雲系的學人也不苟同。

由山家、山外間的論戰，可以知曉知禮要跟慶昭、智圓等諍論，也勢必要深究他們的處境、禪法的理路；因為山外學人初時寄人籬下，在山家、山外雙方產生諍論時，山外學人講學所依的寺院必然會受到壓力，連帶也影響到山外學人安心辦道的問題。當時的宗匠慶昭與智圓，必然感覺到自己擁有道場的重要性，有了自家寺院，才能繼承祖道，並發揮天台教學以因應世局。兩家所諍論的主題，是觀行與正宗問題，對其他天台僧家或外人看來是見仁見智的，所以不會介入。

知禮在明州延慶院講學，出山家教義以課徒，並破斥山外思想，在這種過程中不免會受到山外學風的激發而產生智慧。所以或可說山家、山外的教觀，部份就在雙方互相激盪與課徒禪講之中產生。由山外學人的行實可以得知，有些山家宗人曾受過山外思想的洗禮如廣智尚賢會下的繼忠與神照本如

會下的處謙，而後來轉弘法智知禮之學。有的僧家初時揚舉法智之學，後來
也不免受到山外學風的影響如知禮門下的仁岳。此外，在山家宗與山外宗之
間的僧家，也存在著禪、教合流的趨勢，如發揚台教的錢塘石壁寺。

　　當時的天台宗，大抵是以別子爲宗，宗匠們能吸引許多學人來參學係因
爲天台止觀與禪講有其獨特之處；此外，天台宗發源地在天台山，就吳越地
區的僧家來看，天台宗是本土的佛教宗派，而五代宋初之際因爲有天台山禪
林寺、國清寺與秀州靈光寺、錢塘慈光院、錢塘奉先寺與天台山螺溪定慧院、
明州寶雲院等寺院在宣說台教、教導禪法，天台宗的法緣逐漸轉爲興隆。以
晤恩會下錢塘奉先寺的源清爲例，其禪法能「合會一性以抗折諸宗」，因此慶
昭與智圓前來受學，他們的目的同那天台山的山家們一樣，都是爲了振興祖
道。但在那個時代裡，禪、教、律、密、法相、淨土合流的潮流很盛，頗多
學人也受到《華嚴經》、《楞嚴經》與《起信論》的影響。天台宗學人除了持
咒、煉氣以及行淨土行與修懺法之外，其教觀已演變出眞心觀與妄心觀的二
義說。吳越入宋之後，義通門下有知禮的出世問難，引發山家、山外的諍論，
但雙方實無交集，此後的山家與山外由是分宗並流；因爲有了山家、山外論
戰的場面發生以及各自有其教法的宣講，使得天台宗的教觀逐漸被時人所熟
悉，天台宗的法緣也因此興發起來。至於中興教觀屬誰的問題，最後也被山
家宗人給決定了。透過論戰，晤恩雖確定了山外祖師的地位，但原本法緣與
學風鼎盛的山外師匠如玄燭、皓端、晤恩的眞實地位受到波及，尤其是在知
禮被僧家稱爲山家教主之後；在山家宗人稱知禮是中興教觀者之後，透過山
家宗的天台史觀，以山家宗爲傳天台祖道之正宗，這不僅使山外諸師的行實
與成就被貶低了，也模糊了晚唐到宋初之際的天台教史，而當時許多有名的
宗匠的事跡被淡化而埋沒了。所以研究天台宗的山家與山外流派，不能不留
意當時的主流人物、學風以及流派發展與中興教觀的問題。

　　晚唐宋初之際，天台宗不僅跟禪宗、淨土、密宗法門走得很近，而跟律
宗關係更是密切，這種情況在山家與山外都是一樣。尤其是山外派，此從希
覺跟皓端、皓端與玄燭、皓端跟晤恩、智圓跟擇梧，甚至從山家叛出的仁岳，
其與擇梧，以及洪敏與子璿的關係上得見。雖然晤恩所開出的山外派，在宋
代中葉後法緣逐漸不見了，然此宗派的思想對後世的影響力卻還是很大的。
所以，我們也可以從寺院的沿革史，去考察天台宗與諸宗間的關係，而不非
僅局限在山家宗所說的史事去推知以及在後山外學說上打轉，以說山外宗的

影響力。陳琿、棕彝在〈杭州"錢秦石宋大佛"重要發現及追考〉文中談及杭州大佛寺沿革時，說：「史載，始自五代吳越國的宮邸別苑十三間樓，其時已奉佛，故稱十三間樓石佛院；其後，錢氏又琢二石佛，曰二尊殿。錢氏歸宋前後，又在東面地帶建兜率院，隨後有錢塘律主擇梧元羽在兜率院施設結界，行羯磨事，其時天台與律宗的色彩多一些。宋徽宗下慢佛侵寺的"革佛詔"以後，此地有一個成為官舍而中斷了寺廟的短暫時期，後來轉而成為專門的彌勒道場，刻大佛了。造彌勒大佛像以後，大石佛院及東一帶遂成為大佛兜率寺。十三間樓，北宋時名楞嚴院，在大石佛院西面，明以後，歸入大佛寺。宋時杭州有華嚴宗第六代祖師長水（子璿）大師，因長於說《楞嚴經》法受封為"楞嚴大師"，此地是杭州唯一名楞嚴的寺院，所以可能本身就有一定的華嚴宗因素和傳承。在鐫彌勒大佛像之後名相嚴院，既表相好莊嚴，亦為開示華嚴學說的標誌。大佛寺的彌勒信仰一直延續到民國年間，佛教領袖太虛大師曾住持此寺，改名兜率寺，並於此設立中國影響力最持久的早期佛教雜誌《海潮音》編輯部，他主張八宗並弘，全面復興中華佛教，大興佛學院教育，在近現代佛教史上產生決定性影響。大師個人所學則以唯識學為根本，畢生弘揚彌勒淨土信仰。兜率寺是大師開始現代佛教運動初期所住持的寺院，因此對慈氏一系教法最近一百年的弘揚，產生過一定的提示性影響。（陳琿、棕彝：〈杭州"錢秦石宋大佛"重要發現及追考〉五餘緒，「佛教在線」，2010 年1 月 18 日。）長水子璿的本師為靈光洪敏，而洪敏則是慈光晤恩法子，在靈光寺的僧職是判官。

　　研究晚唐到宋初的天台宗發展史，還有不少的課題。如以教派間的融攝來論，天台宗與禪宗、天台宗與淨土、天台宗與律宗、天台宗與真言宗等問題，很值得研究。在人物方面，除了九祖的認定問題之外，道邃以下的天台山家、十祖玄燭與皓端、晤恩的關係及義學，德韶、贊寧與天台宗的關係，義寂與宗昱、義通在天台宗發展上的地位，山外宗師源清、慶昭與智圓的學風，洪敏與子璿的行化，智圓、擇梧的禪教關係，知禮與遵式、仁岳的行實等都頗值得我們深入去加以探究。

賴建成謹識於新店達觀寂庵養心齋 102/02/0

序　二
天台宗的禪法、禪教以及
人才與道場管理上的問題

　　研究天台宗，除了宗匠與宗風值得留意之外，離不開佛教中國化以及它跟其他宗派的融攝問題。會昌法難前，天台宗有許多的流脈須要去深入探究；會昌法難之後，天台宗的發展跟以往大是不同。會昌法難促成佛教中國化加深，佛教要在中國發展，勢必要面對王法、士夫的態度以及國人的根性，所以在態度與宗教內涵上必然有一番調整的過程。從晚唐到北宋初年，佛法與外道逐漸和平相處，這有利於佛教的發展；此外，佛教宗派合會以及會宗的情況形成一種潮流，佛法的融通是必然的，這也諸宗生存、發展的重要課題，因此在禪教與教學法上要不斷地推陳出新，不然法緣會斷絕，這就涉及到師匠講學以及道場的經營問題，祖道與宗風也不能或忘，因爲這是宗本問題。

　　天台宗人要在廣大的國土上發展，能自行與化他以及行人心中有所法門，是蠻重要的。道場是其講學之處，但其學有所根本，除了本師之外還有參學的師匠，祖庭的巡禮以及根本道場的建立對學人來說是重要的，「以別子爲宗」或「以別子傳宗」是天台宗的重要課題。在外部來說，要與佛教其他宗派競爭場域與獲得尊重與信仰，勢必要強調宗派的特質以及行化上的善巧，除了「不依他教」的精神之外，要融攝諸宗派的行法納爲己用，而形成了天台宗獨特的判教行爲。

　　天台宗在會昌法難之前，分支並流，人才輩出，如同禪門面臨到頓與漸的問題，觀心、不觀心問題在湛然會下出現；會昌法難之後，師匠們因爲只

留止觀傳習，在義學上無甚麼發展，到了五代有皓端、晤恩與義寂的出世，天台宗有復興的氣象，而此時的師匠禪講風氣頗盛，天台學人由是被稱為法師，而有別於習禪的禪師。天台宗人因為有禪講以及勤於道場、墳塔的經營，在五代中葉到北宋初年逐漸取代了禪門曹洞、法眼以及溈仰宗的法緣，而當時最負盛名的宗匠是錢塘慈光院的晤恩法師，而衡嶽世家則待到義寂的再傳四明知禮出世，方漸能與山外學人爭勝，祖師的定位、中興教觀與祖道問題也因為山家派學僧的在意而產生知見。

北宋初年以後，山家與山外分宗並流，讓佛教生態產生了變化。山家宗排斥山外宗，加上帝王崇尚空門，雲門、臨濟、曹洞逐漸在兩浙之地興發起來。到了南宋，天台宗只剩法智之學流傳下去，山外學風只是零星的出現在天台宗內部起不了大的作用，而後淨土信仰又從天台宗分離而去，天台宗就走向衰落的途徑。

天台宗的問題，是所依經教以及在止觀傳習上的融通問題，還有「以別子傳宗」卻「不依他教」，其「教在天台而行在淨土」，其根本問題在智者之時就已經產生了，智者晚年體會到這是「禪與慧」、「自行與化他」的問題。悟得透徹，則禪教圓融，禪教定是善巧，而能傳之久遠；反之，則是不斷地更換止觀行法。止觀的傳習，重點是在悟還是禪定的功夫也是問題。說「教在天台而行在淨土」，則止觀的功夫勢必被淨土行所取代。學人如棄止觀的傳習，則易變成禪門中人－只顧會取而不管行人的行履。宋代中葉之後，天台學人多依法智知禮之學，使得天台宗越來越沒有包容性、多元性與創發力，所以其法緣抵擋不了禪門的興發與淨土信仰的普及，而很快地轉趨沒落。

本論著的研究，除了運用僧傳與史書、論著之外，從寺廟道場以及師友的關係，看見了天台宗發展上的一些特質以及宗匠的德行，還有佛教各宗派在吳越地區的法緣問題，以及天台宗內外部所面臨的處境。「天台宗的分燈行化」一章，是分析天台宗的流派以及主流學派的形成。「天台分宗的影響」一章，則從更寬廣的佛教宗派發展上，來看天台宗的內、外部問題。「天台宗發展上的特質」一章，則是在研究後所獲得的一些心得。前人對於天台宗的研究，著力在山家的知禮與懺主遵式之上為多，而晤恩法師之所以難以研究，是因為史料零散，要從諸多史實中加以重構，所以本論文第三章「晤恩法師的行實及會下學人」一章，乃能見到前人研究之所未見到的一些現象，這也是讓我覺得研究傳統上被認為非主流人物的傳記以及學派，真的很是艱難的

事情。天台宗的湛然會下元浩，以及從知禮處叛出的仁岳，雖然是天台宗的重要宗匠，但更難以研究，一是因爲資料不足之故，一則被山家學人列爲雜傳難以翻案，但元浩與仁岳都是很值得深入探究的對象。

吳世英於達觀惠風堂 2012/4/10

目次

第一章　緒　論

第一節　研究動機說明

　　本文主要是研究晤恩法師以及天台分宗，而天台宗、晤恩法師（912～978）以及天台分宗之所以重要，是因爲天台宗是中國化很深的佛教宗派，尤其是經過三武一宗之後，「加上中國本土原來具有深厚的文化力量，使佛教中國化，更爲加速進行。」〔註1〕會昌法難之後到宋初的天台宗，最傑出的宗匠是晤恩法師，從五代末年到宋代中葉其所引領的山外學派，對後世影響頗爲深遠。宋初以後的山家、山外宗之爭，雖讓天台宗有一時的興發，但後來山家宗逐漸興起，成爲南宋之後天台宗的代表，這種趨勢使得天台宗難以跟禪宗以及淨土信仰爭勝，天台宗的法緣隨之而逐漸衰落。

　　此外，印度佛學重視理論、分析，各守經論，理論系統分明；而中國佛學強調綜合與圓頓，重視判教，各宗派的法嗣爲自宗爭圓頓，已大過於理論的諍辯，也不太重視理論系統。〔註2〕這種情況，由天台宗山家、山外之爭的初時，可以窺見；但兩宗的分宗並流，卻因有其各自的理論系統，也就是所謂的山家教義或當途繼祖之說。因此，關於兩家宗匠在義理上的成就、學風敷揚的過程以及禪講的風氣等課題，是很值得研究的。再次，對於祖庭的重視、祖庭觀念的改變，以及道場的經營，也在考察之列；因爲這些因素，關

〔註1〕 李志夫〈佛教中國化過程之研究〉（台北：中華佛學學報第 8 期，民國 84 年 7 月），頁 79。
〔註2〕 李志夫，前引文，頁 76～77。

涉到宋初之後山家、山外兩宗的發展。再次，天台宗是佛教中國化的典型，尤其是會昌法難之後，佛教中國化加深，這對山家與山外學風的發展，以及兩宗在道法上的揚舉、根本道場的建立也有所影響。從五代到北宋初年，最重要的宗匠是山外宗的祖師晤恩，以及中興山家教觀的知禮；從知禮的出世論學以及其門風來看，顯然有些部份是受到晤恩的行實所引發的，而不全然是對山外學風的一種反動。

　　要研究晤恩法師的行實、天台宗的祖道、師匠們的宗風、天台學人的一些特質，就要上推到湛然（711～782）與智顗（538～597，世稱智者大師）之教觀與風範，以及天台宗中國化的一些歷程。佛教從兩漢之際傳入中國，之後印度發展中的佛教思想不斷地傳譯過來，中國人融匯貫通的成就也隨之增上，佛教中國化的現象加深。隋唐時代，天台、賢首、禪、淨土等宗派接踵追步，中國佛教不再單靠印度傳來的學說給拂加被，逐漸走上了獨立發展的道路。〔註3〕天台宗是中國第一個大乘佛教的宗派，她被視爲是佛教完成其中國化並走向成熟的最早標誌，也是中國佛教在其歷史發展過程中一座嶄新的座標。〔註4〕此外，天台宗不僅將佛教的中國化運動在理論上推進到一個新的里程，而且亦對此後中國佛教各宗派的建立也產生深遠的影響。〔註5〕它的止觀之學以及義學理論，被其他佛教宗派所融攝，形成獨特的教學法。

　　盛唐之際，被稱爲教下的天台、華嚴與淨土宗派已經呈現出新的面貌。天台宗的源頭爲《法華經》師的一家，至九祖湛然出《法華經大義》，乃有天台宗之名。〔註6〕雖然天台宗之名遲至九祖湛然方始出現，但作爲一個具有特色的佛教宗派，天台宗的創立實際上在智顗之時已經基本完成。〔註7〕天台宗到了兩宋之際出現了傳法世系，該宗以印度龍樹爲初祖，以北齊慧文爲二祖，以南嶽的慧思（515～577）爲三祖。然而龍樹的學說，除了《中論》中的（三諦偈）確實對天台宗的創立及其思想學說的形成有重要影響之外，其以「性空」爲基本特色的中觀學說，跟天台宗以「性具實相」爲基本核心理論的結構，並無實質性的直接關連，更不可能存在著譜系上的先後繼承關係；至於

〔註3〕　賴建成《吳越佛教之發展》（台北：中國學術著作獎助委員會，民國79年4月），頁3。

〔註4〕　董平《天台宗研究》（上海：上海古籍出版社，2004年4月），頁2。

〔註5〕　董平，前引書，頁217。

〔註6〕　湯用彤《隋唐佛教史稿》（台北：中華書局，1982年），頁210。

〔註7〕　董平，前引書，頁217。

北齊的慧文與南嶽的慧思兩禪師，對天台宗來說是開啟了止觀學說的先河者。〔註8〕天台宗的另一獨特處，在於雖說師弟相承，但卻也強調「勇於說出己心中的法門」以及「法門改轉」。〔註9〕這在後世天台宗復興的時候，就引起了學人間的諍論。師弟相承與法門改轉，成了天台宗內部的問題以及生存發展上的一大課題，這兩個現象也成為宋初山家、山外派宗匠們爭論的主要原因。

在四祖智顗（538～597）歿後的百年間，唯識、華嚴、禪門諸宗興起，人才輩出，各自闡揚宗風，天台宗與之相較就顯得不景氣。至九祖湛然（711～782）出世，為了中興天台，把《起信論》引入天台佛學，在緣起論上用「心具」取代「性具」；在判教上，他主張「法華超入」；在佛性論上，則提出了「無情有性說」，主張草木、瓦礫等無情之物可以成佛。〔註10〕湛然的思想，本為中興天台，用「真如隨緣」解釋天台的「性具說」；用天台的「性具說」，去涵蓋《華嚴》的性起說，其結果使天台宗、華嚴宗的思想出現了滲透，模糊了天台、華嚴兩宗的界限。其對無情有性、一心兩門的強調，也模糊了天台與禪門的分際。「法華超入」、「唸佛生信」，則模糊了天台宗與淨土宗的門戶。施食布薩、修法拜懺，卻是融密兼講。從晚唐到宋初之際，佛教界產生了這些顯著的特質，這些特質可以在當時天台宗人的行持與思想上考察得出來。

此外，唐朝末年天下離亂，教下諸宗已經極為衰微，而天台宗大抵局限在兩浙地區發展，然其地盤逐漸被禪宗所取代，當時淨土、律、華嚴等宗也在兩浙地區流布行化。〔註11〕唐末五代之際，南方的吳越國崇尚佛、道與密行者以保境安民，佛教各教派因此得在境內延續發展。天台宗由於經教散佚，初時缺乏國主的崇信，後仰仗禪宗國師德韶的護持，而逐漸恢復起來。當時的天台宗人受環境的影響，大量吸收了各宗派的思想，以圖生存發展，天台宗內部逐漸有山家與山外、山林與城市流派之分別；此外，天台教學長久以

〔註8〕董平，前引書，頁3。

〔註9〕釋志磐，《佛祖統紀》卷第六，《佛教大藏經》第75冊史傳部2（台北：佛教出版社，民國67年3月），頁323；另見《大正新脩大藏經》第49冊（台北：中華佛典協會，2009年4月）。

〔註10〕曾其海《天台佛學》（台北：學林出版社，2002年12月），頁206～214。

〔註11〕有關吳越國的宗教情勢，參見賴建成《吳越佛教之發展》，王明蓀主編《古代歷史文化研究輯刊》第三編第12冊（台北：花木蘭文化出版社，2010年3月），頁47～70。

來罕有學人參問研習，且傳承有嚴重衰微的現象，到了北宋傳承意識覺醒，因章疏齊備，學人重新研究天台的思想之後，自然會產生種種的見解，尤其是要考量志因、晤恩系下的山外派思想衝擊下的影響，以及如何面對禪教合流的趨勢。面對這種情況，義通（927～988）的門人知禮（960～1028）意識到如果不在理論上純淨天台思想，批判出天台佛學中的非天台思想，劃清天台宗與其他諸宗的思想理論界限，天台的理論特色與行持就有被融化的危險。〔註12〕天台宗內部的問題由來已久，但山家、山外宗之爭，卻由義通會下的知禮法師所引起的，這雖有助於天台佛學在當時聲勢的提振，卻影響到晚唐宋初山家派以外的天台學人，許多流派的事跡隨著山家派的獨擅而被埋沒或簡化了，至於山外派祖師晤恩法師及其師友在天台發展史上的功業與歷史地位，隨著山家派立祖言說而被改寫。

從晚唐到宋初之際，天台宗在吳越境內有許多流派在發展，開啓了天台宗內部正統與路線之爭的序幕，這即是後世所謂的山家與山外問題。當時的佛教界，禪宗最盛，五代之時山外派祖師晤恩（912～986）深受南山律宗還有禪宗、華嚴宗的影響，其在錢塘慈光院行化，時人稱他義虎。晤恩本人持戒甚爲嚴謹，除了誨人彌陀淨業之外，爲弟子說止觀旨歸，然強調「眞心說」，喜示人以「一乘圓意」。〔註13〕晤恩門下源清（？～983～999），在錢塘奉先寺行化，其教法是「會同一性」，用來抗折諸宗，會下出慶昭（963～1017）與智圓（976～1022）兩名宗匠。〔註14〕而山家派以四明知禮爲首，主張「性具本惡說」；知禮善於修持懺法，又結交權貴豪門，得到更多民眾的護持；其揚舉智者大師一代的教法，貶抑晤恩系下學人爲山外。天台宗發生了山家、山外派的紛爭，使當時的教界與其他學人，更加明白他們的教法，這在某種程度上實有助於天台教法的傳佈。而晤恩會下一派，受到自稱是正統派山家們的讉伐，此學派到了宋代中葉因爲缺乏宗匠的出世而逐漸趨於沒落，但晤恩與其他被稱爲山外派的學人對於天台宗在晚唐宋初的發展與復興，也是大有助益的，他們的歷史地位實在是不容抹煞。〔註15〕本文即以晤恩法師與天

〔註12〕曾其海《天台佛學》（台北：學林出版社，2002年12月），頁232～233。

〔註13〕《宋高僧傳》卷第七〈宋杭州慈光院晤恩傳〉，《宋高僧傳三集》（台北：台灣印經處，民國50年3月初版），頁179；另見《大正新脩大藏經》第50冊（台北：中華佛典協會，2009年4月）。

〔註14〕《釋門正統》卷第五〈慶昭傳〉，《卍續選輯》史傳部20（台北：新文豐出版公司，民國66年3月初版），頁832；另見《卍新纂續藏經》第75冊。

〔註15〕關於晤恩在天台宗歷史地位，在宋朝時南山律僧人及山外派學人都曾揚舉，

台分宗爲主題，探討天台宗學派發展以及山家、山外的情形，來說明他們在佛教史上的貢獻與成就，並兼論佛教其他宗派的法緣以及他們對天台宗的影響。

第二節　前人研究回顧

　　一般研究天台宗的學者，除了史籍的考訂、古跡巡禮以及觀光考察之外，有七個現象值得留意。第一是認爲山家宗與山外宗（或稱山家派與山外派）在思想上雖有分歧之處，只是內部的爭論而已，但卻促成天台宗的思想爲世人所熟知，最後因山家後繼有人，終以山家宗代表天台一家，而盛行於南宋之世；而正統之說，也是山家派廣智（知禮法子）系下後輩釋志磐編輯《佛祖統紀》才成立的。這類著作，以呂澂的《中國佛學源流略講》爲代表，對山家與山外之爭，他則直筆帶過，無批判之意，說法平實。〔註16〕黃懺華的〈天台宗〉〔註17〕一文，亦是如此。淨心法師的《天台宗山家山外論爭之研究》〔註18〕，不論及立祖師的問題，而談到山家、山外爭論的焦點，最後依山家爲正統〔註19〕，這顯然受到日本研究的影響，以及他本身的傳承與受教育的關係；其且云：「山外諸師，因爲對自宗圓教的認識膚淺，所以受他宗的影響，就將別教權大乘，看成圓教究竟之談，結果主張違背天台教義之說。」〔註20〕但其不否認一個事實，是山外學說有其優點。〔註21〕陳垣的《中國佛教史籍概論》卷第五，評論《釋門正統》與《佛祖統紀》兩書時特別提到「台

其事參見釋贊寧：《宋高僧傳》卷第七〈宋杭州慧光院晤恩傳〉，《高僧傳三集》（台北：台灣印經處，民國50年3月）；另見釋宗鑑《釋門正統》卷第五〈荷負扶持傳——晤恩〉，《卍新纂續藏經》第75冊（台北：中華佛典協會，2009年4月）。

〔註16〕關於對山家與山外的概述，參見呂澂《中國佛學源流略講》〈宋代佛教〉（台北：里仁書局，民國74年1月），頁418～419。

〔註17〕黃懺華〈天台宗〉，《中國佛教總論——中國佛教宗派源流》（台北：木鐸出版社，民國72年1月），頁283～288。

〔註18〕此論文是其在日本京都佛教大學卒業論文，中文部份參見釋淨心《天台宗山家山外論爭之研究》，《淨心長老論文集》（高雄：淨覺佛教事業護法會，民國85年1月），頁1～67；日文部份，參見《淨心長老論文集》，頁1～78。

〔註19〕其護教之心甚隆，也反映在研究山家、山外諍論之上，如釋淨心《淨心長老論文集》，頁63云：「我想今後應該更熟讀天台教籍，以伸張山家的正義，同時藉以探求山外說的優點。」

〔註20〕釋淨心，前引書，頁62。

〔註21〕釋淨心，前引書，頁63。

禪二宗之爭」、「山家山外之爭」，都涉及到天台宗分宗以及內部爭論問題，最後兩家分流，法智（知禮）之學獨盛後，始有山外之名；其且云：「北宋初，四明知禮遂致中興，賜號法智，天聖六年卒，自是天台子孫皆法智之後矣。」〔註22〕陳氏的說詞，雖有部份道理在，但卻與史實不太符合。上述論說，都是簡略史料、忽略部份重要史實所造成的，而後世不少學者就沿襲這種以山家為主的說法，尤其是探討義理或從事哲學研究者。

第二種現象，是依據俗締的說法，不依據實際理地而以功業以及為世人所容受的程度來看一家之學的興衰。由於山家派祖師的法緣，在宋初以後逐漸較山外派祖師氣勢熾盛，因而學者們不自覺地抹滅了山外派在天台宗發展上的真實地位；加上山家派在南宋時的立祖言說，使得山外派學人的行實與功業被忽略了，而以為晚唐至宋初的天台宗就是如是地在發展。這類的著作最多，如佛教文獻編輯社印行的《天台宗高僧傳》〔註23〕就是實例。這種情況在當前佛寺佛學院體系的教育中，更是明顯，他們常是祖述山家的說法，如《知禮觀無量壽佛經疏妙宗鈔研究》一書云：「北宋初期的中土佛教，隨著政治之趨於統一，文化、學術、宗教各方面亦步向調和融會，而教內台、賢、禪、淨各宗派間，亦互相影響吸收。然由於中唐以來之長期戰亂，復經武宗會昌法難，所有宗派普遍式微；尤其天台一宗，除《淨名疏》外，其餘教部散佚殆盡；後雖由海東（高麗、日本）傳回，學者於諸文獻畢竟生疏，未克深究，且復受兼講思潮的影響，非但未能闡發自家正義，反多『擠陷本宗』。」「四明知禮（960～1028）處此契機，既盛開智顗、湛然宗義，復辯破山外、諸家之擠陷，遂中興一家之正義。」〔註24〕此篇論文，很明顯地從山家的立場批判山外之學。另如王志遠的《宋初天台佛學窺豹》一書，認為「從知禮開始重建了山家為代表的天台宗法統〔註25〕」，且因山家派「再次提供了有助於人們接受新的穩定秩序的思想〔註26〕」；「山家山外之爭，以山家取勝。後

〔註22〕陳垣《中國佛教史籍概論》（台北：文史哲出版社，民國70年6月初版），頁121～129。

〔註23〕佛教文獻編輯社於2003年11月印行的《釋迦牟尼佛傳》、《天台宗高僧傳》合刊本。《天台宗高僧傳》中的「東土九祖」、「興道下八祖」、「諸祖旁出世家」、「諸師列傳」等都依據釋志磐的《佛祖統紀》一書。

〔註24〕釋法藏〈天台教觀概述3〉，（台灣：http://www.minlun.org.tw/2pt/2-dreamweaver/15-01.htm），「學海無盡藏」網站文。

〔註25〕王志遠《宋初天台佛學窺豹》（高雄：佛光出版社，民國81年7月），頁14。

〔註26〕王志遠，前引書，頁34。

世的天台宗基本上是山家後裔，所以山外的著作大都散佚不傳。」〔註27〕其研究，也不觸及天台宗的立祖之說，因爲其非宗教徒的關係，從唯物的立場去分析，儘量以持平的立場在看問題；但就宗教立場而論，功業、德行與能迎合時代需求，跟弘揚教法相較之下，實有高下之別，就眞諦而言三者遲早都要忘卻的。山家、山外的諍論，最後是以無交集而收場，沒有誰勝、誰輸的問題存在。

　　不論是山家或山外派的道法，都講究一脈相承。天台宗的祖師風格之不同，有的著重在證得，有的著重在開圓與判釋，有的默契與講說，有的著重於教法的弘傳，這涉及悟入的圓融是否以及個人的願行，而不在於個人德行之高下與弘贊之廣大。談到祖師的願行，法藏法師在〈天台教觀概述3〉演講文中談到慧文、慧思的證得以及智者的願行與判釋問題時說：「其實龍樹、慧文大師、慧思大師都已經證得了，反倒是他（智者）正在開圓，智者大師在開圓解的時候，還沒有眞正證得，不過他就已經能總攝佛法，因爲他已經證得前方便旋陀羅尼，他能這樣叫一脈相承。」至於九祖湛然，他說：「荊溪湛然大師就特別，因爲他中興了天台教，立天台教的名也是他。九祖，那人家九祖這麼有名啊，相對的他師父就會有名。有的是師父有名，徒弟跟著沾光。反過來嘛，是徒弟有名，師父大家都會知道是這樣子。」〔註28〕兩宋之際，天台宗山家學人立祖扶宗，就是個實例，追溯一脈相承，師徒都因此風光。山家派的義寂下出義通，義通後的知禮與遵式兩徒弟，宋代中葉兩師出名了，祖師義寂與義通跟著沾光，山家再往前追溯諸祖師，上接九祖湛然，就出現了十祖道邃、十一祖廣修、十二祖物外、十三祖元琇、十四祖清竦、十五祖義寂、十六祖義通、十七祖知禮等的山家祖師傳承與止觀傳習。

　　山外派學人，被稱爲當途繼祖者，但無立祖扶宗史書的出現；而山家宗學人對此則志趣堅決。所以，南宋之後山外宗被埋沒了，這由兩宋之際山家學人努力破斥山外思想可以看出徵兆。天台宗自唐武宗會昌四年滅佛之後，趨於沉寂，天台典籍消失殆盡；至五代吳越王錢弘俶遣使高麗、日本，覓求抄寫天台宗書典，以饗學人，天台宗由是獲得中興之機。趙宋之後，天台宗學人留意編撰本宗歷史，先是元穎法師於北宋徽宗政和年間（1111～1118）撰《天台宗元錄》一百卷；繼有優婆塞吳克己於南宋寧宗慶元年間（1195～1200）

〔註27〕王志遠，前引書〈十義書論析〉，頁34。
〔註28〕釋法藏〈天台教觀概述3〉，「學海無盡藏」網站文。

增廣《宗元錄》，改名《釋門正統》。隨後，景遷法師於嘉定年間（1208～1224），依上述二書編成《宗源錄》。理宗嘉熙初年（1237），宗鑑法師又將未及刊行之吳本《釋門正統》加以擴編，仍名《釋門正統》；至此，天台宗史傳已粗具規模。南宋志磐法師以景遷之《宗源錄》、宗鑑之《釋門正統》二書為基礎，仿史書紀傳體及編年體增編而成《佛祖統紀》凡五十四卷，略稱統紀，收於大正藏第四十九冊。全書主要闡明天台教學之傳統，分為「本紀」八卷、「世家」二卷、「列傳」十二卷、「表」二卷、「志」三十卷。其鑑於佛祖傳授記載之不備，乃於理宗寶祐六年（1258）撰《佛祖統紀》，敘述天台九祖諸祖列傳及諸宗立教之事蹟；極盡精細，旁及禪、律諸家，世人以此稱便而廣為流通，歷時十二年始成。後更致力於該書《會要志》四卷之刊版。又嘗力排山外異說，作《宗門尊祖議》一篇，以紹隆正統，顯揚大教。另著有《法界聖凡水陸勝會修齋儀軌》，並重修宗鑑之《釋門正統》。從宗鑑之《釋門正統》一書，其序言：「本紀以嚴創制，世家以顯守成；志詳所行之法，以崇能行之侶；諸傳派別而川流，載記嶽立而山峙。以耕以戰，誰主誰賓，而能事畢矣。宗鑑學淺識暗，管見狹；聞狂斐之罪，亦自知之；道重身微，利害奚卹。皇宋嘉熙改元（1237）三月十日，沙門宗鑑序。」〔註29〕知禮系下的山家學人，努力於搜集一家言教，並建立祖師的傳承與正統性，批判山外異端，又因為他們寫史書以說一家之教，所以對後世的教育起了很大的成效。

　　一般學者看天台宗史，或多受到《佛祖統紀》的影響，然拿是書跟《釋門正統》考校，可以看出許多隱晦的山家、山外歷史及其爭論之源頭，但學人多不加以考察。《釋門正統》把清竦會下的山家義寂及其弟子義通列為祖師。九祖湛然之後，天台宗人出現玄燭，大順初（890）其於京師弘化，有徒數百；而玄燭會下出皓端（890～961），其於武肅王時（893～932）學南山律兼弘台教。靈光寺皓端會下出晤恩（912～986），晤恩善於玄解，時輩難以抗敵；晤恩後又跟清竦會下的志因學習天台教法，師弟互相角立；而晤恩到慈光院志因座下，可能是為了學習天台正宗的緣故。吳越有國時天台宗唯有天台十祖之說，尚無山家派立祖之言論，但後來有釋志磐在《佛祖統紀》一再申言，序文上說：「佛祖之道，以心傳心，尚何俟於言說？至於當機印可，則必資授受，以為傳道之儀，是以金口祖承二十四聖，皆親承口訣，用顯心傳

〔註29〕釋宗鑑《釋門正統》「序」，《卍續選輯》史傳部 20（台北：新文豐出版公司，民國 66 年 3 月），頁 712。

之妙！然則通古今，簡邪正、明境智、辨宗用，其可有遺於言說者也。」依口印心之外，專事講說以及弘贊之勳功，同樣受到重視。他宣揚山家派之學，此在志磐的〈宗門尊祖議〉文言之甚詳〔註30〕。後世學者以為山家史書所載就是真相，究實言之《釋門正統》與《佛祖統紀》只是重要史料而已，對於他們的史觀還要加以考察。牧田諦亮在〈贊寧與其時代〉一文中提到「獨裁君王治下的教團立場」時，除了推崇贊寧的功業之外，只重視釋義寂（919～987）及其法孫知禮（960～1028）與遵式（964～1032）的行化〔註31〕，顯然其說法是受到《宋高僧傳》與《佛祖統紀》的影響，而不甚合乎五代末年到宋初雍熙年間這四十年（從乾祐元年到雍熙四年，948～987）天台宗的發展情況。

　　第三種現象，也是前兩種心態所造成的，尤其是到日本留學的人。近代研習天台教者，多以山家為主，他教人士或非此領域的學者專家對於天台宗歷史的發展沒有深究而應合舊說，以為山家派的言說為正宗，因此對於晚唐以迄宋初的山外派以及其他天台支派的活動及影響力，不會加以留意。以山

〔註30〕釋志磐《佛祖統紀》卷第十〈宗門尊祖議〉，前引書，頁813～814云：「如來聖人，以開權顯實開跡顯本之道，化天下後世者謂之佛。佛弟子以次傳道，為世宗主者，謂之祖。其實一道爾，故如來之將息化也，以無上大法付之飲光，飲光任持二十年，以付慶喜，慶喜持法宣化亦二十年，以付商那。下而至於十三世，曰龍樹，始以文字般若著所證三觀之道，曰中觀論。暨譯傳東夏，於是北齊以宿悟已證立為觀法，以授南岳，南岳承其旨，悟法華淨六根以授天台，天台始立五時、張八教，用明法華開顯之妙，而大暢乎境觀之旨。時則有章安，執筆載為疏論，其道遂大明。法華天宮繼世講演，嗣其法者唯左溪，左溪門學獨荊溪能承正統，述諸記以贊祖謨，則清涼異議為之寢息。以文字廣第一義諦，則莫若茲時之盛，以故世之學者取龍樹至例為九祖，以奉清祀，其有由矣。自荊溪以來，用此道以傳授者，則有興道（遵師）、至行（修師）講道不絕。會昌多難，教卷散亡，正定、妙說、高論（外、琇、竦二法師）三世，唯傳止觀之論。迨乎螺溪，法運將泰（寂師），天假吳越（錢忠懿王），求遺書於海東。於是教籍復還，寶雲嗣興，敷揚二紀。而四明法智，以佛所生子，垂跡海隅，一家教部毘陵師未記者，悉記之；四種三昧人所難行者，悉行之，斯慈雲之極言也。當是時有為異說者，如昭圓諸師，世方指為山外，而法智獨擅中興教觀之名。自興道記四明凡八世，所以紹隆正統而顯揚大教者，有在於是，是宜等而上之，用陪位於九祖，以尊大其道為可爾。然則今之宗門列剎，凡所以講天台四明之道者，有能起龍樹至法智，通祀為十七祖，以並為之位，誠有見於後學尊重道之心也。謹議。」志磐只說山外宗為異學，不排斥其有扶宗之功，宗鑑的《釋門正統》亦然。

〔註31〕牧田諦亮著、索文林譯《中國近世佛教史研究》（台北：華宇出版社，民國74年8月），頁157～158。

家為正宗、山外為異端的例子，如釋慧演的〈宋代天台山山家山外爭論〉；此論文是以天台宗內部的立場來考量，其云：「所謂山家派承智者之學屬天台正統，至台宗第十七祖四明知禮之門人及學者認為晤恩、源清、智圓、慶昭之學非正統天台教學，乃貶仰為『山外派』。而孤山智圓與知禮是同時代的人物，孤山智圓屬於山外派的代表人物。另一位是淨覺仁岳，由親近知禮輔助知禮對抗山外諸師，而後轉向背離知禮，進而對知禮的學說展開批評，稱為『後山外派』。」「在天台山家山外之論爭中，以知禮門徒眾多，而持義甚辯，以存天台一家教法，故一般分以山家為正統，顯然此爭論勝負已定。」至於外部因素，其云：「山外派在諸多觀點，有受華嚴宗思想影響之跡象。」〔註32〕另釋理方在〈天台法脈源流初探〉下則說：「天台宗的法脈，傳到第九祖湛然大師之後，又歸於和平的沉靜狀態，雖然其後代祖師法脈相傳，但祇是繼承，沒有創新，直到四明知禮大師時又出現興盛的景象。」〔註33〕以釋理方的說詞，湛然之後只有知禮在義學上可觀，抹殺了五代至宋代中葉天台宗其他宗匠在義學上的成就，這顯然是受正統論的影響且過度減化天台教史的結果。

　　第四種現象，是認為山家、山外是天台宗的兩種學派，而在教義上有分歧處。這種說法，《中華百科全書》「宗教──山家山外」條云：「山家、山外是宋代天台宗的兩個學派。晤恩（912～986）大師認為《法華玄義》「釋名段」觀心之釋文是後人偽撰所附加的，稱之為『廣本』；堅持『略本』才是智者大師之作品，故特作《金光明經玄義發揮記》。而義通與知禮兩大師，則相繼作《金光明玄義贊釋》、《釋難扶宗記》，強調《法華玄義》觀心之釋文係智者大師所親撰。以嚴守天台山之家法為己任，自稱為『山家』；而稱晤恩一派為『山外』。山家以知禮大師為首，以尚賢為中堅。山外則以晤恩為首，以智圓為最傑出。兩派在教理上亦有分歧處：一是『三法能所』問題。雖說華嚴經的『心、佛、眾生三無差別』的認識是同一的，但在能所之解釋則不同：山家主三法都具足『能造、所造』，但都不出一心。山外則說：『心法能造，生佛為所造。』二為色、心之含攝問題：山家主色法的各界，也具有色心三千界；而山外派則主僅一念心才具足三千界。三為『三千』與『三諦』是同是異之問題：山家主三千大千世界即是空、假、中之諦的相互圓融；而山外則主張三千為俗諦，是假名，因空、中二諦乃是無相泯滅之理體。由於以上之大基本論點尚

〔註32〕釋慧演的論文，出現在網路 http://www.yinshun.org.tw/93thesis/93-04.htm。

〔註33〕釋理方〈天台法脈源流初探〉下，《香港佛教》第 569 期（香港：香港佛教聯合會，2007 年 10 月）「論說」文。

引伸起色界可否成佛，理體是有相無相之爭論。（李志夫）」〔註34〕上述的說詞，還是過度減化山家、山外兩家的宗匠、思想與歷史發展。

天台宗從成立以來，流派就很多，思想也就有所差別，但因師資傳授的關係，有的法緣得以流傳。到了五代之際，因為傳承、地緣與義學的關係，有了爭正統的形勢出現，到了知禮出世，問題就搬上了抬面。對於宋初的天台宗，太虛大師在〈天台學之成立——宋代山內山外與華嚴及禪之辨〉文中說：「天台學到了宋朝，有四明法智尊者大弘天台學，但是即由之而天台學分山內（即名山家）和山外的兩派。山內派自稱為天台的正統，即四明一派；山外為慈光等一派。至於這兩派的內爭，時期頗久，加入論戰的人數也很多，所討論的問題更不一致。大約的說，山內派的人特別舉揚天台之獨特學說，如性具惡義、佛果具惡義，以妄心為觀境義，而絕對不苟同附合華嚴、禪宗等說，且具其特殊義以評破之；至於山外派人的學說，則頗與華嚴、禪宗等義相融，而不許以妄心為所觀境義等。」〔註35〕從天台山家、山外的爭論中，可反映出佛學思想中國化的歷程以及禪、教互相滲透與合流的問題。太虛大師從天台宗與華嚴及禪之觀點，來探究兩宗的走向，其在《中國佛學》「第三章禪觀行演為台賢教」文中說：「這兩宗（天台宗與華嚴宗）的第二代、第三代的傳承者不向教理方面發展，則其學必歸為禪宗矣。」〔註36〕因為兩宗皆以禪為源，因禪觀行（實相禪與如來禪）的演出與流布而成為台、賢學，然天台宗的荊溪湛然嚴厲地批判禪宗，而華嚴宗的清涼澄觀與圭峰宗密（780～841）因出入禪門，故後之學者亦近禪宗。〔註37〕太虛大師從禪之源頭與其演化、流布以及義學的發展，來談論禪宗與教下之同異處。這些問題，可以從釋道宣的《續高僧傳》、釋贊寧的《宋高僧傳》以及釋志磐的《佛祖統紀》等書的「義解篇」、「習禪篇」傳記中區別得出禪師與法師行實的不同。山家、山外之爭，也就是因為晚唐之後天台宗人從禪師走向義學僧人，義學上的歧見加上其他成見，就爆開了彼此間的諍論。

第五種現象，是似如太虛大師從天台宗內、外部問題來考察，而以會昌法難（841～846）以及佛教中國化為主軸，但卻仍以山家為正宗，以清竦下

〔註34〕1983 年典藏版《中華百科全書》「宗教一山家山外」條下，http://ap6.pccu.edu.tw/
　　　　Encyclopedia/data.asp?id=1464&forepage=1。
〔註35〕釋太虛《中國佛學》，《太虛大師全集》（台北：海明佛學院，民國癸亥年 6 月），
　　　　頁 692～693。
〔註36〕釋太虛，前引書，頁 682。
〔註37〕釋太虛，前引書，頁 697～709。

志因系爲旁出。此類著作，尚無法擺脫正統論的說法，但已就某些史實來加以敘述，這類著作有黃運喜的《中國佛教史講義》。其在是書〈第十單元——會昌法難（下）〉文中云：「法難後，該宗依據之法華經雖未散佚，但亦面臨『斷簡殘篇，傳者無憑』的困境，在這法脈不絕如縷的情況下，天台亦採《起信論》的觀點來闡揚宗派理論。由於天台本來不重視《起信論》，智者大師在《法華玄義》、《法華文句》、《摩訶止觀》中均未引到《起信論》。在宋代，爲了弄清本宗思想的發展及其與《起信論》的關係，出現了許多異說，自宗之內因而分歧成山家、山外二派。這二派爭論的起因是因義寂（有稱義寂）同門志因的弟子悟恩（有稱晤恩），著《金光明玄義發揮記》，否定《金光明玄義》「廣本」是智者大師的眞作，而主眞心觀，是爲山外派。四明知禮則作《釋難扶宗記》以破《發揮鈔》，成山家派。由於山家派的傳承爲清竦、義寂、義通、知禮等人，其論點參考高麗沙門諦觀傳回的祖師著作，其論難採用中觀系統。山外派雖爲清竦旁系所出，唯其論點已參雜《涅槃》、《楞嚴》、《起信》等眞如系統，如智圓著有《首楞嚴經疏》、梵慈著有《楞嚴會解》。故天台山家、山外的爭論亦反映出佛學思想中國化的歷程。」〔註38〕山家、山外之爭，反映出佛學思想中國化的歷程，也反映出人性的意氣好鬥，在佛門中也是一樣，不僅談善與惡教化問題，眞心、妄心以及正宗與旁出也自然成爲佛門課題。

　　唐宋之際，儒、釋、道三教之間的互相影響日益加深，而儒家中人的排佛論調也一直存在。天台四明知禮（960～1028）的性具與妄心觀的思想因應而生，後雲門宗的明教契嵩（1007～1072）有《傳法正宗記》出世，其立祖說宗破斥異說〔註39〕，這影響到後來天台山家宗人如《釋門正統》與《佛祖統紀》等書立祖師、說正統傳承的一些作爲。而較契嵩早出世的知禮，卻從修道上來闡發天台宗山家止觀之學的殊勝處。談論這些問題的著作，有王志遠的專書《宋初天台佛學窺豹》與其論著〈唐宋之際三教合一的思潮〉一文、

〔註38〕黃運喜《中國佛教史講義》，（台灣：2010 年 5 月 17 日，「紅塵記事」部落格），http://tw.myblog.yahoo.com/jw!wW7fnmKaEwLqvH_K32.ThIc-/article?mid=421。

〔註39〕關於契嵩的護佛，參見鄧克銘：《法眼文益禪師之研究》（台北：東初出版社，民國 76 年 10 月），頁 1～7。史料方面，參見陳舜俞《鐔津明教大師行業記》，《大正新修大藏經》第五十二卷，頁 648 中云：「當是時，天下之士學爲古文，慕韓退之排佛而尊孔子。東南有章表民、黃聱隅、李泰伯，尤爲雄傑，學者宗之。仲靈（契嵩字）獨居，作原教、孝論十餘篇，明儒釋之道一貫，以抗其說。」

許尚樞的〈唐宋時期天台山三教關係雛論〉〔註40〕、潘桂明的〈從智圓的《閑居編》看北宋佛教的三教合一思想〉〔註41〕、蔣義斌的〈孤山智圓與其時代——佛教與宋朝新王道的關係〉〔註42〕與末廣照純的〈孤山智圓的儒佛道三教觀〉〔註43〕。王志遠在〈唐宋之際三教合一的思潮〉文中說到修心問題時，云：「如果從時間順序來講這種修養方式的改變以佛教爲先。統治者一再認爲應『以如來之行修心』，就是發現佛教這一特點。這一特點雖是佛教所固有的，但在宋各佛教徒手中卻得到刻意發揮。（中略）他（知禮）猛烈地抨擊天台宗的『異端』的『山外派』，第一條就是因爲『山外派』要取消『觀心』，即放棄針對俗世的內在修養。他爲了達到『治心』的目的，對『性、相、理、事、體、用』等等一系列佛教哲學的基本範疇，特別是『心』，做了集中闡發。」〔註44〕宋初統治者爲了要求全面穩定的政治局面，造成儒、釋、道三教思想幾乎同時發生思想修養方式的改變，由是知禮所領導的山家宗學人能夠持續的討伐山外派學人的眞心說思想。而山外宗匠智圓認爲「心性的昇華是解除病痛的根本」，其在〈病賦〉文中強調天台宗理觀的「至眞之法」，蔣義斌在〈孤山智圓與其時代——佛教與宋朝新王道的關係〉一文「結語」時說：「智圓認爲佛教在新王道的建立過程中，扮演著『長於治心』的角色。這點在當時學術界，是相當有說服力的。不過北宋中晚期興起的道學運動，即以『心學』爲主軸，作爲對佛教論述的回應。」心論在山家、山外之爭時，佔據著很重要的地位，這類著作有楊惠南的〈孤山智圓的《金剛錍顯性錄》中的山外主張——色不具三千〉一文。〔註45〕山家和山外宗，不論是在心性論或是止觀的觀法上，都有顯著的差異；這些差異也在理趣上支持了兩派「色具三千」和「色不具三千」的立論。此外，他們爲了回應其時代，也採取儒、佛

〔註40〕許尚樞〈唐宋時期天台山三教關係雛論〉，《東南文化》第 2 期（江蘇：南京博物館，1994 年 4 月。）

〔註41〕潘桂明〈從智圓的《閑居編》看北宋三教合一的思想〉，《世界宗教研究》第 1 期（北京：中國社會科學院，1983 年 1 月）。

〔註42〕蔣義斌〈孤山智圓與其時代〉，《中華佛學學報》第 19 期（台北：中華佛學研究所，民國 95 年），p233～270。

〔註43〕末廣照純〈孤山智圓的儒佛道三教觀〉，1981 年《天台學報》第二十四卷（收錄在《中國關係論資料》第 29 號第 1 分冊下）。

〔註44〕李光筠《佛教與中國文化》（北京：中華書局，1998 年 10 月），頁 72。

〔註45〕楊惠南〈孤山智圓的《金剛錍顯性錄》中的山外主張——色不具三千〉，《中華佛學學報》第 19 期（台北：中華佛學研究所，民國 95 年 7 月），頁 209～231。

對話的態度。

第六種現象，是從天台宗發展的內、外部問題，去探討山家、山外問題，而著重在歷史發展、生成環境與義理之考察。這方面的著作，初有湯用彤的〈論中國佛教無十宗〉一文；湯用彤在該篇文章「甲略述佛教宗派之形成」提到宗派的意義時說：「隋唐教派風起，因每派各有自己的理論和教義，故通稱為宗，如法相宗、華嚴宗，又可稱為教如三階教、天台教，各立自己的辦法達到解脫，故稱門或法門，如禪門、淨土門。禪宗在最初之時，為楞伽師，此可說明教派之興，係繼經論講習之後。隋唐所謂宗（教派），遂有新的氣象。（中略）齊梁佛學固亦重師承，隋唐教派則更重道統，自謂得正法，受真傳，而著重傳授之歷史。禪宗本來起於東山法門或大鑒慧能，而必追述至達摩、迦葉；天台教義智顗所創，而必上溯至慧文、慧思，遂大搞『定祖』爭道統之事。禪宗的西方二十八祖、中土六祖，爭執甚烈；天台九祖，至宋初還須由帝王確認。而在祖傳以後，仍分支派，所謂『衣缽』、『血脈』、『傳燈』、『法嗣』，皆因重道統觀念也。因各宗特重道統，故一則各宗互相攻擊，如窺基的《法華玄贊》竟否定天台的十如是。天台之《法華五百問》，評法相之《法華玄贊》，而法相又作《慧日論》申自宗（種姓義）。二則在一宗內也有衣缽、真傳之爭，如禪宗之北宗、南宗，天台之山家、山外，法相亦有基、測二家之不同。」〔註46〕湯用彤在該文中，已經點出了天台宗內部有所謂的正法、正宗的問題；天台九祖至宋初，還須由帝王確認；在祖傳以後，仍分支派，有所謂的法嗣問題，這都是因為重視道統觀念所引起的；此外，因各宗特重道統，故各宗互相攻擊之外，一宗之內也有真傳之爭，如山家、山外之爭。

至於天台宗發展的情勢，賴建成的《吳越佛教之發展》一書「第三章吳越之佛教情勢──天台宗」提出了第十祖玄燭的法系、契能的鑪拂、晤恩的法盛、山家交結權貴等問題。〔註47〕其又於〈晚唐宋初天台宗在吳越地區的發展〉一文中，提出一些疑情，其說山外派在晚唐宋初是比山家派興盛的，「此派論說新穎，且得法華旨意，晤恩當錢氏有國時，被尊為義虎，聲望甚隆。」

〔註46〕湯用彤〈論中國佛教無十宗〉，收於張曼濤主編《現代佛教學術叢刊》第 31 冊（台北：大乘文化出版社，1978 年 5 月），頁 230。

〔註47〕賴建成《吳越佛教之發展》「天台宗」，頁 131～135。天台宗在湛然之時以及之後，獲得士夫、權貴的支持，對此後天台宗是大有助力的，參見潘桂明：〈梁肅、柳宗元的天台居士教〉，《中國天台宗通史》（南京：江蘇古籍出版社，2001 年 12 月），頁 327～349。

〔註 48〕而「山家、山外之爭，有正統、旁出之說，事涉宗風與宗師風格、教法與教學法問題。」〔註 49〕整體言之，天台止觀方面，因傳習緣故，在中土得以保存，當中以《小止觀》鏤版較晚。台教因止觀書籍，加上回傳的《四教義》等論疏，「去珠復返」，經義寂、義通師弟苦心經營，到宋初台教漸興，而此後來被稱爲山家的支派轉趨隆盛，尤其是在山家、山外爭論之後。知禮與遵式的山家們能夠在義學上取得優勢，跟掌握較多的天台文獻有關，這實有助於他們在天台祖道之繼承以及新義理之闡發。談論這方面的著作，有黃運喜的〈會昌法難研究──以佛教爲心〉「第四章法難下的佛教──第三節佛典的散佚」論文與釋眞定的〈從天台典籍經疏稱用看注疏著作型態分流之關鍵〉一文。釋眞定說：「中國文獻方面，繼道宣之後，有關天台典籍的文獻，一直等到宋朝才有具體的記載。」〔註 50〕其指的是遵式所出的《天台教觀目錄》。〔註 51〕而黃運喜則說：「金藏所收唐以前諸家譯撰典籍約可分以下三類（中略）第三類的經典是金藏首次收錄，並爲以後中國、高麗、日本雕刻各版藏經收錄者。其目錄如左表（中略）這類的經典，大部份屬於天台、華嚴的撰注，這類著作，當係五代以後陸續傳回與發現的結集，在海外者也因金藏的雕刻而被收錄，這是由於天台、華嚴二宗在北宋時已復興，其宗派經典也較爲時人所重，金藏收錄後就廣爲流傳，爲往後所雕印之各版本的大藏經所收錄。」〔註 52〕從論著配合著釋志磐的《佛祖統紀》來加以探索，可以發現一個事實，即義通門下是通力合作在計畫著大的事業，有的僧人主持延慶寺務，有的宣說教義，有的整理教籍，再合力來對抗山外派的勢力。

　　不少學者留意到中晚唐時佛教中國化的情形，尤其是《楞嚴經》、《圓覺經》與《起信論》越來越受到重視，而影響了儒、佛中人對心性的闡發，宋

〔註 48〕賴建成〈晚唐宋初天台宗在吳越地區的發展〉，《圓光佛學學報》第 9 期（桃園：圓光佛學研究所，民國 93 年 12 月），頁 310～311。

〔註 49〕賴建成，前引文，頁 372。法藏在〈天台教觀概述 3〉演講文表示，對於天台宗的祖師風格之不同，有重於默契，有重於教法，事涉及悟入之圓融後以及個人的願行，不在於個人德行之高下。

〔註 50〕釋眞定〈從天台典籍經疏稱用看注疏著作型態分流之關鍵〉，《圓光佛學學報》第十六卷（桃園：圓光佛學研究所，民國 99 年 7 月），頁 125。

〔註 51〕釋遵式《天台教觀目錄》，收錄於《天竺別集》卷第一（《卍續藏》第 101 冊），頁 262 上。

〔註 52〕黃運喜〈會昌法難研究──以佛教爲心〉（台北：中國文化大學史學研究所碩士論文，民國 76 年 1 月），頁 133～141。

代的理學家以及山家、山外學人在此著墨甚深,加強了儒、佛心性理論的合會。此外,信仰佛教的士夫對於天台宗的貢獻頗大。潘桂明在〈梁肅、柳宗元的天台居士佛教〉文中說:「概而言之,天台宗在唐代中葉的中興,不僅有湛然等天台高僧的功績,而且也有梁肅等士大夫居士的貢獻。在一定意義上可以說,正是梁肅在上層社會的特殊身份和文獻上的領袖地位,幫助天台宗走出歷史困境,並使之在唐代中葉獲得中興。而基於這一中興,使天台宗在其他各宗紛紛衰落的宋代能保持一宗獨立的地位。」〔註53〕宋初時,天台宗山家派知禮一系之所以能較山外派興發,也跟他們能有一批信仰佛教的權貴與士夫之護持大有關係;此外,南宋時山家宗有《釋門正統》與《佛祖統紀》等史書出現,以文載道對山家宗宣揚祖道與正統性大有助力。

在天台義學發展方面,有潘桂明的〈宋明天台思想的演變〉一文。潘氏承認晤恩是繼承著先人的願行而努力,其云:「晤恩在佛學上於天台教觀有深刻的研究,曾先後講演大部二十餘過,故志磐說他:『剖析幽微,時稱義虎,《法華》大意,昭著於世,師之力也。〔註54〕』可見他堅持了天台解行相應,目足雙運的傳統風格。」〔註55〕他對晤恩的肯定,是跟贊寧的評論是相符合的。以贊寧的說法,晤恩應該算是禪師了,是名符其實的天台宗的禪師,為了與當時的禪師有所區別,所以把他與義寂都列在「義解篇」而不是「習禪篇」。潘桂明的思路,是局限在〈金光明玄義〉廣、略本之上,這是循著山家派攻詰山外派的思路去思考,其在最後的「結論」文中說:「知禮一派獲勝,遂自詡山家,即以天台正統自居;持相反意見者,則全被貶斥為山外,即非天台正統。」〔註56〕上述的論著,除了對山外派有著道德上的批判性缺失之外,其優點是指出天台主流學派的遷移形勢,並說明宗匠們在義學上的成就;宋初之時,天台學風開始從錢塘逐漸轉移到四明,晤恩及其系下宗匠以及四明知禮對天台宗在義學上的發展有著極大貢獻。

第七類的現象,是既然知道晤恩的重要性〔註57〕,從第六類現象再深入的研究,把晚唐台教衰微到宋初天台宗興盛起來之前,切割成天台教史發展

〔註53〕潘桂明〈梁肅、柳宗元的天台居士教〉,《中國天台宗通史》(南京:江蘇古籍出版社,2001年12月),頁336。

〔註54〕《佛祖統紀》卷第十〈慈光悟恩法師傳〉,前引書,頁370。

〔註55〕潘桂明《智顗評傳》(南京大學出版社,1996年2月),頁504。

〔註56〕潘桂明《智顗評傳》,頁504。

〔註57〕賴建成《吳越佛教之發展》「結論」(台北:花木蘭文化出版社,2010年3月),頁105及前引書「後記」,頁120。

上的幾個歷程。在晚唐五代初年間，天台山初時有清竦會下的諸系在弘化，而後以錢塘慈光院志因與天台山螺溪寺義寂兩脈為主軸，當中以志因會下的慈光院晤恩法緣為盛。這類作品，有賴建成的《吳越佛教之發展》、〈晚唐宋初天台宗在吳越地區的發展〉等。其在書中論及吳越國的佛教情勢時，談到志因與義寂兩法系的行化時，說：「山家、山外之爭論，使得天台宗的教學為世人所知曉，然持平而論，兩家思想大同小異，僅在觀行上是否要強調真心的問題而已。此外，在懺法上也約略有別。但天台宗人卻難背離佛教真心思想的潮流，山家、山外之爭而趨向妄心觀的山家派的勝利，也難抵擋禪與華嚴、禪與淨土的合流，致使天台教派逐漸衰落。然天台宗對俗世的教化，採妄心觀與修懺法，影響後世極為深遠。」〔註58〕其在該書「結論」文云：「錢氏有國時，禪家已不復寓居律寺，而另闢禪居，凡湖山勝水之地，皆見禪門人物梵修。天台山原係天台宗之聖地，但因會昌法難後教典散佚，持定、慧之業者寡，地盤漸被律宗、禪宗所據。及德韶國師入主國清寺，國清寺成為禪宗道場，德韶雖在天台山大興教法，亦助天台宗人求取佚籍，又興智者道場數十所。天台宗因喪失祖師道場，乃轉移根本道場於天台山螺溪定慧寺及錢塘慈光院，聲勢雖不如禪宗熾盛，但英材已輩出，如晤恩時人推許為義虎。而天台宗人受密教影響日深，大量吸收密教儀軌，行懺法，並有祈雨之舉，其後四明知禮與慈雲遵式為世仰重，部份仰賴此種道法。」〔註59〕其在〈晚唐宋初天台宗在吳越地區的發展〉一文中，其對於晚唐至宋初天台宗的復興，表明是兩系諸師的努力；對山外一系，則云：「在山家派還沒取得正統地位之前，山外派晤恩、志因、文備等師門兄弟們晝夜不息的講法心、論法義，其實力與影響遠大於山家。但就贊寧《宋高僧傳》卷第七描述，晤恩是一位乃持行謹重的老衲，『凡與人言，不問賢不肖，悉示一乘圓意。』『不好研世俗事，大人豪族未嘗輒問名居，況迂趨其門乎！』而山家人則大不相同，好與權貴雅士往來唱和，常對民眾宣教應化，作懺度亡，顯示他們對塵世俗事的熱情與極強的參與和能力，這一點是山外派望塵莫及的。」〔註60〕由上述的論點可以知曉一個史實，即五代中葉到宋初之時錢塘慈光院一系在天台宗諸流派中是佔據著主流的地位，其學風甚有影響力，吸引吳越地區許多州的僧家前來參學，這些學人後來回到本師處講學如錢塘奉先寺的源清、秀州靈光

〔註58〕賴建成，前引書「吳越之佛教情勢──天台宗」，頁63。
〔註59〕賴建成，前引書，頁105～106。
〔註60〕賴建成，前引書「附文一」〈晚唐宋初天台宗在吳越地區的發展〉，頁133～134。

寺的洪敏。

　　對於五代到宋初之際天台宗發展的趨勢，分析問題比較廣闊的當屬吳忠偉的〈宋代天台佛教的復興——山家山外之爭〉〔註61〕一文，吳忠偉認為「志因所傳天台一系，在當時是頗有影響力的，其聲譽甚至超過了義寂系統。」〔註62〕其又云：「比較而言，同期的義寂僅僅是網羅教典，去珠復還，而於天台義學無所建樹。可以說，在山家派取得天台正統地位之前，山外派的實力和影響力要遠遠大於山家。」〔註63〕對於天台義學的貢獻，除了志因、晤恩、文備一系的錢塘僧家之外，義寂、義通、知禮一系的四明僧人，也逐漸轉盛，所以在晤恩與義通寂後，山家山外的諍論就興發了，不僅形成了天台義學的發達，也使天台教法為人所知悉。至於山家、山外諍論的問題，吳忠偉在〈山家山外的背景〉文中說：「（這）不是一項單純的事件，而是一場有著相當長歷史跨度的佛教思想運動，在某種意義上我們可以說它代表了整個北宋（乃至包括南宋部分）天台義學的開展。考慮到這場運動的複雜性（爭論持續時間之長，投入人員之多，爭論主題之豐富、內容之精深，以及對後世影響之深遠），我們有必要對它作一宏觀的考察，以便能夠更加地把握它。」〔註64〕吳忠偉從「宋代天台傳法系統及重要人物」、「山家山外之爭的緣起及其發展階段」、「山家山外之爭主要論題的分析」三個脈絡切入去研究問題。其研究基本上掌握到天台宗發展的要點，但不免有些地方因猜測上的推論而失之於真確，亦有一些地方因根據史實而獲得到合理的解釋，總而言之其論點可資參考之處頗多。本文除了熟悉上述著作及論著之外，從天台宗晤恩法師的傳記與相關資料切入，再根據一些史料如寺志、行業紀、僧傳與山家所撰的教史去探索天台宗的師資、傳法的情況以及派系的思想問題，而回歸到晤恩法師系下學人的師資與行實，從而剖析天台宗發展的形勢，以窺探山家、山外宗爭論的焦點以及他們的影響力。

第三節　問題與研究理路

　　關於山家、山外之爭，不論哲學家、宗教家或史家論及這個問題者頗多，但對於背景之探討大都不夠深入。至於對山家宗匠如知禮、遵式與尚賢的研

〔註61〕潘桂明、吳忠偉《中國天台宗通史・第十章宋代天台佛教的復興——山家山外之爭》（南京：江蘇古籍出版社，2001年12月），頁389～452。

〔註62〕潘桂明、吳忠偉，前引書，頁396。

〔註63〕潘桂明、吳忠偉，前引書，頁397。

〔註64〕潘桂明、吳忠偉，前引書，頁399。

究，頗有其人；對於山外宗的孤山智圓，也有不少學者在研究，唯獨缺乏對於山外祖師晤恩法師的研究。

　　本論文從晤恩法師的行實切入去探討晚唐以後天台宗的發展，初時係受到賴建成《吳越佛教之發展》一書所啓發的；該書〈後記〉文說：「關於吳越國佛教，還有很多題目可以研究（中略）。可以把題目縮小到吳越國境內的禪門，或者是某一宗派如律宗與淨土思想的發展，或是某一位大師如晤恩的志行節操，或是某一位錢王時期宗教發展的特質。」〔註65〕目前台灣研究天台宗都是以教義與判教爲主流，因此在論及天台宗歷史時容易忽略掉默默潛修的學者，而以功業顯赫的師匠爲關注的對象如山家教主知禮、懺主遵式。但研究祖師，單憑山家宗的說法不免易流入以偏蓋全的處境、不合史實之處且多。此外，因史法與佛法有別，如僅就義理或道法上的說詞而沒有深入天台史實，對於佛法的興衰問題容易引發不同的見解〔註66〕。研究山家、山外宗的諍論與法緣之發展，如比照安藤俊雄「論天台灌頂到玄朗間佛法的興衰」來說那是山家宗最後勝出；但如果按陳英善的見解，就無所謂誰的勝出，而是兩者分宗並流。因此，是哪位學人中興了教觀呢？是哪位宗匠扶持了宗教呢？所謂的中興教觀該如何認定呢？這些問題，眞的要回歸到歷史舞臺去詳細考察；此外，天台宗流派很多，祖師是否僅能由天台山的僧家來擔當，也是個問題；所以要剖清這些問題之前，當闡述的歷史背景很多，如天台宗的發展史上的特質、佛教生成的環境、學派的流轉、會昌法難等問題。而祖道與法門，則是天台宗內部的重要問題，例如九祖湛然（711～782）會下學人眾多，爲立祖之故，其他學人的功業被忽略了，如元浩；這個問題，到了宋初之後，又再度發生。而天台宗學人也有法系傳承不明者，如晚唐時行化京師的玄燭，他是否跟湛然會下有所關連，也當加以考察；因爲有玄燭的出世，影響到天台正統以及天台十祖的認定問題，連帶也影響到五代之時皓端與晤恩的一些行實。山家宗以天台山所出的僧家爲正宗、以山外的僧家爲輔行的理念，影響到天台清竦會下慈光院志因的祖師地位；而繼承志因法席的晤恩，則被山家宗歸類爲山外之祖，這也是天台宗山家們的心態與後來的情勢所造

〔註65〕賴建成《吳越佛教之發展》，頁120。
〔註66〕安藤俊雄在《天台學根本思想的開展》書中談到天台二祖到五祖左溪時代爲天台宗第一個黑暗時代，而陳英善在〈湛然理具思想之探討〉（台北：《中華佛學學報》第6期，1993年7月）一文（頁279～301）則不贊同他所提的三個原因，而著重在天台宗祖師的行化、佛法的融會與影響及承繼問題之上。

成的。傳統的天台教史，如同禪宗燈錄與史書，其人物傳記以及大事記中有許多倒果為因的現象，或者是時空錯謬的敘述以及被任意刪削的地方。透過對山家、山外學派的研究，可以呈現這些問題，並回歸其歷史真相。

默默潛修與功業顯赫的行人，只是其人的願行使然，但不防礙其人的德行，但這種情況在禪宗不成問題，因為禪宗以悟入為主，行履次之。這個問題在著重有解有行、有教有觀的天台宗派卻不是這樣。天台宗從智者大師立下標竿之後，天台宗人就比禪匠大德更著重祖道，天台宗人比禪宗行人更強調義學與禪講，後來的天台宗人從禪師趨向法師之路是有其原因的。天台宗的建立，它是經過體悟、圓解、實證歷程，到後來能夠判釋宗教與建立思想體系。其在中國佛教宗派中之所以卓然而立，是因為其有完整的教法，也有實踐的法門；其實踐的法門，就是這次第止觀、圓頓止觀、不定止觀。〔註67〕天台宗人除了修習止觀之外，要依據經典與文義去修證，再配合念佛的行法，因此學人在觀行上與聽習禪講之後的覆述上不免會產生一些新的見解，尤其是在抗衡其他宗派之時，必然要瞭解對方所用的經典與行法，融攝的情況由是產生，「法門改轉」的現象也勢必因此而成形。再次，天台止觀強調「妄心觀」與「性具」的理念，在晚唐到宋代中葉間曾經有所轉變，這是因為學人跟流行的禪宗、華嚴宗所提舉的「真心觀」與禪悟「超然直入」的行法上有合流的趨勢存在，「心具」頓時成為話題。宋初時四明知禮（960～1028）為了恢復祖道，又重新走回強調「妄心觀」的理路，其學說如同九祖湛然，大部份是從批判他教與山外學風而顯揚自家山門而成立的；所以在後來的山家宗立場來看知禮的歷史地位，就如同九祖湛然在天台宗是佔有復興的地位一樣。反之，天台宗的其他流派被忽視了，尤其是沾染「真心觀」的錢塘宗匠晤恩及其會下學人更是被貶抑為山外宗，原本是山家系統的宗昱系因為與山外思想接近，連嫡系的傳承都被拔除了，他們並遭受到同系山家們的排斥，法緣到了第三代就斷絕了。

關於山家、山外之分宗，以及義理之爭孰為勝利的問題，太虛大師曾留意到這個現象。其在《中國佛學》書中的立論是宏觀的，就天台學之發展與雙方佛法的闡發上來敘述，他是贊同諸宗並弘。就佛法的勝義諦來說，因為法無高下，人的根器與知見有別，佛法才要分宗與並流；佛法在各宗派分流與努力行化之下，才會形成完善的佛教界，因宗風不同使得他家也有可採借

〔註67〕釋法藏，前引文。

與效法之處。至於分宗與判釋宗教，引發學人爭論哪一家勝出的問題，長久以來學者們多以山家的知禮系爲勝出，陳英善則認爲：「知禮對山外學之理解，可說是種偏解，及過度之推演所致。而知禮對山外之批評，亦是無效的。」〔註 68〕陳氏的論點，看似有其史實根據，然就宗風的盛衰以及後來天台學派法緣的發展來看，是值得再商榷的。晤恩會下的學人，在當時也是自稱山家，因爲山家是天台宗僧人的通稱，然爲何他們就要被稱爲山外呢？林鳴宇在〈宋代天台研究序說〉云：「山外，非派系名稱，乃是強加於對四明教學有所對立者的蔑稱。」〔註 69〕或許在錢塘的天台僧家，也知道被天台山系的僧家們蔑稱爲山外學人。晤恩系從五代中葉發展起來到宋代初年，一百多年間以錢塘爲根據地在發展宗風，而智圓在《閑居編》書中也一再追述祖師晤恩的德業並追憶慈光院、奉先寺與梵天寺的往事，顯然山外學人有其從上所傳的門風，這由仁岳說咸潤等爲「當途繼祖者」，可以明證。既然天台山的僧家稱錢塘系爲山外，而兩者間的學風有別，所以《釋門正統》乃說源清與慶昭之學爲山外宗。〔註 70〕源清之學，承自慈光院的晤恩，所以山外派開宗之祖自然歸屬於晤恩，而非晤恩之師志因。這也可以推知一個事實，即晤恩與志因在思想與教法上是有別的。而錢塘系的山家被稱爲山外學僧，可以說是從晤恩在皓端與志因會下之時就已經開始了，但或許可以再往前推前到晚唐之時，即皓端跟天台十祖玄燭受學後在錢塘行化，以及志因離開天台山的清竦回到慈光院開講之時。

晚唐到宋初錢塘系的天台學者，被稱爲山外，或許跟地緣及其所發揚的教義與天台山僧家有別的緣故，但這問題卻難有史事可以證實，只能用某些史事來推論與想像。或說山外被確立，係因廣智法子繼忠（1012～1082）編集知禮的文義後，運用這些資料來正其祖道，到了南宋時有了宗鑑與志磐的史書出世，山外一詞才有進一步的轉變。〔註 71〕晤恩系的宗匠以及親近他們

〔註 68〕陳英善《天台性具思想》（台北：東大圖書公司，1997 年），頁 111。

〔註 69〕林鳴宇〈宋代天台研究序說〉，《中華佛學研究》第 7 期（台北：中華佛學研究所，2003 年 3 月），頁 185。

〔註 70〕《釋門正統》卷第五〈慶昭傳〉，前引書，頁 833 上。

〔註 71〕林鳴宇在〈宋代天台研究序說〉云：「至於山外的表現，到底何時開始起用？尚未十分地明確。從現存資料可知，四明知禮、慈雲遵式不曾使用過山外一語。首次使用此用語的是，知禮的徒孫扶宗繼忠。其〈忠法師天童四明往復書〉後敘中云：『然《指要》之中，正明觀心達妄之道。闢他山外觀眞之非。』此文當中的山外，乃指對於四明知禮《指要鈔》持著異見的源清和宗昱等人。

的僧家們，從原本都是山家僧人卻被稱爲是山外宗或山外學僧，關鍵點在山家、山外諍論後釋繼忠集結知禮的著作，繼忠目的在於宣揚一家之學，此後知禮系兒孫就強調自己所傳習的是天台正宗；祖道之興衰是山家宗學人的責任，其他門派則是處在贊翼或扶持的立場與地位。有了這些轉折史，我們可以看出晚唐到南宋初年間天台宗的形勢、學派、紛爭以及爭正統的狀態，當然不能少掉他們對於天台祖道的繼承與闡發。山家、山外宗之分，或許原本是教內山家們在某些問題上所採取的畫分，以便於話頭之所指，久而久之成了流派之區別，且不再僅是地域與思想有別之分這麼簡單。四明知禮系，以明州延慶院爲主，支持者有杭州、越州與天台山僧家。而應合晤恩系下思想與教法者，則除了杭州、秀州、蘇州、溫州之外，也有天台僧家。這種情狀，已經超乎了原先地域與思想之區別，而更著重在祖道問題發揮之正統與道法的圓融性問題，以及學派宗風的歧異問題。

　　至於天台宗跟禪、教的關係，太虛大師在〈台賢皆以禪爲源〉文中說：「這兩宗之學，既由先得禪定而後印以經論才建立爲宗，故其初祖多分是一向修行禪定的禪師，到了第二代祖師才向教理方面漸爲解釋，至於第三代遂集大成，而宗學由此確定。後世不察其禪源而僅講其教相，因此稱教下。假若這兩宗的第二代第三代的傳承者不向教理方面發展，則其學必歸爲禪宗矣。」〔註72〕釋志磐也明白這個現象，其在《佛祖統紀》卷第十尙列有十祖廣修會下的天台良湑爲禪師〔註73〕，天台宗在第十一世之時學人已逐漸轉變爲法師，這種轉變或許跟會昌法難有所關連。而五代至宋代中葉，天台宗有晤恩及其會下學人的出現，其學主眞心觀，其說偏重禪講，誨人則指淨土，天台宗此流派有回歸禪宗的意味存在，這個流派自然會受到當時以天台山或以四明延慶院爲主的其他流派所側目。在某種程度上來看，這也是禪師與法師之區別、禪與教之分歧。

　　天台宗內部的流派與學風、禪師與法師、正宗與法子等諸多問題，遲早會引發爭論，九祖湛然（711～782）卒後六十年就碰到會昌法難（841～846），

其後，宗鑑《釋門正統》卷五〈慶昭傳〉當中云：『自茲二家觀法不同，各開戶牖，枝派永異。今山家號清昭之學爲山外宗。』宗鑑把與四明知禮有所爭論的奉先源清、梵天慶昭以及其門流都稱之爲山外。之後，志磐的《佛祖統紀》，對於『山外』一詞的範圍，更加以特定化。」

〔註72〕釋太虛，前引書，頁681～682。

〔註73〕釋志磐《佛祖統紀》卷第十「興道旁出世家」條下，前引書，頁364。

天台宗內部許多問題看似是消失不見了；會昌法難之後，天台宗除了天台山系僧家之外，其他流派有的旋即斷絕，有的改信他宗，有的傳承不明。因為文義殘缺，天台山學人以止觀相傳，然習得禪定之後缺乏經論或文義加以驗證，所以得定、慧之學者少，也就是說在法子難得的情況下天台山的祖道有斷滅的危機存在。然在京師卻出現了不明承嗣者玄燭，其教法大行於世，玄燭乃被當時的台教人士尊為十祖，這大大影響到天台山僧家的顏面與威信，使他們在課徒上更加努力，因此在清竦會下出現了志因與義寂，天台山的祖道得以流傳開來，後在志因與義寂系下引發了山家與山外問題。天台宗人的義學發展，到了晚唐到宋初之間，也有所改變。會昌法難之後，原先不受到佛教宗派所依的《起信論》、《楞嚴經》與《圓覺經》，在經籍散失的歲月裏卻廣為流行，這影響到後來天台宗的發展。當時天台宗仍有宗匠出世，以玄燭、皓端、志因、晤恩與義寂、義通等大師較為知名；五代中葉之後，以慈光院的晤恩法緣最盛。晤恩門下有弟子十七人，贊寧在《宋高僧傳》說他們僅是「求解行行耳」〔註74〕，似不能與晤恩的「解行雙明」、「目足雙運」相比較，但這更突顯出此時的天台宗有了新的宗眼在，而其會下學人的程度在贊寧撰《宋高僧傳》時只在求「圓解以行」的階段。這似乎透露出一個訊息，即晤恩系下在佛法的接續上有「興替數」問題存在，並給義寂系下山家們一個暗示性的機會，山家、山外宗之爭在晤恩（912～986）卒後十四年（咸平三年，1000）就發生了。晤恩卒前數年，源清（？～983～999）回本師奉先寺開講，其著作流傳到日本，引發台教僧人的批判，然當時義寂系下還沒有能與之匹敵的宗匠出世。

至於宋王朝的信仰情形，據《釋氏稽古略》所載，宋朝建立之後，兩街的王公、士大夫聰明超軼者皆厭聞名相、因果，而天台止觀、達磨禪宗當時還沒流行；太宗淳化（990～994）以來，知禮（淳化二年主乾符寺）、遵式（淳化元年主寶雲寺）行道於東南，而觀心宗眼照耿天下，翰林楊億、晁迥首發明之；帝王也留意空宗，雲門宗由是興發。〔註75〕由這些事實來看，當時的天台宗與禪門被視為觀心之學與空宗，都跟禪定有關，廣義上來說都屬於禪的宗派，就狹義上來說天台宗偏重在義學的發展，並以義學的成就來論斷宗匠們對天台宗發展的功業與地位。贊寧把湛然、志遠、皓端、晤恩與義寂都

〔註74〕釋贊寧《宋高僧傳》卷第七〈宋杭州慈光院晤恩傳〉，《大正新脩大藏經》第50冊，頁752b。

〔註75〕釋覺岸《釋氏稽古略》卷第四，《大正新修大藏經》第五十卷，頁867b。

放在「義解篇」，而志磐則稱諸人爲法師，天台宗匠偏向義學僧人是很明顯的。但從晤恩的傳記上來看，跟禪淨雙修的禪師幾乎沒有兩樣，只是其行履似是偏重在天台宗的觀行與淨土之教化，這或許也是受到晚唐以來禪師風範與淨土思想流行的影響。還有慈光院原是潙仰宗的道場，志因的本師當是潙仰宗學人，晤恩在此學會了仰山慧寂（814～890）的圓相法。或許禪門潙仰宗的沒落，跟志因與晤恩會下的山外宗派以及義寂系下僧家們在杭州、蘇州、越州、溫州的行化有所關連。

　　由贊寧的護持天台義寂，並觀察晤恩及其會下學人的行實來推敲，他是站在山家與義學的立場來談論義寂與晤恩的。贊寧不明說晤恩的心行是否純屬於天台宗，但從其撰述的〈晤恩傳〉上或許可以看出一些跡象，他在〈晤恩傳〉後且云：「河漢中有魚泝流而上者，河潛泳有所取。」〔註76〕晤恩如同湛然會下的元浩禪師，當是悟在禪的眞心觀，所以被山家宗們判釋爲旁出〔註77〕；至於其行履，在天台宗的觀法之教，而其心則歸趨淨土，顯然晤恩在禪、教合流的環境下，其心行是有所取捨的。天台宗與禪門在禪、慧之學上，初期是互相影響的，到了湛然出世有著分流的氣勢；會昌法難之後，給了天台宗學人有回歸到禪、慧一如途路的機會，從皓端與志因會下的晤恩開出的山外宗就是求「解行行」而直趨眞心觀的實例，山外諸師可以說是天台宗內的頓悟學派，但跟禪宗有別。

　　天台宗從智者大師以來，學者就有分流的現象。太虛大師說：「天台之成立，歸功智者大師，但是智者大師的學說，統統是由章安灌頂尊者記錄而成。他的著述，向稱三大部爲根本教典，就是《法華玄義》、《法華文句》、《摩訶止觀》。此外還有五小部及《禪波羅蜜》、《六妙門》等。但天台學成立後，當時因時地交通的關係，只能在天台山的一方面弘傳，其他的地區，並不十分發達。可是到了後代就逐漸弘傳到各方，因此天台之學就有很多的演變了。」〔註78〕天台宗從天台山起源，中、盛唐時期許多宗匠在四處行化，五台山與京師、少林寺也是重要據點，但在晚唐尤其是會昌法難之後，許多流派相繼隕落，而京師與兩浙之地尚有宗匠在行化。到了五代宋初之時，禪教合流、

〔註76〕釋贊寧《宋高僧傳》卷第七〈宋杭州慈光院晤恩傳〉，前引書，頁752b。
〔註77〕釋贊寧沒有說晤恩的法師承不如義寂，或說他是清竦系下的旁出。對於元浩，贊寧在《宋高僧傳》〈元浩傳〉與〈道邃傳〉上則說其解行不如道邃，這或許事偏重在天台教觀與義學上的敷揚而說兩人的高下。
〔註78〕釋太虛，前引書，頁691。

三教合一的環境與思想也深深地影響到天台學的發展。到了五代宋初，天台宗逐漸走出了天台山國清寺，他們除了在天台山之外，也在錢塘、四明等處發展，其學風則非僅以止觀傳習爲主，而在觀心義上多所發揮。山家與山外宗匠，各自稟持自己的門風，陳英善在《性具思想》書中已經意識到這個事實；歷來學者認爲智者、湛然以降，知禮等山家思想傳承天台本宗，然而其卻認爲山外派的論點思想，反而較接近湛然思想。陳英善乃至於認爲，「湛然、山家與山外思想，與智者的思想沒有什麼關連性，誰是正宗之說無多大意義。」〔註79〕從《宋高僧傳》、《釋門正統》與《佛祖統紀》以及其他史料上來研判，山外學人的思想是貼近湛然的思想，但也不離智者與灌頂所稟持的精神，其宗風深具時代意義。而爭孰是正宗，我們從晤恩的法孫慶昭〈致知禮書〉上得知，慶昭認爲是無意義的，所以他經過幾番回文後就退出論戰。孰是正宗問題，對知禮與晤恩的法孫智圓來說是有意義的，所以他們兩個繼續論戰下去，兩宗的體系由是更加完備。而從智圓的《閑居編》來看，智圓到了晚年或許也覺得論戰是無意義的，所以談到孤山寺的住持問題就隨緣了。知禮及其系下學人對於正宗問題，大都看得很重，所以大力批判山外之學。只有根器在禪的直趨悟入者，或偏好《楞嚴經》與《華嚴經》的學人，其途路自然會貼近山外宗派，知禮會下的仁岳就是個實例，跟山外宗派論戰多年以及隨著年歲的增長，一回病後靜坐恍似夢覺，從此對眞心問題有所體會，後甚愛楞嚴經義。〔註80〕

再次，山家、山外門風有別，在各自祖師義寂、義通與志因、晤恩之時就已經存在。山外宗之學，雖開端於慈光院的晤恩，而其思想之確立較爲完備，當是在慶昭與智圓之時。〔註81〕錢塘山外宗派的思想，基本上是有其一貫性，如同山家派主將延慶院的知禮及會下學僧，但兩者也都有創發性的成份在，這是師承、學養、時代環境以及根器與行化風格之不同使之然的，所以兩派學人分別被稱爲山家宗與山外宗。除了這兩個門派之外，接近山家宗

〔註79〕　張文德〈天台宗智者大師教觀思想與生命轉化〉（嘉義：南華大學哲學系碩士論文，民國95年12月），頁7。

〔註80〕　《佛祖統紀》卷第二十一〈法師仁岳傳〉，前引書，頁437。

〔註81〕　潘桂明、吳忠偉《中國天台宗通史》，頁435。慶昭與知禮論戰之後，智圓在孤山行化多年，吳忠偉云：「智圓在天台義學上有了長足的進步，除了繼續保持與錢塘系的一致性，他的佛教思想中還融入了一些新的因素，包括對四明派知禮思想的吸納。」

的是慈雲系，接近山外宗的被稱爲後山外，都是當途繼祖者。再次，兩宗的
不同與天台宗後來的發展，除了可以從師友傳承上去探索之外，也可以從行
化的寺院型態以及祖師的譜系、圖像的崇拜來加以考察。再次，從日、韓僧
家對於山家與山外宗之學的取向，以及吳越國的錢王與宋朝的王、公們對於
山家宗之學的護持態度，雖然可以看出兩家佛法的興替數，亦得以窺見山外
宗學人的行化是不大依賴王法護持的。山外宗學人的行持，是更貼近祖師的
志行節操，但就振興宗教大義上來看，僧家與王、臣相接不是爲了利名，則
無可無不可〔註82〕，這關涉到個人的行履，贊寧在僧傳中已言之甚明。

　　總之，研究晤恩與天台分宗，除了要明瞭時代環境與思想的變遷之外，
也要剖析天台宗流派的發展、特質以及當時主流學派的遷流。因爲天台宗的
傳人，有主寺院者如智越與智璪，卻不似灌頂被列爲天台祖師，因「天台傳
承，向以教理爲重，雖然灌頂未曾擔任過國清寺住持，但由於他對天台宗教
理的述說和發揚，且其人德高望重，爲朝野所重視，故被後人列爲天台五祖，
以爲智顗天台止觀佛法的繼承人。」〔註83〕此外，天台宗的傳習者，有傳爐
拂的，有付授的，有不明傳承而被諸方所推崇的等多種方式，但門人居首者
未必後來能被尊爲正宗的祖師，也就是說天台宗如禪宗有傳法、傳座以及得
法、弘法的承繼問題存在。至於研究晚唐到宋初的天台教史，以及山家宗之
外的天台學人，主要的史料是依據釋贊寧的《宋高僧傳》、釋志盤的《佛祖統
紀》、《釋門正統》等，還有諸師的論著與行業記，以及學者專家們的一些專
書與論著。從中，我們可以發現晤恩法師的師承、學養與山家、山外宗的根
本道場，以及禪宗寺院與天台宗流派的關係。從會昌法難之後到宋代中葉山
家宗轉盛爲止，天台宗的根本道場首先自天台山轉移到京師，又從京師轉移
到錢塘，再從錢塘遷移到四明。而這段期間，天台宗還有許多流派與重要的
道場存在。

　　再次是，天台宗行人有一種獨特的特質，即如賴永海在談及天台宗的性
具說時所云的：「天台宗佛性思想的特點與性格，即不囿於經論，而敢直陳『己
心中所行之法門』。天台宗在其止觀學說及判教思想中，都貫徹了這種精神。」

〔註82〕關於禪行與禪講、教法與王法問題，參見贊寧《宋高僧傳》卷第六〈唐圭峰
　　　　草堂寺宗密傳〉「系曰」，前引書，頁141。
〔註83〕釋灌頂在天台宗的地位，參見朱封鰲《天台宗史跡考察與典籍研究》（上海：
　　　　上海辭書出版社，2002年12月），頁42～44。

〔註 84〕這一「敢陳己心中所行法門」的特質，似那儒者強調「六經注我」的態度，後來常反映在山家們觀行之上，如湛然會下的元浩與行滿身上，乃至於在山家、山外宗諍論之時也可以見到；但後來因爲以山家宗爲主的正統論出現，這種「領宗得意」的特質〔註 85〕被以義學爲主的趨勢所掩蓋了。天台宗強調山家的風格，修持雖在圓解直了，但觀心是必要的，這在湛然之時已經確立。〔註 86〕湛然會下的元浩與道邃，在湛然看來，元浩雖爲高徒，但道邃則是契合其觀心的旨趣，所以其付授道邃以〈止觀輔行記〉；這是高尙其志與可以致遠的問題，釋贊寧在《宋高僧傳》兩人傳中已說出兩者的差別。而天台宗人在湛然之時，以可以致遠的旨要傳給道邃，而湛然另一傳承者行滿的事跡卻也由是被忽略了；另一可能是湛然傳承的五台山志遠系，被稱爲不明承嗣者，這可能是受到山家、山外宗諍論之後，山家宗建立了正統地位，其他系統原本也自稱是山家的如國清寺宗昱系、錢塘志因系、華頂行滿系、五台山志遠系在不同層次上受到了輕視，而以行滿與志遠系所受到的對待更是嚴重；玄燭系下的皓端系，也被列入不明傳承者，可能跟其雜揉南山律學有所關連。碰到會昌法難的國清寺住持清觀，依律師學習，又通三教，同樣被列入不明承嗣者。天台宗從慧文禪師以來的傳習，因爲年代久遠，諸師的支脈繁延，承嗣者多，所以習天台教而其承嗣無可考者亦是多見。如柳宗元曾作〈聖安寺無姓和尙碑〉，其云岳州大和尙，終於聖安寺；其紹承天台大師本統，「以順中道，凡受教者，不失其宗」；「生死偕寂，法付受學，施之無數。」〔註 87〕釋志磐雖立祖師、爭正統，但其仍有厚道之處，其雖刪削一些史實，卻也留下不少天台學人的傳記，讓後世得知天台學人的一些風範與行止。

　　天台宗初行，師弟間只有印心與付授，到了九祖湛然始立天台教觀行化，湛然之後的玄燭雖不明其傳承自何人，卻被當時台教中人尊爲十祖；玄燭會下的天台學人，卻不見有祖師傳習的說法，但其門下傳習天台教者有皓

〔註 84〕賴永海《中國佛性論》（高雄：佛光出版社，民國 79 年 12 月），頁 197。
〔註 85〕《法華玄義》卷第六下，《大正新修大藏經》第三十三卷，頁 743〜744 云：「今一家解釋佛法，處處約名作義，隨義立名，或有文證，或無文證。若有文證，故不應疑，無文證者，亦須得意。」
〔註 86〕當時釋湛然弟子們最困惑的當是「心具」與「觀具」之間的關係，參見朱封鰲，前引書「上篇湛然大師及其弟子在天台山──佛隴與輔行傳弘決」，頁 109〜110。
〔註 87〕柳宗元〈聖安寺無姓和尙碑〉，《柳宗元文集》第六卷「碑」。另見《佛祖統紀》卷第四十九〈聖安寺無姓和尙傳〉，前引書，頁 795。

端及弟子晤恩在吳越境內行化，這或許是北方動亂、社會不安定，以及吳越地區的天台學人僅被視爲是弘化一方的學人而已，而沒有普遍受到諸方天台學人的認同。其次是，唐昭帝大順初（890），玄燭傳法帝京，學徒數百左右悅隨，時謂可繼荊溪湛然〔註88〕，但其法緣除了皓端之外，其他都不見蹤影了。至於皓端對於南山律與天台教，是兩宗法要一徑路通的，其於宋太祖建隆二年（961）圓寂於秀州靈光寺山房，學其門者有八十餘人，秘書監錢昱躬睹過皓端之標格，爲之著行錄。〔註89〕玄燭、皓端、晤恩的這脈天台法系師友，被人所忽略了，或許是山家、山外宗之爭激烈，這脈法系不是出自山家，實在很難跟其他出自台家正宗的人去爭雌雄，他們只能默默潛修，或者是被山家、山外宗給吸收去了，這些疑情有待研究。總之，宋初從知禮出世之後，大力張揚山家的教義，跟晤恩系下的學人爭勝，其結果是天台宗諸流派仍舊各自行化。從山家宗立場來看，原本是山家人的晤恩一系都被歸類爲山外，其他非嫡系而雜染的宗匠更不用說了，連跟山家思想有異的玄覺（知禮的門人）都被斥以家法。法智知禮之學在當時的霸氣，可想而知，然後世的山家宗派卻也不忘卻非山家宗派學人的功業，僅是貶抑他們爲山外學人而已，這由《釋門正統》與《佛祖統紀》兩書可以窺見，再證之於《宋高僧傳》及諸師碑碣與行業記，可以重建晚唐以後天台宗的教史。而贊寧在《宋高僧傳》中對於天台宗的流派，採取中立的態度，也引發後世山家宗學人對其著作的不滿〔註90〕，由這一點可以窺見山家宗派的正統觀念過於濃厚，影響到學人要重建天台教史的困難性，這一點是很值得再深入探究。

　　本文以晤恩法師的行實爲核心，來考察五代宋初天台宗發展的趨勢。前人的研究雖各有其獨到之處，但有七個問題值得再加以深究。其一是，晤恩的師承、教法的傳習及會下的法緣與禪教問題，值得關心，因爲他們在時代發展中佔著很重要的角色；此外，也可以從他們講學與開山的寺院，來看他們跟其他門派之間的關係、還有他們的道友以及此門派在發展上的局限性。其二是，志因、晤恩、文備師弟相傳的教法，在當時的繁盛實非義寂、義通一系所能企及或可以比擬的；而宋初以後義通會下的知禮一系轉盛，不全然是義理之辯使之然的，它還存在著此門派經教的取得、王朝的護持與否，還

〔註88〕《佛祖統紀》卷第二十二，《佛教大藏經》第 75 冊史傳部 2，頁 446。

〔註89〕釋贊寧《宋高僧傳》卷第七〈宋秀州靈光寺皓端傳〉，《大正新脩大藏經》第 50 冊，頁 751a。

〔註90〕《佛祖統紀》卷第四十三〈端拱元年〉條下「述曰」，前引書，頁 740。

有士夫的態度；整體來說山家、山外宗法緣之盛衰，如那儒者所云的更化問題是至爲重要，是兩宗學人如何面對興替數所致的。也就是說山家、山外宗興衰關鍵之所在，抽象的說是更替數的問題，除了人爲的修持、度化與義學的闡發之外，也有時代環境促成的因素在，如面對三教問題以及獲得日、韓僧家的禮敬與護持問題；上述問題，值得深入探究以明天台佛法遷流的眞實情況。其三是，《金光明玄義》的廣、略本之爭，存在著天台義學發展上意氣之爭與宗本上的問題，這也是天台學的特質「藉教悟宗」所造成的，卻不期然而演變成兩派教義之爭，更進而爭何家才是祖道的正宗。然這個義解經教問題，也使得天台宗跟禪宗變得很不相同，天台宗人逐漸從禪師的地位轉變成被稱爲法師，其教派到了宋代之後被稱爲教下；而宗門，則爲禪宗與淨土所專擅；所以，晚唐到宋代初年天台宗發展上的一些特質，值得留意。其四是，宋初山家、山外宗諍論時，晤恩與義通都已經不在人間，山家、山外宗的諍論，存在著天台宗內部教派爭出頭及爭正統問題，而廣略本、眞妄心、觀心不觀心問題，只是一個表面的幌子，是一個諍論的觸媒，是山家門派爭出頭天的一個引子。兩宗的諍論在宋初爲天台宗帶來一時的興發，但也有不好的影響；這些問題，都要從天台宗發展的背景與過程去考察。其五是，爭正宗、爭中興教觀歸屬哪一山家、哪一門派，對於天台宗立祖言說是有其重要性的；而要確定本宗的優越性與道統，則要借助於「文以載道」。因此，編輯祖師的著作，在寺院中講訓，頗爲重要。更重要的是，有天台史書的出現，乃能通古今之變、成一家之言。在研究天台分宗的問題，除了留意爭正統的天台山家學人之外，不爭正統性的學派或學人也必要加以考察。其六是，山家、山外宗諸師風格不同，而山家宗派特別好與權貴相交結，並廣行懺法以接觸民眾，因此在法緣上取得優勢的地位，或說這其實也是一種世俗見地的反映；雙方的行化有別而各自發展，其實這也是天台宗發展上的特質。其七是，從勝義諦來說天台宗之學的興衰，不在一家之學的揚舉，而在於其能否對問題的反思、解決與創新。而山家、山外宗各有其卓越處，失卻其中一家的提撕省察，到最後連宗風都會喪盡，只存妄心觀與懺法，可乎？這是天台宗生存發展上的重大課題，以及天台學人的抉擇問題。只存妄心觀與懺法，學人容易墮入經懺師，以墳寺爲道場，以趕經懺爲道場。廢觀心或只用眞心觀，則止觀之學變成不易於闡揚。這兩宗的末流，到後世成了天台宗的大問題，學人容易被禪師與淨土師所收攝去。因爲山家諸師當時僅考慮到爭正統，意氣滿滿地揚己家之學爲正宗，而沒考慮到將來天台宗人的行履會是如何地

開展、佛法會面臨到何種的處境。如果在晤恩或知禮之世或者兩師之後的宗匠，能確立天台宗的宗本，則是中國佛法之福。兩宗合會，又能並進，才是雙美。但天台宗歷史的發展卻不是如此，兩學派合會不成，又得分宗。分宗的末流，越趨下流，是必然的趨勢。山家與山外宗匠們，各自「領宗得意」的結果，雖各有其願行，但都有其難以更化之處，這影響到後來天台宗的發展，尤其是愈到後世愈難以更化祖師之立言，法緣漸被禪門與淨土行所收攝去了。因此，天台宗的祖道、合會於一性，以及宗匠法眼的特質，也是本論文關心的課題。

第二章　天台宗的起源與師承

　　一個宗派之所以能流傳久遠，必然有其師說與傳承，還有護持者的發心。天台宗亦然，從教義上跟印度佛教接軌，是應合環境與潮流之必要，其禪法與教義則多從禪師與論師而來，此外就是藉教悟宗。天台宗的初祖遠追印度的龍樹菩薩，說二祖是慧文、三祖是慧思（515～577），兩師約略有其禪要而已，其事跡不大詳細；但四祖智者大師（538～597），因其善於講說，應合南朝的風尚，而使一代教法的規模大致成立。智者會下的章安灌頂（561～632），因其善於辭章，宣揚天台的教法甚力，為台教的教法奠定了深厚的基礎；如是從灌頂、智威、慧威（634～713）、玄朗（673～754）到湛然（711～782），師說傳承不墜，乃得以跟在長安興起的律宗、法相、賢首、禪宗相抗衡而聲教遠播，主要在有獨特性的教法、判教以及能融攝諸家學說等特點〔註1〕，卻不依他教，由是荊溪湛然在天台宗史上佔有著重要的地位。〔註2〕湛然的弟子梁肅（753～793）除了撰《天台禪林寺碑》、《天台止觀統例》，在湛然口述下撰寫《智者大師傳論》（又名《天台法門議》），敘述天台傳教大統，並強調是湛然中興了天台教觀，因此天台中人稱湛然為九祖。

　　湛然以下，天台宗有衰落的現象，但仍然有諸流派在行化，尤其是京師與吳越地區，到了五代宋初天台宗出現了皓端（890～961）、志因、晤恩（912～986）、義寂（919～987）與義通（927～988）諸宗匠。此時期的天台宗，

〔註1〕關於天台宗依經教與融攝諸家的教義，參見釋太虛《中國佛學》「第三章禪觀行演為台賢教」，前引書，頁682～684。

〔註2〕釋太虛，前引書，頁692；至於天台宗與禪宗之別，以及其向儒學滲透的特質，參見潘桂明〈梁肅、柳宗元的天台居士教〉，《中國天台宗通史》（南京：江蘇古籍出版社，2001年12月），頁332。

不僅有禪、教合會的趨勢，在義學上有其卓越的成就；而就天台山山家祖道的傳承上來說，則在復甦的階段。到了宋初，天台宗山家們產生了山家宗與山外宗的諍論。到了南宋之初，山家宗的史家建立起其一派的祖宗家法，把宋初的中興教觀全歸在知禮（960～1028）身上。山家宗人的一些作為，大大影響到後人對於晚唐到宋代中葉期間天台宗發展的史觀，也影響到天台宗往後在禪教上的發展。

第一節　天台宗的起源

在中國最初成立的佛教學派，是一般人所稱的天台宗，或稱台宗、台教。它形成的中心地點在浙江天台山，因而得名。創宗者是智顗（538～597），曾住在天台山，後歸寂於此山，「此宗至智者大師始成立，因此就名為天台宗了。」〔註3〕此宗的教義，正依《法華經》，所以也稱為法華宗。〔註4〕天台學說的淵源，在中國可以上溯到北齊的慧文與南嶽的慧思兩禪師〔註5〕，甚至溯源到龍樹菩薩。〔註6〕郭朋從一心三觀與中論的思想去考察，發覺到其間的差異性。因此，其論斷說：「把龍樹說成是天台宗的初祖，實在是張冠李戴。」但呂澂的看法比較保守，他從慧思的〈十如是相〉與《智論》做一個比較後，在《中國佛學源流略講》〈第八講宗派的興起及其發展──天台宗〉文中說：「這種作〈十如是〉的講法，與《智論》中的解釋有配合，所以仍然與龍樹學有關係。因此，天台宗說他們思想來源於龍樹，是有相當根據的。」〔註7〕世人對天台宗人的傳承，似乎有所疑情，因此對天台宗學人來說，編纂宗譜使其合理化，是有其必要性的。〔註8〕

〔註3〕釋太虛，前引書，頁679。
〔註4〕釋太虛說：「此宗實不完全依據《法華》。」關於天台宗所依經論問題，參見釋太虛，前引書，頁682～683。
〔註5〕郭朋《中國佛教思想史》〈第二章隋代的佛教思想──天台宗的師承〉（福建：福建人民出版社1994年12月），頁60云：「事實上，慧文同天台宗也沒有什麼關係。慧思同天台宗的關係也並不多，更說不上深。」
〔註6〕郭朋《中國佛教思想史》〈第二章隋代的佛教思想──天台宗的師承〉，頁59云：「把龍樹也給拉來做為東土九祖的初祖，則是十分荒唐的。因為，龍樹既不是東土人，也未曾來過東土。就思想體系來說，龍樹的思想同天台宗的思想，也根本不是一碼事。」
〔註7〕呂澂《中國佛學源流略講》（台北：里仁書局，民國74年1月），頁172。
〔註8〕天台宗祖系的法門確實有不同的地方，黃公偉《中國佛教思想傳統史》〈第六

　　天台宗雖似那學禪者藉教論宗，其宗要係多依其獨特的教觀與山家說法而不依他教。因此釋志磐在《佛祖統紀》「序」〈通例〉云：「及文有援古事，有餘義，必兼注於下，俾覽者易領云。」〔註9〕其在諸師傳記中引古事，來說明天台宗的傳承及法門改轉之事。〔註10〕建立道統，勢必樹立源頭與師說，師說有不同處在於智者時的法門改轉。從此，法門改轉與中興教觀問題，是研究天台教史的重大課題。由禪定之學，走向一心三觀與其他止觀學的形成，使得天台教觀跟他教不同。由禪觀走向義學的發展，使天台學人逐漸從禪定宗師逐漸變成禪講的法師；更因為禪觀之學與義學的強調，與華嚴宗、禪宗對真心觀的提舉是有別的，天台宗人特別強調「性具」與「妄心觀」的祖道。中唐以後，天台宗人合會儒、道，主張文字達觀、守語默還源、「即身心而指定慧、即言說而銓解脫」〔註11〕，不走向禪悟與「性起」的路數，從而造成後來天台宗對於教內與教外人士的判教。

　　學者認為在東土九祖的傳法譜系裡，對天台宗來說確實是關係深厚而且是比較重要的只有智顗、灌頂與湛然三人，其餘的都是次要人物。〔註12〕若依天台宗的說法，考察智顗大師創立天台教觀的思想淵源，可以追溯到北齊的慧文禪師與慧思大師（515～577）。〔註13〕這一傳承說法，見於灌頂記錄智顗所說的《摩訶止觀》卷首。書卷上說智顗師事南嶽慧思，南嶽師事慧文禪師。慧文是北齊（550～577）的禪師，他的生平事蹟及其思想，在中國佛

章隋唐佛教宗派的建設——天台宗的起源與法統〉（台北：獅子吼雜誌社，民國 61 年 5 月）文中說：「雖云相承，而於法門改轉，文師既承大論，則知爾前非所承也。是知天台初期學理不一，而慧文之學，乃屬於自造。」《佛祖統紀》卷第六〈二祖北齊尊者慧文傳〉說到法門改轉時，註曰：「此依《輔行》所載。按《高僧傳》，南岳悟法華三昧，往鑒最師，述己所證，皆蒙隨喜。又云，智者受業思師，思師從道就師，就師受法最師。今詳思師，本承文師，今又言從就師，是知諸師多同時互相咨稟。而法門改轉，後多勝前，復可論相承也。至北齊已降，依論立觀，自此授受，始終不異，始可論師承耳。」

〔註9〕 釋志磐《佛祖統紀》「序」，前引書，頁234。
〔註10〕《佛祖統紀》卷第六〈二祖北齊尊者慧文傳〉說到法門改轉時，註曰：「此依《輔行》所載。按《高僧傳》，南岳悟法華三昧，往鑒最師，述己所證，皆蒙隨喜。又云，智者受業思師，思師從道就師，就師受法最師。今詳思師，本承文師，今又言從就師，是知諸師多同時互相咨稟。而法門改轉，後多勝前，復可論相承也。至北齊已降，依論立觀，自此授受，始終不異，始可論師承耳。」
〔註11〕梁肅〈天台禪林寺碑〉，《佛祖統紀》卷第四十九，前引書，頁791。
〔註12〕郭朋《中國佛教思想史》〈第二章隋代的佛教思想——天台宗的師承〉，頁59。
〔註13〕釋慧思的壽命，《宋高僧傳》說春秋六十有四，而《佛祖統紀》說是壽六十三。

教史料中留下的不多，只知他是活躍於北齊年間的高僧之一。《摩訶止觀》卷一中說慧文禪師是「當齊高之世，獨步河淮，法門非世所知，履地戴天，莫知高厚」。〔註14〕在釋道宣《續高僧傳》「習禪篇」之二〈慧思傳〉中說及慧文時云：「聚徒數百，眾法肅清，道俗高尚。（慧思）乃往歸依，從受正法。」〔註15〕在《佛祖統紀》卷第六〈慧文傳〉中更是說他：「師既依釋論，是知遠承龍樹也。師在高齊之世，聚徒百千，專業大乘，獨步河淮，時無競化；所入法門，非世可知，學者仰之，以為履地戴天，莫知高厚。師以心觀口授南岳，南岳弘傳南方，而師之門人在北者，皆無聞焉。」〔註16〕從這些簡略的記載中，可以看出慧文禪師是一位有修有證的禪師，在北齊文宣帝時期（551～558），他的聲譽最為隆盛，號稱「獨步河淮，時無競化」，曾領眾幾百人同修共學，並以風格嚴肅著名。他生在北方，提倡北方佛教所注重的禪修實踐，講究鍛鍊心念的集中，並養成觀察事理的獨特方法與見解。在《佛祖統紀》卷第六〈二祖北齊尊者慧文傳〉中說，慧文禪師曾經因閱讀古印度龍樹菩薩的《大智度論》與《中論》而親證「一心三觀」的妙理，為中國佛教天台宗的成立奠定了觀行基礎。〔註17〕或說慧文是無師自悟的，石鳴珂在〈慧文傳〉文中說：「他因讀《大智度論》卷二十七，體會到「三智實在一心中得」；又因讀《中論》〈四諦品〉，因緣生法即空、假、中一偈，聯繫構成了慧文一心三觀和所觀的一境三諦的思想的禪法。」〔註18〕慧文因修禪定而悟得一心三觀，其後慧思傳承了這個法門，但在此思想上發展出了諸法有「十如是」之說，這是慧思專誦《法華經》的緣故，而此思想與《智論》中的解釋有應合。因此，呂澄認為：「天台宗說他們思想來源於龍樹，是有相當根據的。」〔註19〕

〔註14〕弘文館編輯部《中國佛教思想資料選編》第 1 冊（台北：弘文館出版社，民國 75 年 4 月），頁 3。

〔註15〕《高僧傳二集》卷第二十一〈隋南嶽衡山釋慧思傳〉（台北：台灣印經處，民國 59 年 9 月），頁 565。

〔註16〕《佛祖統紀》卷第六〈二祖北齊尊者慧文傳〉，《佛教大藏經》第 75 冊史傳部 2，頁 323～324。

〔註17〕一般僧家與學者，說及天台的教史與一心三觀，常引用《佛祖統紀》卷第六〈二祖北齊尊者慧文傳〉中所說，參見釋理方：〈天台宗法脈源流初探（上）〉一文；另見石鳴珂〈慧文傳〉，《中國佛教總論（二）人物與儀軌》（台北：木鐸出版社，民國 76 年 3 月），頁 98～99。

〔註18〕《中國佛教總論（二）人物與儀軌》，頁 98。

〔註19〕呂澄《中國佛學源流略講》〈第八講宗派的興起及其發展——天台宗〉，頁 171

對於天台宗的學說與師承，太虛大師是稟持較為平實的看法，其在〈台賢為中國特創之佛學〉文中說：「這（天台、賢首）兩宗的學說，皆是中國創興的佛學。因為這兩宗的學說，雖然也依據著印度傳來的經論，而這兩宗學說的特點，並不是由於印度傳來的佛教思想系統而成立的，乃是在中國所傳的印度佛學上為一孤起獨唱的學說。譬如天台學的創始者為慧文禪師，慧文禪師之思想，雖說是出自《般若》、《智度》、《中觀》，而並不是承傳《智度》、《中觀》之學者，乃由其自修禪觀功力之所得，而印證於《智度》、《中觀》耳！其師承源流，則不能明其底細也。」〔註20〕天台宗在慧文、慧思之時，是著重在禪法，也就是說他們禪法的特點在由定發慧，禪師定力深厚則發慧長遠，因此能教化學人修習禪定、產生慧解。

天台宗實際的創立人，是智顗。從慧文、慧思到智顗，我們可以看到當時南北方佛教發展的情形，以及三人容受教法的狀況。石鳴珂在〈慧文傳〉中說：「鳩摩羅什（343～413）在長安傳譯的《智度論》、《中論》、《百論》、《十二門論》和有關禪經（《坐禪三昧經》、《禪法要解》等），其學風在當時中國北方的影響當能存在。慧文遠承其學，近復取資於北地六家禪師明、最、嵩、就、鑒、慧用心之法，更發展之。其一心三觀之說，和當時傳菩提達磨『二入四行』的壁觀禪、慧可（489～593）於東魏天平初年（534）在鄴都盛開秘苑依《楞伽經》藉教悟宗似相呼應。」〔註21〕至於慧思，他感慨當時南地佛教界偏重理論，輕視禪觀，於是開定、慧兩門，日間談理，夜間修禪，同時講說禪波羅蜜，陳主尊他為大禪師；陳宣帝太建九年（577），慧思住半山道場，大集徒眾，勸勉勤修法華、般舟三昧，語極苦切，是年六月卒於南岳。〔註22〕慧思對智顗的影響，游俠在〈慧思傳〉中說：「由於慧思長期持誦《法華》，對它有極深刻的信仰，所以他的中心思想雖屬於《般若》，但更推崇《法華》。認為從佛的教化輾轉增勝上看，《法華》為大乘頓覺疾成佛道的法門，好像蓮花一樣，一花而具眾果，利根菩薩一心一學，一時具足，非次第入。他曾命其弟子智顗代講《大品般若》，講到一心具足萬行處，慧思特別指示說，《大品》所講還是次第義，到《法華》才講圓頓義。對於智顗

～172。

〔註20〕釋太虛《中國佛學》，前引書，頁680。

〔註21〕《中國佛教總論（二）人物與儀軌》，頁99。

〔註22〕《續高僧傳》卷第十七，《大正新脩大藏經》第50冊，頁563c。

後來創立以《法華》爲中心的天台宗學說，起了決定性的影響。」〔註23〕天台宗依《法華經》從慧思與智者開始，而天台宗從此有禪、慧兩門的行持，這跟兩師的境遇與根器有關係。從此天台宗人跟禪師與法師脫離不了關係，而宗匠課徒或說禪講或說演教，宗師會下利根者必趨向一心皆具的禪觀，或有學人定、慧不能一如時定會走上「求解行行」的途路。

　　智者曾在眞諦（499～569）早年的弟子慧曠處，學習過大乘，對《法華經》一類的《無量義經》、《法華經》、《觀音賢經》皆有接觸，後依慧思受學。其一生造寺三十六所，入滅後晉王依其遺願在天台山另行創建佛刹，於隋煬帝大業元年（605）題名爲國清寺。其一生弘法三十餘年，著作小部份是其親自撰寫的，大部份則由弟子灌頂隨聽隨錄整理成書。其著述建立天台一宗的解行規範，當中主要的是《法華經玄義》、《法華經文句》、《摩訶止觀》等，被稱爲天台三大部；又《觀音玄義》、《觀音義疏》、《金光明經玄義》、《金光明經文句》、《觀無量壽佛經疏》等，世稱天台五小部。智者一位教、觀雙運與解、行并重的學人，在發揮《法華經》的要旨方面，他以「化儀四教」和「化法四教」判釋釋迦一代時教，用「五重玄義」解釋經題，述爲《法華玄義》；以「四釋」詮釋經的文句，述爲《法華文句》；以一心三觀、十乘觀法開顯圓頓止觀法門，述爲《摩訶止觀》。〔註24〕

　　總之，天台宗遠承釋迦牟尼佛的遺教，以《法華經》爲宗骨，以《大智度論》爲指南，以《大品般若經》爲觀法，以《涅槃經》爲扶疏，經慧文與慧思禪師的禪觀體驗，又經過智顗與灌頂的開宗明義，再由湛然的編輯整理而形成有理論體系與有修證的天台教觀。在此過程中，印度龍樹菩薩的大乘佛教思想，是天台宗產生的源頭，北齊慧文與慧思的禪修體驗，則是天台宗形成的前導，後經智者大師的修證實踐，以他無量的智慧與慈悲的心懷，終於將釋迦如來一代時教以中國人固有的思維方式進行了分析與整合，從而指出從人到佛修證路上的最佳方案，最終形成了其獨具特色的一家之言。〔註25〕從吳越有國之時，追謚天台祖師，從智者到湛然而不及印度龍樹、北齊慧文與南岳慧思看來，中國帝王與士夫乃至於僧家對天台宗的眞正起源，他們定調是從智者大師開始；如往上推其源頭於慧文與慧思，必說法門改轉，如釋

〔註23〕《中國佛教總論（二）人物與儀軌》，頁102。
〔註24〕吳明〈智顗傳〉，《中國佛教總論（二）人物與儀軌》，頁104～106。
〔註25〕釋理方〈天台宗法脈源流初探〉（上）。

道宣《續高僧傳》與志磐在《佛祖統紀》中的說法。晚唐五代之時，天台宗有兩個流派在敷揚宗風；一是，玄燭、皓端；皓端參學玄燭之後，返回秀州靈光寺於台、律並弘；另一是，天台山禪林寺清竦系下慈光院志因與會下的晤恩，因應禪、教合流的趨勢而產生了獨特的觀行。晤恩下開山外宗，這個流派從五代末年到北宋初年在天台宗內部是主流趨勢，影響到其他天台山系下流派的學風。如果後來知禮系的山家宗承認這一主流趨勢，則必稱：「從九祖湛然之後，法門有改轉的趨勢，到了晤恩出世，其會下學人開出真心宗。宋初之後，從義寂系下的義通出弟子四明知禮，法門再度回歸妄心宗。」但歷史的發展卻不是如此，後來的山家宗貶斥晤恩系下的學人為山外宗，似乎是要驅逐他們出山家之門，南宋之後以山家宗為主的祖說傳承成了定論。

表一：天台宗九祖師大事年表

祖　師	生卒年	事　　略	引　　據
初祖龍樹		1、以智者《觀心論》云：「歸命龍樹師。」天台一宗，以此驗知龍樹是高祖。 2、天台宗儘管用羅什翻譯的《法華經》為典據，又參合羅什所傳的般若諸論思想，但它追溯傳承，並不說出於羅什系統，而以上承龍樹為典據，經過北齊慧文、慧思兩代講究禪定的禪師，才構成為一派。 3、天台宗以教和學為特色，重視一宗的學說教義，是充滿思辨色彩的中國佛教宗派。作為注重理論建設的佛教宗派，天台宗需要從印度佛教經典和論著中獲得足夠的理論支持，溯本尋源，它的哲學思想淵源是大乘中觀學說。天台學者十分重視《大智度論》的三智說，從慧文起，他們對三智開始作各種不同的解釋，通過方便解經，使《大智度論》的般若思想為己所用，以完成自己的宗教哲學。	1、《摩訶止觀》卷首灌頂所作緣起、《佛祖統紀》卷第六〈高祖無畏論主龍樹尊者一相大禪師——贊曰〉。 2、呂澂《中國佛學源流略講》「天台宗」。 3、潘桂明、吳忠偉《中國天台宗通史》第一章「天台宗思想淵源——大乘中觀學說」。 4、《高僧傳三集》卷六〈唐台州國清寺湛然傳〉。 5、《佛祖統紀》卷第八。

		4、昔佛滅度後，十有三世至龍樹，始用文字廣第一義諦，嗣其學者號法性宗。元魏高齊間，有釋慧文默而識之，授南嶽慧思大師，由是有三觀之學。洎智者大師蔚然興於天台，而其道益大。 5、傳聖人之道者，其要在乎明教觀而已。上尊龍樹，下逮荊溪，九世而祖之，宜也。	
二祖慧文		1、二祖北齊尊者慧文，姓高氏。當北朝魏齊之際，行佛道者第一明師，多用七方便；第二最師，融心性相諸法無礙；第三嵩師，用三世本無來去；第四就師，多用寂心；第五鑒師，多用了心能觀一如；第六慧師，多用踏心、內外中間心不可得；第七文師，用覺心重觀三昧、滅盡三昧、無間三昧，於一切法心無分別；第八思師，多用隨自意安樂行；第九顗師，用三種止觀。 2、慧文，渤海高氏子。幼歲入道，睿敏絕倫，苦學深思，至於成立。一日，讀《大智度論》，發二諦三觀之妙悟。當魏齊禪代之際（547～550），弘揚於鄴都太原間，後傳法慧思而化，世稱北齊尊者。 3、慧文從《大智度論》與《中論》「三是偈」等經論中，悟出一種禪法，在一心中間可以圓滿觀察方面的道理；一心三觀的禪法，真的是慧文無師自悟、純從領會得來的。	1、《佛祖統紀》卷第六〈二祖建立中觀北齊尊者圓悟大禪師〉。 2、釋明復《中國佛學名辭典》4353〈慧文傳〉。 3、呂澂《中國佛學源流略講》「天台宗」。
曇無最		1、慧思從道於就師，就又受法於最師，此三人者，皆不測其位也。時諸師多同時互相咨稟，而法門改轉，後多勝前，非復可論相承。至北齊以降，依論立觀，自此授受，始終不異，	1、《高僧傳二集》卷第二十一〈隋國師智者天台山國清寺釋智顗傳〉、《佛祖統紀》卷第六〈二祖建立中觀北齊尊者圓悟大禪師〉、《佛

| | | 始可論師承。慧思既一依釋論，是知遠承龍樹；其道化行於北齊受禪（550）之後，聚徒千百，專業大乘，獨步河淮，時無競化，所入法門非世可知。學者仰之，以爲履地載天，莫知高厚。師以心觀口授南岳，南岳盛弘南方，而師之門人在北方者皆無聞焉。
2、慧文把一心三觀的禪法傳給慧思，再通過慧思對《法華經》深刻的信仰，應用到根據《法華》所修習的圓頓止觀即「法華三昧」，並推廣到一般行事，成功「法華安樂行」，實踐的方法便益見具體了。這一方法又經過當時有名的禪師鑑（一作監）、最等各家的指教，這幾家後來都被天台宗徒列在他們的九祖之內（參照《止觀輔行》卷一之一）。因爲各家稱呼簡略，所以人世難詳，惟最師就是當時的曇無最，有現存傳記可考。曇無最曾行化河北，又妙達《華嚴經》，能融會心性和心相兩方面，發明諸法無礙的道理。這不用說，重要解釋具足圓融的意義，對於天台宗的主要思想是很有影響的。那時候《華嚴》的義理還未明白地闡發出來，只有地論師多少釋通了一部份，因此在天台宗的學說裡，也可以看出有些受到地論師影響的地方。 | 祖統紀》卷第六〈三祖圓證華南岳尊者止觀大禪師傳〉。
2、呂澂《中國佛學源流略講》「天台宗」。 |
| 三祖慧思 | 515～577 | 1、慧思，俗姓李，年 15 出家受具，謝絕人事，專誦《法華》，後依慧文禪師，從受正法。白天隨眾僧事，夜則坐禪達旦，豁然大悟法華三昧，就教於鑒、最禪師，得蒙隨喜。研練逾久，前觀轉增，名行遠聞， | 1、《佛祖統紀》卷第六〈三祖圓證華南岳尊者止觀大禪師傳〉、《高僧傳二集》卷二十一〈隋南嶽衡山釋慧思傳〉。
2、釋明復《中國佛學名辭典》4426〈慧思傳〉。 |

| | | 四方欽德。學徒日盛，機悟實繁，乃以大小乘中定慧等法，敷揚引喻，用攝自他。學徒日盛，怨嫉鴆毒，毒無所傷，異道興謀，謀不爲害。陳光大二年（568），率徒 40 餘人入南岳，始終 14 年。他很感慨南地好玄理而輕視禪觀，乃定慧雙開，晝談義理，夜便修持，南北禪宗罕不承續。每年陳主三信參勞，供墳眾積，榮盛莫加。寂前於山頂下半山道場，廣集門徒，連日說法，終於太建九年（577），世壽 64。初在大蘇山時，師以法付智顗，後智者常代講《般若》。慧思悟法華三昧，開拓義門，則又北齊慧文之所未知，故荊溪亦云，慧文但列內觀視聽而已。

2、慧思，武津（河南上蔡）李氏子，少出家，以慈慧聞。既圓具，棲心禪寂，日唯一食，誦《法華經》積滿千遍。後參慧文禪師，領受心要，得法華昧最上乘。由是淨侶日至，以齊天保中（550～560），率眾南遷，值梁元帝傾覆（554），江南不安，乃權止光州大蘇山（河南商城），學人奔赴，隨眾益盛，於陳光大二年（568）領眾入南岳，修念佛三昧。陳宣帝屢致勞問，以太建九年（577）寂，壽六十四。有《四十二字門》兩卷、《無淨行門》兩卷及禪要等書行世，世稱南岳尊者。

3、天台宗的主要思想，是導源於一心三觀，而歸宿到實相，這是形成於慧思的，其在一心三觀的基礎上又發展出了諸「十如是」之說。其把修定中心，放在四念處（身受心法）上，以四念處做爲止觀的對象。 | 3、呂澄《中國佛學源流略講》第八講「宗派的興起及其發展——天台宗」。 |

| 四祖智顗 | 538～597 | 1、智顗，俗姓陳，年18依湘州果願寺法緒出家，後依慧曠律師。陳文帝天嘉元年（560），聞慧思禪師止於光州大蘇山，乃前往請益，慧思爲他演說「四安樂行」，智者於此山行法華三昧，精進無已。及將所證告於慧思，慧思便爲其開演，嘆曰：「非汝弗證，非我莫識。」後慧思欲往南岳，智顗稟師命，於陳光大元年（567）南下陳都金陵，名動朝野。後辭別金陵，於太建七年（575）秋九月入住天台山。陳至德三年（585）智顗再到金陵，講經說法，弟子灌頂隨聽隨記錄成《法華文句》。陳亡，智顗上廬山居留。開皇十一年，受楊堅請至揚州傳戒，得智者稱號。次年，於當陽縣玉泉山創立玉泉寺，此後兩年（593～594）在寺講《法華經玄義》與《摩訶止觀》。開皇十五年，再到揚州，撰《淨名經疏》。開皇十六年春，還回天台，於十七年入寂。周世宗時，錢忠懿王申請於朝，追諡法空寶覺尊者。
2、智顗，荊州陳氏子，貌壯偉，目重瞳。年十八入道，受止觀於慧思禪師，初遊金陵，道俗欽眾，講《智論》，并授禪法。尋，探幽天台，結庵螺溪，陳主爲割始豐縣租賦，以供薪水。未久，復迎至金陵，於太極殿講《仁王經》。陳後主立，率后妃從受菩薩戒。及隋破金陵，西遊荊土。晉王廣累請東返，因鑑其誠，乃至揚州受菩薩戒，王奉尊號曰智者大師。畢，復西行，至當陽玉泉山安禪，眾爲創一音寺居之。後復應王之請，東返，會王入京師，乃得返天台。開皇十七年 | 1、《佛祖統紀》卷第六〈四祖天台智者空寶覺靈慧大禪師傳〉、《隋智者大師別傳》。
2、釋明復《中國佛學名辭典》3176〈智顗傳〉。
3、呂澂《中國佛學源流略講》第八講「宗派的興起及其發展——天台宗」。
4、《中國佛教總論（二）》「人物與儀軌——中國佛教人物28智顗傳」。
5、潘桂明、吳忠偉《中國天台宗通史》第四章「天台宗的創建者——智顗大師歷史地位述論」。 |

		（597），坐化山中大石像前，壽六十七。天台宗至師，乃得光大，故尊之為不遷之宗。	
		3、智顗在慧思處所學的，有禪有教，但他擅長的還是教，所以慧思叫他去金陵宣傳還更合適些，因為江南一帶的佛學還是著重於義理方面的研究。當時他所講的是《法華》、《智論》以及次第禪法。由於他在金陵接觸到三論師、成實師以及南方的涅槃師等的說法，擴大了眼界，吸收了各方面的精義，遂使他所得於慧文、慧思以來的綜合思想，日漸充時豐富，逐漸具備了構成一個宗派的規模。	
		4、智顗的著述，建立了天台一宗的解行規範，其中主要的是《法華經玄義》、《法華經文句》、《摩訶止觀》世稱為天台三大部；又《觀音玄義》、《觀音義疏》、《金光明經玄義》、《金光明經文句》、《觀無量壽佛經疏》，稱為天台五小部。他的特點，在於教觀雙運、解行并重。在發揮《法華經》的要旨方面，他以化儀四教和化法四教判釋釋迦一代時教，用五重玄義解釋經題，述為《法華玄義》；以四釋（因緣釋、約教釋、本跡釋、觀心釋）詮經的文句，述為《法華文句》；以一心三觀、十乘觀法開顯圓頓止觀法門，述為《摩訶止觀》。	
		5、智顗對中國佛教的重要貢獻，是他借《法華經》會三歸一之說，在綜合南北學派異說，總結各種佛教實踐的基礎上，建立中國佛教的第一個宗派，系統地展示了隋唐佛教的發展方向，使中國化的佛教獲得了堅實的理論基礎和實踐原則。	

| 五祖灌頂 | 561～632 | 1、灌頂，俗姓吳，七歲入攝靜寺，年二十受具戒。陳至德初，謁智者於修禪寺。頓蒙印可，因為侍者，隨所住處，所說法門悉能領解。陳禎明元年（587），隨智者止金陵光宅聽講《法華》。隋開皇十三年夏，受《法華玄義》於江陵玉泉。十四年夏，受圓頓止觀於玉泉，至於餘處講說，聽受之次，悉與結集，大小部帙，百有餘卷。傳諸未聞，皆師之功也。煬帝大業十年，（時年四十五）著《涅槃玄義》二卷、疏二十卷。師晚年於會稽稱心精舍，講說《法華》。時人讚之，有跨朗籠基、超雲邁印之語。郡中有嘉祥吉藏，先曾疏解《法華》，聞章安之道，廢講散眾，投足請業，深悔前作之妄。唐貞觀六年八月七日，終於國清，壽七十二，臘五十二。吳越王請諡，為總持尊者。贊曰：「微章安，吾恐智者之道將絕聞於今日矣。」
2、灌頂，章安（浙江臨海）吳氏子。七歲投慧拯法師入道，兼學內外，以慧捷名。二十登具，留意毗尼。拯公寂，入天台學習，至德元年，從智者大師出居光宅。更遷玉泉，研繹觀門，頻蒙印可。開皇十年，復隨智者東趨揚州，尋返天台，於稱心精舍開講《法華》。十七年智者寂，奉遺物授晉王廣，王遣官送返，並致唁辭。仁壽二年，又偕赴京師，宏開《法華》。迨後縱懷邱壑，語默變化，時講揚先師遺言，光大百世芳規，近域遠方，負笈來學者，相望於途。以貞觀六年八月寂，壽七十二。著有《法華義記》、雜文等多種。後世稱為章安尊者，亦稱總持尊者。 | 1、《佛祖統紀》卷第七〈五祖結集宗教章安尊者總持大禪師傳〉。
2、釋明復《中國佛學名辭典》5227〈灌頂傳〉。
3、呂澂《中國佛學源流略講》第八講「宗派的興起及其發展——天台宗」。
4、潘桂明、吳忠偉《中國天台宗通史》第五章「智顗事業的繼承者—— 灌頂」。 |

		3、灌頂從智者得到真傳，而且有所發揮。此外，他還爲天台作了《國清百錄》和《別傳》。《國清百錄》把智者與陳、隋兩代帝室往來的書信等編輯成冊，使後人可看到天台與執政者的關係。至於其著作《涅槃玄義》和《涅槃文句》，係仿照智者的辦法，以玄義講義理，以文句作解釋。	
		4、灌頂對《涅槃經》思想的發揮，將智者有關《法華》、《涅槃》同醍醐的意見作了新的解釋，使《涅槃經》的地位得到進一步提高，這符合當時人們對佛性學說的普遍興趣，也爲後人對涅槃佛性的探討提供了新的素材。其通過對涅槃佛性學說的新解，不僅豐富了天台宗的學說，而且團結了佛教內部涅槃學學者，從而保證了初期天台宗的鞏固和發展。	
六祖智威	？～680	1、智威，處州（浙江）縉雲人，俗姓蔣。家世業儒，穎脫塵蒙，心遊物表。年十八，任本郡堂長，娶婦還家，歸途中逢一梵僧，詰其違背昔日所立重誓。蓋師前身名徐陵，曾聞智者大師講經，誓願來世童幼出家，大布弘化。依此誓願，師遂往天台山國清寺，投章安灌頂受具足戒，諮受止觀心要，定慧俱發，證得法華三昧。高宗上元元年（674），離國清寺，覓勝地宣講教法，先至蒼嶺普通山，以其地隘狹，難容廣眾，遂入軒轅鍊丹山，開拓荊棘，聚石爲徒，晝講夜禪，手寫藏典，乃稱其地爲法華。其後學者眾多，習禪者三百人，聽講者百餘人，常分九處安居。師身長七尺，登座每有紫雲覆頂，恰如雲蓋，時人敬	1、《佛祖統紀》卷第七〈六祖傳持教觀法華尊者圓達大禪師傳〉、《高僧傳三集》卷六〈唐處州法華寺智威傳〉。 2、釋明復《中國佛學名辭典》3074〈智威傳〉。 3、呂澂《中國佛學源流略講》第八講「宗派的興起及其發展——天台宗」。

		稱爲「法華尊者」。又至其居處之上阪往返八十里路，然齋粥禪會不曾少違，人謂其得神足通。貞觀二十年（646）補朝散大夫，並賜大師號。永隆元年十一月示寂，世壽不詳。吳越王請諡玄達尊者。 2、智威，縉雲蔣氏子。謁灌頂於沃州石城寺，扣求大法，遂得天台禪觀眞傳。後居處州法華寺七年，能撰文善書法，孔老之學，均所嫻通，時稱徐陵後身，以永隆元年寂。 3、從灌頂以後，經過法華寺智威、天宮寺慧威、左溪玄朗幾代，沒有什麼發展，僅是守成而已。當時已經出現了玄奘一派的慈恩宗，稍後又有法藏一派的賢首宗以及南能北秀的禪宗等，都十分盛行。智威諸人能力較差，不能夠和他們競爭，因此天台宗在一百年間了無起色。只有灌頂門下恒景（律師兼學天台）的弟子鑑眞，由於他們最初傳天台三部於日本，在後世還有些聲望。	
七祖慧威	634～713	1、慧威，俗姓劉，婺州東陽人。總角之歲，深厭勞生，遂入空門，祝髮受具。聞法華大弘天台之道，即往受業，刻志禪法，晝夜惟勤三觀法門，頓獲開悟，時人見其深入威師之室，歲以小威師稱之。後歸止東陽，深居山谷，罕交人事。自法華智威入滅之後，入門求道者不知其數，傳法之的唯左溪耳。師於高宗朝，與法華智威同封散朝大夫四大師。吳越王請諡全眞尊者。贊曰：「或見梁氏統例，二威緘授其道不行之言，則便以爲緘默無言、坐證而已。然梁氏此言，將以張皇	1、《佛祖統紀》卷第七〈七祖傳持教觀天宮尊者全眞大禪師傳〉。 2、《高僧傳三集》卷六〈唐處州法華寺智威傳附慧威〉。 3、釋明復《中國佛學名辭典》4430〈慧威傳〉。

		荊溪立言、弘道之盛，故權爲之重輕耳。要之講經坐禪未嘗不並行也，不然法華聽習千眾，天宮求道無數，爲何事邪？是知其得不行，亦太過論。」 2、智威以法眼付授慧威，然慧威樂靜居山，罕交人事。指教門人不少，傑出者左溪玄朗矣。其常修止觀匪棄光陰，說與行而並馳，語將嘿而齊貫，落落然汪汪然，人無得名焉。 3、慧威，東陽劉氏子。幼入智威之室，妙悟三觀之法。淹貫經藏，涉獵百家。初住京都天宮寺，時人稱爲天宮尊者。後歸東陽，隱居山中，而求道之士，接踵趨至，扣詢不絕。	
八祖玄朗	673～754	1、玄朗，婺州東陽人。俗姓傅，相傳爲傅翕（傅大士）之六代孫。九歲出家，武后如意元年（692），敕住東陽清泰寺。弱冠就光州岸律師受具足戒，從學律儀經論，常恨古人章疏之判斷有不允當者；乃博覽群籍，精研涅槃經，曾至會稽妙喜寺與印宗禪師研學禪要；聞天台宗之教法，可除滯礙而趣一實理，乃詣東陽天宮寺，從慧威研學法華經等。復依恭禪師修習止觀。又涉獵儒書，兼好道宗，而自以止觀爲入道安心之要。其後，因愛好山林，隱於婺州浦陽縣左溪巖，常隨僅十八僧物，復行十二頭陀，麻衣蔬食，獨坐一龕，達卅餘年修行止觀。開元十六年（728），應婺州刺史王正容之請，暫居城下，尋以疾辭還山。平日誨人不倦，頗勤講學，教育學人。天台教法由斯轉盛。門下有中興天台宗之湛然，與新羅人法融、理應、純	1、《高僧傳三集》卷二十六〈唐東陽清泰寺玄朗傳〉、《佛祖統紀》卷第七〈七祖傳持教觀左溪尊者明覺大禪師傳〉。 2、釋明復《中國佛學名辭典》0603〈慧威傳〉。 3、潘桂明、吳忠偉《中國天台宗通史》第六章「天台中興功臣——湛然」。

		英等，名僧輩出。一日，顧門人曰：「吾六即道圓，萬行無得，戒爲心本，汝等師之。」天寶十三載示寂，世壽八十二。吳越王請諡號明覺尊者，世稱左溪尊者，撰有《法華科文》二卷。 2、玄朗，烏程（浙江東陽）傅氏子，雙林翁大士之裔也。九歲出家，如意元年得度，配七泰寺，弱冠受具戒於光州岸律師，從學毗尼，復習經論。聞天台之宗，可清眾滯，而趨一理，因詣東陽天宮寺慧威法師，學法華大論，又依恭禪師修習止觀。至於儒籍道典、百家之說，無不該覽。而致心物表，身厭人寰，因隱左溪巖，頭陀其行，麻衣疏食，獨坐一龕，三十餘年，不更不移。凡有檀施，悉營福事，遇人求教，誨諭不倦。天台教法，由斯轉盛。以天寶十三載九月寂，壽八十二。諡覺明，世稱左溪尊者。 3、灌頂之後的二傳智威、慧威，均無明顯建樹，致使天台宗僅能維持其生存局面。時至玄朗，似有轉機的跡象。玄朗有志於發揚天台教義，對天台佛學及儒、道各家之學均有所研究，其傳法弟子眾多，從而爲後來的天台佛教中興作了鋪墊。史稱，因玄朗的刻苦經營，天台之教鼎盛，何莫由斯也！晚年以三觀玄旨傳授湛然，終使天台佛學得以發揚光大。	
九祖湛然	711～782	1、湛然，常州荊溪（江蘇宜興）人，俗姓戚。以教言之，則湛然乃龍樹之裔孫，智者之五世孫，左溪朗公之法子。自智者以法傳灌頂，灌頂再世至於左	1、《高僧傳三集》卷六〈唐台州國清寺湛然傳〉。 2、《佛祖統紀》卷第七〈九祖天台記主荊溪尊者圓通大禪師傳〉。

| | | 溪,明道若昧,待公而發,乘此寶乘,煥然中興。蓋受業身通者,三十有九僧,縉紳先生、高位崇名、屈體承教者,又數十人。師嚴道尊,遐爾歸仁,向非命世而生,則何以臻此。

2、家世業儒,而獨好佛法。玄宗開元十五年(727),十七歲遊浙東,尋師訪道。至十八年,遊東陽遇金華方巖,示以天台教門並授以《摩訶止觀》等書,受天台止觀。二十歲入左溪玄朗之門,研習天台宗教義,盡得其學。到天寶七年(748)卅八歲於宜興君山鄉淨樂寺出家,又至越州跟從曇一法師學律,廣究律部。後於吳郡開元寺講《摩訶止觀》。玄朗示寂後,師繼其席,在東南各地盛弘天台的教法。當時禪、華嚴、法相諸宗,名僧輩出,各闡宗風,湛然概然以己任,常對弟子說:「今之人或蕩於空,或膠於有,自病病他,道用不振,將欲取正,捨予誰歸?」從而祖述所傳,撰天台三大部的註釋及其他,凡數十萬言,顯揚宗義,對抗他家,於是台學復興。師提出無情有性之說,主張木石等無情之物亦有佛性,發展天台教義。歷住蘭陵(今江蘇武進縣)、清涼諸剎,所至之處,四眾景從,德譽廣被。天寶、大曆年間,玄宗、肅宗、代宗優詔連徵,皆稱疾不就。晚年居於天台國清寺,以身誨人,耆年不倦;當大兵大饑之際,學徒來集的更多。德宗建中三年(782)二月,示寂於佛隴道場,世壽七十二,法臘四十三。弟子梁肅為撰碑銘。師為天台宗中興之祖,世稱荊溪尊者、妙樂大師,又稱記主法 | 3、釋明復《中國佛學名辭典》3202「湛然傳」。
4、佛陀教育基金會《各宗祖師傳記——天台九祖荊溪湛然大師傳》。
5、呂澂《中國佛學源流略講》第八講「宗派的興起及其發展——天台宗」。
6、呂澂《中國佛學源流略講》「天台宗」。
7、《佛祖統紀》卷第二十二「未詳承嗣傳第八——十祖玄燭傳」。 |

師。北宋開寶年中，吳越王錢氏追諡圓通尊者之號。自唐以來，傳衣鉢者起於東嶺，談法界闡名相者盛於長安，是兩者皆以道行卓犖，名播九重，為帝王師範，故得侈大其學，自名一家。然而宗經弘論判釋無歸，講華嚴者唯尊我佛，讀唯識者不許它經，至於教外別傳，但任胸臆而已。師追援其說，辯而論之，曰金錍曰義例，皆孟子尊孔道闢楊墨之辭。識者謂：「荊溪不生，則圓義將永沉矣。」生平撰述宏富，主要著作有《法華經玄義釋籤》十卷、《法華文句記》十卷、《摩訶止觀輔行傳弘決》十卷、《止觀搜要記》十卷、《止觀大意》一卷、《金剛錍論》一卷、《法華三昧補助儀》一卷、《始終心要》一卷、《十不二門》一卷等，均行於世。贊曰：「疏以申經，記以解疏，夫然故旨義始歸於至當，而後人得以守其正說。大哉！釋籤妙樂輔行之文，其能發揮天台之道，疇不曰厥功茂焉。不有荊溪，則慈恩、南山之徒，橫議於其後者，得以並行而惑眾矣。師之言：『將欲取正，舍予誰歸。』誠然哉！寶訓也。本記言縉紳受業者數十人，知當時儒宗君子學此道者，若是之盛，今所聞梁李三四人耳，惜哉！」

3、湛然，常州荊溪戚氏子。家世業儒，獨好佛學，年十七訪道浙東，從方巖受天台止觀，復詣左溪求益，左溪器之，盡傳所學。天寶初，年三十八始登僧籍，乃依曇一精究毗尼，次就無門弘揚台教。左溪歿，繼其席，後更歷蘭陵、清涼、天台諸剎，所至四眾景從，一時

罕儔，德譽廣被，上達帝聽。大歷中，優詔連徵，并以疾辭，高臥不就。建中二年，浙中大飢，兵戈相尋，而忍耐飢苦，率眾梵修，無殊往昔。竟以建中三年二月，寂於天台佛隴，壽七十二，人稱荊溪尊者。

4、湛然弟子有道邃、普門、元皓、行滿、智度、法顒等卅九人。道邃、行滿後來傳教觀於日僧最澄，最澄盡寫此宗的教籍以歸，開立日本的天台宗。賢首宗的清涼澄觀大師，早年亦嘗從湛然受學《止觀》及《法華》、《維摩》等疏。又有翰林學士梁肅，也曾從湛然學教觀，深得心要，嘗以《摩訶止觀》文義弘博，刪定為六卷，又述《止觀統例》一卷等。其說出入儒釋，和宋代理學極有關係。此外，從湛然受學的人士，有李華等數十人。　湛然大師所努力的工作主要有兩方面：一方面，對天台的基本理論三大部都作了註解，並加以發揮，特別是使圓融三諦之說更深刻化了。一般講「空」偏重於遮，講「假」偏重於照，「中」則遮照俱有；湛然大師認為，三諦不但相即，而且有雙遮雙照的統一意義。「空」、「假」兩者都有否定（遮）與肯定（照）兩方面意義，既非單純的一種，也不是三者簡單的聯合，而是雙方都具有遮照，這就叫雙遮雙照。另一方面，為了對比賢首宗與慈恩宗的緣起說，對於本宗原有的理論加以補充，採取了《起信論》中如來藏緣起的思想。因此，他對於「性具」方面就用了《起信論》的「真如隨緣」來解釋「一念三千」之說，以為「諸法真如隨緣而

現，當體即是實相」。此外，湛然大師直接批判了慈恩、賢首、禪宗各家的理論。慈恩宗窺基曾作《法華玄贊》，其中有很多不同意天台宗的地方，師批判慈恩的重點就放在這部書上，寫了《法華五百問論》，提出了五百處錯誤加以質難。對於賢首，他寫了《金剛錍》。金剛錍是印度醫師醫治眼翳的工具，他藉以諷刺賢首宗人也需要用金剛錍刮治眼中之無明。在這部書中他特別提出無情之物也有佛性的主張，與賢首只承認有情有佛性的說法相對立。對於禪宗，在《止觀義例》中批判他們的禪法是「暗證」，證而無教作根據。由於湛然的這番努力，抬高了天台宗的地位，使天台宗一時有了中興之勢，他的理論為宋代天台宗的更加盛行打下了基礎。但是，由於吸收了《起信論》的思想，有許多含混不清之處也為宋代天台宗內部的分歧播下了種子。

5、灌頂以後的傳承是法華智威、天宮慧威、左溪玄朗。在這幾代中間，因為初唐慈恩、華嚴各宗勃興，天台宗勢沒有得到開展，直到中唐，由於荊溪湛然的努力，方才中興起來。

6、出自左溪一系的永嘉玄覺，與慧能同時，只在禪宗中頗為著名。直到左溪的另一支傳到了荊溪湛然，經他的一番努力，才使天台宗得到中興。

7、法師玄燭，戒德定品慧業法門，講唱宗乘獨世特立。大順初（890），傳法帝京，學徒數百左右悅隨，時謂其可繼荊溪，尊為十祖云。

說　明	一、天台宗遠追龍樹菩薩爲初祖，但天台宗的禪法與龍樹無大關涉。 二、天台宗中土的祖師，一般從慧文與慧思算起。 三、慧文與慧思禪法的特質在定、慧一如，而智者偏重在慧學，因此智者以下的天台教觀被《續高僧傳》稱爲法門改轉。 四、智者到湛然間師弟的付授情形，除了據《續高僧傳》與《宋高僧傳》所言之外，還有湛然弟子梁肅撰寫的〈天台禪林寺碑〉也明載其事。 五、吳越國忠懿王時，山家淨光大師義寂爲爭正統性，而請謚天台諸祖師，從智者到湛然六祖皆得尊號。因晚唐時台教人士稱玄燭爲第十祖，因此湛然系下的天台諸師未能得到謚號。

第二節　流派與師弟

　　天台宗初行，尚無立祖之說，但有付授與各方隨緣物化的現象，無明顯的爭法座與爭道統的習氣；如前六祖與國清寺的住持，並非同一個人，這情形可以看出台教初行是開明的，因爲當時的天台宗還在拓展期的階段。在宗匠四處行化之下，「天台之學就有許多的演變了。」〔註26〕禪宗初行時，有的天台學人跟北禪宗走得很近，形成台教與禪宗、律宗互相融攝的現象。南禪宗發達之時，因參方與禪講流行，台教之人也自然習得禪門的一些教學法，後來也加以運用以教化新進的學子。有的台教人士深入華嚴之學，性起論與真心說也被台教人士所收攝而下開山外宗派。有的台教學人，初緣在念佛，形成止觀與念佛雙修的現象。

　　湛然之時，在跟諸家學說相抗衡的情況之下援引了《起信論》的學說，門下出現了「直超入圓」與「循序以修止觀圓解」問題的疑情，此種疑情可以從元浩（一稱元皓）與道邃的行實中看出端倪，這種下了宋初山家、山外宗對觀心問題的不同詮解與實踐功夫。而學者以爲這是天台宗如禪門分裂爲兩宗的初機，其實這也是天台宗人此後被稱爲禪師或法師的轉折點。天台宗的祖師風格之不同，有重於默契與講說，有重於教法的弘傳，這涉及悟入之圓融與否以及個人的願行，而不在於個人德行之高下與弘贊之廣大，但就世法來看就有高、下之別。

　　佛教傳入中國之後，祖祖相傳、師弟相習，這在道法的傳授與承襲上是很重要的。而教觀或祖道之所以能夠傳習下去，關鍵點在於宗匠們的宗眼與法眼，而展現出來的則是門風與教學法，因此有演教的道場是重要的。至於

〔註26〕釋太虛《中國佛學》，前引書，頁691。

智者與慧文與慧思兩禪師之別，法藏法師在〈天台教觀概述3〉演講文中說：
「天台眞正內證的部門呢？其實龍樹、慧文大師、慧思大師都已經證得了，
反倒是他（智者）正在開圓，智者大師在開圓解的時候，還沒有眞正證得，
不過他就已經能總攝佛法，因爲他已經證得前方便旋陀羅尼，他能這樣叫一
脈相承。」至於中興教觀爲何歸屬湛然，法藏法師說：「荊溪湛然大師就特別，
因爲他中興了天台教，立天台教的名也是他。九祖，那人家九祖這麼有名啊，
相對的他師父就會有名。有的是師父有名，徒弟跟著沾光。反過來嘛是徒弟
有名，師父大家都會知道這樣子。」〔註27〕南、北宋之際，天台山家宗學
人立祖扶宗就是個實例，山家宗說己家是正宗，而止觀之傳習是祖祖相傳、
師弟相承的。此外，其他天台流派中師弟聲名互相激揚，也存在著不少實例，
如志因與晤恩、晤恩與文備、清竦與義寂。晚唐之際，道邃門人廣修系下尚
有不少宗匠在天台山行化，而湛然會下的其他流派因缺乏宗匠而沒落。吳越
有國之時，清竦在天台山行化，而不明承嗣的玄燭則在京師弘揚台教，學者
歸趨，秀州的皓端依其受學。皓端歸國，受到吳越錢王的禮重，住秀州靈光
寺，晤恩聞風前來受學，晤恩對天台三觀六即之說冥符意解後，又往錢塘慈
光院志因處進學得爲上首，乃繼志因法席講學興教。晤恩會下開出台教的山
外宗。清竦會下除了志因之外，有義寂者也前來受學，其後在錢忠懿王與國
師德韶的護持下，名聲逐漸增廣，義寂會下出寶雲義通，義通下出四明知禮
與慈雲遵式。原本法緣不振的天台嫡系到了知禮出世，下開出台教的山家宗。
山家宗因爲知禮的出世，有了中興山家的教主之名，連帶地使道邃以下到義
通的傳承獲得山家宗的正名。因爲山外宗無宗匠能獲得中興教觀之名，使玄
燭系與志因系會下學人的正統性受到影響，玄燭與志因兩師的行實也因之缺

〔註27〕釋法藏〈天台教觀概述3〉演講文（台灣：「學海無盡藏網站」）：「智者大師
　　　承繼了這兩位前者、兩位祖師的教法，然後證得旋陀羅尼，總持佛法之後，
　　　開始判攝佛法的高低等等。那你說他得得才來判攝對啊！他要證得，他才有
　　　能力，他總持圓解了之後，他才知道佛法的高低、是怎麼分別的啊。那他的
　　　什麼呢，他的老師還有他的師公爲什麼不用判別？因爲他直接證得就好了，
　　　他沒有這個什麼？沒有這因緣，可能也沒有這個願力。（中略）前面的他的
　　　師父法師父跟法師公，他並沒有做這個事，由他來做，所以四祖建立了這個
　　　判教的體系。你不要說那爲什麼不是初祖？爲什麼不是二祖？因爲各有本願
　　　不同，他開了法門的圓解，雖然還沒有證悟，可是因爲過去的因緣，他總持
　　　佛法特別的怎麼樣？有力量也相應，所以他開顯了判教的概念。是這樣，所
　　　以眞正教法，能夠把佛法的總持義建立起來的，那個是智者大師四祖是這
　　　樣。」

乏詳細的記載。

　　天台教籍的搜集與教史的成立，對宗派的正統性也是有所助益的。從會昌法難起，除了天台山之外，台教在五台山等流派相繼隕落，天台宗的命脈轉向京師的玄燭與道邃系下，到了吳越有國至宋初天台宗僅在兩浙地區行化，雖頗受護持，然氣勢不大。因為會昌法難下天台典籍消失殆盡、僧才很少，許多流派的法脈相續斷絕。至五代吳越國王錢弘俶遣使高麗、日本，覓求抄寫天台宗書典，以饗學人，天台宗獲得到中興的機會。趙宋之後，天台宗學人留意編撰本宗歷史，先是元穎法師於北宋徽宗政和年間（1111～1118）撰《天台宗元錄》一百卷；繼有優婆塞吳克己於南宋理宗慶元年間（1195～1200）增廣《宗元錄》，改名《釋門正統》。隨後，景遷法師於寧宗嘉定年間（1208～1224），依上述二書編成《宗源錄》。理宗嘉熙初年（1237），宗鑑法師又將未及刊行之吳本《釋門正統》加以擴編，仍名《釋門正統》；至此，天台宗史傳已粗具規模。南宋志磐法師以景遷之《宗源錄》、宗鑑之《釋門正統》二書為基礎，仿史書紀傳體及編年體增編而成《佛祖統紀》凡五十四卷，略稱統紀，收於大正藏第四十九冊。全書主要闡明天台教學之傳統，分為「本紀」八卷、「世家」二卷、「列傳」十二卷、「表」二卷、「志」三十卷。其鑑於佛祖傳授記載之不備，乃於寶祐六年（1258）撰《佛祖統紀》，敘述天台九祖諸祖列傳及諸宗立教之事蹟；極盡精細，旁及禪、律諸家，世人以此稱便而廣為流通，歷時十二年始成。後更致力於該書《會要志》四卷之刊板。又嘗力排山外異說，作《宗門尊祖議》一篇，以紹隆正統，顯揚大教。另著有《法界聖凡水陸勝會修齋儀軌》，並重修宗鑑之《釋門正統》。從釋宗鑑之《釋門正統》一書，其序言：「本紀以嚴創制，世家以顯守成；志詳所行之法，以崇能行之侶；諸傳派別而川流，載記嶽立而山峙。以耕以戰，誰主誰賓，而能事畢矣。宗鑑學淺識暗，管見狹；聞狂斐之罪，亦自知之；道重身微，利害奚卹。皇宋嘉熙改元三月十日，沙門宗鑑序。」〔註28〕湛然以下的台教師，誰才是正宗的問題，贊寧的《宋高僧傳》中還沒有提及此事，只說義寂深具荷負的事業。但《釋門正統》把山家道邃到義通等人列為祖師，而知禮的地位是中興教觀；《佛祖統紀》除了承襲這種說法之外，還列知禮為第十七祖。

〔註28〕釋宗鑑《釋門正統》「序」，《卍續選輯》史傳部20（台北：新文豐出版公司，民國66年3月），頁712。

從天台宗發展史來觀察，天台宗在九祖湛然（711～782）以後，學人之中出現了玄燭，其於唐昭宗大順初（890）在京師弘化，有徒數百，在教內有十祖的稱號。玄燭會下出皓端（皓端參玄燭在兩浙武肅王時，893～932），後皓端學南山律兼弘台教。皓端會下出晤恩，晤恩後再往清竦會下的志因處修習天台教，以承續天台山的教學。此時的台教，有諸流派在行化，到了五代末年天台山清竦會下的義寂出世後，其請諡天台諸祖，在宋開寶中（968～976）得諡號者有智者、灌頂、大小威、玄朗與湛然。天台山僧家的動作，可以看出爭正統的現象在清竦會下存在已經蘊釀許久了，他們透過義寂的力量來實現願望，但無法得逞，這可能是因爲錢塘系的氣勢與秀州靈光寺系的影響力在當時很大的緣故。天台山家們對義寂的期待，贊寧在《宋高僧傳》〈義寂傳〉上說：「自智者捐世，六代傳法，湛然師之後，二百餘齡，（義）寂受遺寄，最克負荷。」吳越入宋之後天台僧人的希望轉移到義寂法子義通會下的知禮身上。釋志磐在《佛祖統紀》一再申言山家傳承的正統性，其在「東土九祖第三之一」序文中云：「佛祖之道，以心傳心，尚何俟於言說？至於當機印可，則必資授受，以爲傳道之儀，是以金口祖承二十四聖，皆親承口訣，用顯心傳之妙！然則通古今、簡邪正、明境智、辨宗用，其可有遺於言說者也。」〔註29〕傳法之正宗在於師資之授受，此外文可以載道。按山家們的觀點，正統之外的學人，如專事講說以及弘贊者，是有功勳於天台宗的，所以他們同樣受到禮敬；但其又說他們有的是旁出，有的不明承嗣，有的則是叛出者。其貶抑山外學人與其他異學，連帶也更動了天台宗發展的部份歷史眞相。

天台宗的傳承，在會昌法難之前向來是根據釋道宣（596～667）的《續高僧傳》、梁肅（753～793）的《修禪道場碑銘》文，後來又有宋初贊寧的《宋高僧傳》以及南宋初年《佛祖統紀》的記載，因此許多祖師的事跡被埋沒了。依據史實，在湛然之前，天台宗是分燈弘化的。在湛然（711～782）之時，出現了第一次的正統之爭；此即梁肅奉湛然之命撰《修禪道場碑銘》，由朝散大夫台州刺史上柱國高平、徐放書寫，僧行滿立碑。湛然會下，有元浩〔註30〕、道邃、行滿。在元浩、道邃之中，釋贊寧看重者的是道邃〔註31〕，這可能隱

〔註29〕《佛祖統紀》卷第六，前引書，頁322。
〔註30〕關於元浩禪師，《佛祖統紀》卷第十有傳，稱之爲龍興元皓，《佛教大藏經》第75冊史傳部2，頁368～369。
〔註31〕《宋高僧傳》卷第二十九〈唐天台山國清寺道邃傳〉云：「荊溪之門，行香難

沒了一些歷史事實。在道邃與行滿之間,對於湛然傳法給誰,還有行滿傳法給誰,義寂得法於誰,這些問題在《宋高僧傳》中更是模糊地帶過,其間必有更大的隱情在。五代宋初之間,當時弘傳天台教者,主要有秀州皓端、錢塘晤恩與天台義寂;三家之中,皓端是台教與律宗並弘,其師承之一是來自十祖玄燭,跟天台義寂的師承大是不同;而晤恩的師承來自清竦與玄燭等兩方祖師,其在義學上也大有成就。因此,贊寧對於三家誰是正統,似有所指,卻不明言,因為當時秀州靈光寺與錢塘慈光院的法緣正盛,而義寂在螺溪傳教院的行化氣勢尚弱。這些流派與師弟間的問題,到了宋初山家與山外宗諍論之後天台宗人才逐漸起了定論。但教界的正統論說法,畢竟跟史實有所出入。

第三節 天台宗的傳承

有關佛教祖師傳承的法脈,一向是傳說分歧,沒有定論。北魏時,吉迦夜與曇曜共譯的《付法藏因錄傳》則記載二十三位祖師名字,每位祖師都有傳法事蹟。天台宗以《付法藏因錄傳》所載的二十三位祖師,再增加「末田地」和原傳內的「商那和修」並列第三,就成了二十四祖。天台宗所立的二十四祖師說,在隋至初唐間流布著,由大住留窟的祖師圖,可以得到證明。而到了武則天時代,禪宗人士又有了二十五祖師之說,因此龍門石窟東山大萬伍佛窟內,便有了傳法二十五祖之雕像,在此窟內武則天稱帝之後所造的新字,還可辨認出來。這是繼大住窟之後的祖師傳承圖。〔註 32〕在宋初,釋道原的《景德傳燈錄》完成之後,西天二十八祖之說遂成定制,相沿至今。台、禪兩宗到了宋代,為了傳承不僅有七佛二十八祖之爭論〔註 33〕,天台宗教內也引發山家、山外之爭,這都跟孰的傳承為正宗、孰的說法是為宗本有關。〔註 34〕

窺望。大曆中,湛然師委付《止觀輔行記》,得以敷揚,若神驥之可以致遠也。於時,同門元浩迴知畏服,不能爭長矣。」
〔註 32〕陳清香〈祖師傳承說的石刻例證──龍門看經寺洞羅漢群像考〉,《東方宗教研究》第 4 期(台北:國立藝術學院傳統藝術研究中心,1997 年 10 月),頁 212。
〔註 33〕關於台、禪兩宗之爭,參見陳垣:《中國佛教史籍導論》「佛祖統紀」,頁 122~125。《韓非子·顯學》曰:『孔子、墨子俱道堯舜,而取舍不同,自謂真堯舜,堯舜不復生,將誰使定儒墨之誠乎!』陳垣接其文說:「台、禪二宗之於七佛二十八祖,亦猶儒墨之於堯舜也!」(陳垣,前引書,頁 125)
〔註 34〕山家、山外之爭,陳垣:《中國佛教史籍導論》,頁 126:「此猶儒家今古文之

　　天台宗從智者以來，就有西方二十四祖之說，經過發展又形成東土九祖、興道下八祖的說法。而一般認為天台宗的傳承，是根據釋志磐的《佛祖統紀》的記載，不去深究史實是否確實如此，儘管此書被編入大藏經，它給人的疑點還是不少。是書專門闡揚宋朝以來山家的門風，特別排斥山外之學，所以根據釋志磐的說法，一般人會不自覺地墮入了山家宗人的思維而不自知。釋志磐的著作，刪掉了不少當時流傳的史料，把山家跟山外與華嚴、禪與南山律宗切割開來，以顯揚其山家之學是正宗，以符合智者到湛然的傳法心要。但仔細看該書，並把它拿來跟《宋高僧傳》作一些比較，可以找出一些疑情來。再配合近人的研究，以及新發現的史料，可以重構築出天台宗傳承的一些新面貌來。如不深究史實，僅觀看是非，或可說：「山家、山外學人，皆道智者與湛然，而取捨不同，卻自謂天台正宗。然智者、湛然不復生，孰將定山家、山外宗之誠乎？」雖然，山家、山外宗分流宣揚己說，但各自有其傳承與宗本在，也同稱己家門風是山家。若要觀察兩家的真相，我們就要從天台宗的發展史上去考察。

　　天台宗的傳承，初時不單是付授的方式，當中還有傳法、傳座與普傳。若依據《高僧傳》以及《釋門正統》、《佛祖統紀》的記載，那就更是嚴格了，因為這些著作都是以師說為根據，以付授與可致遠為主軸。若僅以《釋門正統》、《佛祖統紀》的看法，則分祖師、世家與旁出、列傳，其他學習天台教而不明傳承者，列在「未詳承嗣傳」。如是以論天台教史，有倒果為因之嫌隙。天台初祖、二祖譜系的疑情，後世學者論之已多。三祖到九祖的師說，較被人所承認而罕有異說出現，而通常是採用《續高僧傳》與《宋高僧傳》的說法。湛然之後到清竦之間的傳承，還有一些疑情要加以釐清。清竦之下的傳承，在贊寧作《宋高僧傳》時，情況還不明朗化，但由於義寂為天台諸祖請謚，之後得到謚號者有智顗、灌頂、智威、慧威、玄朗與湛然，或許這透露出當時天台宗內部在祖師的認定問題上有不同的見解。五代時，清竦系下志因、晤恩、源清這一支脈，在法緣方面，比清竦系下的義寂、義通、知禮，來得鼎盛多。吳越入宋後，透過知禮的努力以及跟晤恩系下學人的論戰，在山家、山外宗數十年諍論之後因山家宗後繼得人，到了南宋山家宗終於爭取到天台正宗的地位。此後，隨著《釋門正統》與《佛祖統紀》的出世，天台

　　　爭也。晤恩，《宋（高）僧傳》七有傳。山外之名，起於法智統一以後，凡持論與法智異者，均可目之為山外，故又有前山外、後山外之名，前山外者大抵與法智同時，後山外則法智子孫而持論與法智異者也。」

一宗成為山家宗派一家之學獨領風騷的時代，山外宗派眞如釋贊寧《宋高僧傳》對道邃與元浩所判釋的一樣，「可致遠的」最後在法緣上勝出於「高尚其志的」，這如同修「一念無明法住心」的僧人遠比那「直入圓境」的僧家，在人數上必然是多且世代不乏其人。釋贊寧對於道邃所下的史觀，與志磐針對山外宗的史觀，大抵上是後驗的，添有主觀的成份在。所以，他們對僧家的觀點，我們還要輔之以史事來加以考察。關於天台宗的宗匠，如湛然會下的元浩、行滿，在某些情境上，同那志因會下的晤恩、文備，都是值得稱揚的僧家。

一、傳法的系統

天台宗淵源於天台山，是佛教在中國產生的第一個宗派。天台宗的發祥地是在天台山，也是禪宗重要的弘法道場。三國吳赤烏年間（238～251），有禪師來此結茅苦修，是爲佛教在天台山傳播之始。兩晉南北朝至隋，爲佛教初盛期，特別是陳、隋之際，高僧智顗（538～597）入天台山創法華宗，興建道場使佛教大播，影響極爲深遠。唐代，禪宗在天台山已有了很大的發展。五代及北宋初期是天台山佛教最興盛期，究其原因，主要是當時的吳越國偏安一隅，社會安定，而且吳越王錢氏幾代均重僧好佛的緣故。宋代天台山家宗的復興，演變成山家、山外宗之爭，明清以後，佛教在天台山呈現停滯和衰落狀態，其起因跟天台分宗有很大的關係。

天台宗之名，以智顗所住的山名而立。天台宗一名的最早出現，據湯用彤先生的《隋唐佛教史稿》上說，乃在於湛然的《法華經大義》。以天台山國清寺爲根本道場的天台宗，是天台山最主要、影響最爲深遠的佛教宗派。天台宗雖追龍樹、慧文、慧思分別爲其始祖、二祖、三祖，但慧文與龍樹實無直接師承關係。其實際創立者，應爲陳隋間的四祖智顗。而隋代的五祖灌頂，承前啓後，創建國清寺作爲根本道場，這標誌著天台宗的眞正形成。隋朝滅亡後，天台宗失去王權的支援，加之唐初慈恩、律宗、華嚴、密宗、禪宗的相繼興起，相比較之下，天台宗漸趨低落，這個時期的六祖智威、七祖慧威、八祖玄朗都缺乏較大的影響力。自湛然出世，情況則有所轉變，天台的師說傳承，從此產生了很大的變化，也給後世對天台宗的法門及傳承的方式，產生不少疑情。其一，是正統論問題；其二，是西土二十四祖譜系的問題；其三，是東土九祖與法門改轉的問題；其四，是道邃下八祖譜系的問題。方外

之人學世法、立本紀與世家等，嚴明法統旁出，乍看之下法緣其來有自，但卻不免有其偏頗之處。因此，不僅是《四庫提要》譏笑之，饒宗頤在〈僧志磐佛祖統紀〉一文中說：「按：天台宗所撰佛史，有嘉熙間釋宗鑑之《釋門正統》八卷，及咸淳間釋志磐撰的《佛祖統紀》五十四卷。前者立釋迦、龍樹為本紀，天台東土諸祖為世家。後者擴大之，釋迦以次東西祖共十七祖均立本紀。《四庫提要》譏其雖自尊其教，然僭越已甚矣。」〔註35〕一家之學，雖似於成一家之言的史作，尤其其申明是以山家宗做為正統的著作，且仿史書的形式而作，其體例著實跟傳統中國史書大不相同。但此一家之學，卻為世人留下了不少天台宗的史事，尤其是其傳承上的問題、師說的概要以及約略的時代環境。

　　研究天台宗的傳承，有幾種資料是特別重要的。一是，梁肅〔註36〕的《天台禪林寺碑》、《智者大師傳論》，說天台宗的大訓、旁濟〔註37〕與智者到湛然之間的傳承。據《天台禪林寺碑》云：

　　天台山西南隅一峰，曰佛隴，蓋智者大師得道之所，前佛大教重光之地。梁陳崇之，置寺曰修禪。及隋創國清，廢修禪號，號為道場。

　　自大師入滅一百八十餘載，長老大比丘（然公），光昭大師之遺訓，以啟後學，門人安定梁肅聞上，易名禪林，乃銘勒大師之遺烈以示

〔註35〕饒宗頤《中國史學上之正統論》「資料三」（台北：宗青圖書出版公司，民國68年10月），頁383。

〔註36〕關於梁肅，《釋門正統》卷二〈山門記主荊溪尊者世家附梁肅傳〉云：「梁肅，字敬之，安定人（柳文注，一字寬中，隋刑部尚書毗五世孫世，居陛渾。）早從釋氏，學傳天台宗教，於荊溪執弟子。法甚恭，志在一乘，最為精博，故孤山祖承云：『朝廷中，得其道者，唯梁學士一人而已。』公嘗刪定天台止觀，為六卷行于世（《佛祖統紀》曰：『以止觀文義弘博覽者費日，乃刪定為六卷。』）又述止觀統例，其文雄深雅健，宛有易翼中庸步驟（《佛祖統紀》曰：『又述統例，以繫于後，謂止觀，是救世明道之書。又為大師傳論，備敘傳教之大統，世謂論其文則雄深雅健語，其理則明白河達。』）韓昌黎雖獨步元和，然以五原及諸文較之似不及也。唐史謂：『大曆貞元間文士多尚古學，唯公最稱淵奧愈，從其徒游，銳意鑽仰，欲自振於一代觀。』此亦可知韓筆所自來矣！柳子厚記先友亦稱，其最能為文。公又述〈天台荊溪碑銘〉崔恭序之曰：『知法要，識權實，作天台山禪林寺碑，達教源，用境智作。荊溪大師碑，至今山家金石之文，唯此二碑為冠。』公有文集二十卷，惜其板本磨滅，無與再刊者。鎧菴曾於北峰睹寫本，無為子楊傑親題其後，贊仰無已。貞元九年十一月，辛于長安享年四十三。」

〔註37〕《佛祖統紀卷》第四十九「明文光教志地十八之一」〈智者大師傳論〉，《佛教大藏經》第75冊史傳部2，頁790～791。

後世云。大師諱顗（字德安），號智者。其先潁川陳氏，世居荊州之
華容，感緣應跡載在別傳。夫治世之經，非仲尼則三王四代之制，
寢而不彰。出世之道，非大師則三乘四教之旨，晦而不明。昔如來
乘一大事因緣，菩薩以普門示現。自華嚴肇　開至雙林高會，無小
無大同歸佛界。及大雄示滅，學路派別。世既下衰，教亦陵遲，故
龍樹大士病之。乃用權略制諸外道，乃詮智度發明宗極。微言東流，
我慧文禪師得之。由文字中入不二法門，以授南岳思大師。當時教
尚簡密，不能廣被，而空有諸宗扇惑方夏。及大師受之，於是開止
觀法門。其教大略，即身心而指定慧，即言說而詮解脫。大中一實
之宗趣，無證真得之妙旨。自發心至於成道，行位昭明無相奪倫。
然後誕敷契經而會同之，煥然冰釋示佛知見。窺其教者，修焉息焉，
蓋無入而不自得焉。大師之設教也如此，若夫弛張用舍，開闔默語，
高步海宇，爲兩國宗師。大明在天，光被四表。大雲注雨，旁施萬
物。繇是，言佛法者，以天台爲司南。而殊塗異論，往往退息。緣
離化成，示滅茲山。是歲，開皇十七年也。夫名者，實之賓。教，
者道之門。大師，涸其賓，闢其門。自言地位，示有證入，故感而
應之之事，可得而知也。當是時也，得大師之門者千數。得深心者，
三十有二人。纂其言行於後世者，曰章安禪師灌頂。（灌）頂傳縉雲
（智）威，（智）威傳東陽（慧威）。東陽、縉雲同號，時謂小威，（慧）
威傳左溪（玄）朗禪師。自縉雲至左溪，以玄珠相付，向晦宴息而
已。左溪（玄朗）門人之上首，今湛然禪師。行高識遠，超悟辯達。
凡祖師之教，在章句者，以引而信之。後來資之，以崇德辯惑者，
不可勝數。蓋嘗謂肅曰：「是山之佛隴，亦鄒魯之洙泗。妙法之耿光，
先師之遺塵，爰集於茲。自上元寶歷之世，邦寇擾攘，緇錫駭散。
可易名建寺，修持塔廟，莊嚴佛土，回向之徒有所依歸，繫眾人是
賴。汝，吾徒也。蓋記諸文言，刻於金石，俾千歲之下，知吾道之
所以然。」小子稽首受命。故大師之本跡，教門之繼明，後裔之住
持，皆見乎辭。其文曰：「諸佛出世。惟一大事。天台教源，與佛同
致。赫赫大師，開示奧祕。載弘道要，安住圓位。白日麗天，天下
文明。大師出現，國土化成。無生而生，生化兩冥。薪盡火滅，山
空道行。五世之後，間生上德。微言在茲，德音允塞。明明我后，

易名淨域。此山有壞，此教不極。」〔註38〕

天台宗到了湛然立祖開宗，使天台祖道能昂揚於世，時稱天台九祖，其大有功業於天台宗。湛然之後，祖道隕落，至晚唐有玄燭出世行化，人稱其可繼九祖湛然，而被當時的台教人士稱爲第十祖。〔註39〕因爲晚唐之時京師有台教師玄燭出世行化，「彼宗號爲第十祖」，這就影響到從湛然以下道邃、廣修、物外、元琇、清竦、義寂天台山譜系的祖師們不能被帝王追諡祖號。但這是合乎歷史發展的事實，因爲就當時的天台宗發展上來看，這些天台諸祖師的地位與功業是有的，但他們的氣勢卻不如玄燭與所謂的山外宗派的僧家。後世山家宗們對於沒得到帝王諡號的祖師，只能用一家之言私諡之。其著作體例，被儒家中人竊笑，稱他們著的私史是僭越的。

天台宗第一次中興，在湛然（711～782）之時。湛然發揮祖述，創「無情有性說」。此時慕名求法者接踵而至，其中最著名的有鑒眞、一行和日僧最澄。湛然的會下道邃及行滿，對天台宗的發展也做出了一些貢獻。在唐武宗發動的會昌法難中，許多佛教典籍損失嚴重，國清寺被毀，天台宗衰落。五代時的周世宗於顯德二年（955）下詔滅佛，幸好天台山處於吳越之地，未罹其難。後被山家宗派追諡爲第十五祖的義寂針對國內天台宗教典極缺的現狀，請求吳越王錢弘俶向韓、日購求典籍，使「一宗教文，復還中國」，從而奠定了宋代山家宗復興的基礎。高麗人義通，在宋初創四明寶雲寺，知禮師承義通後被私諡爲第十七祖，其初於四明乾符寺、保恩院開席講法，學徒雲集，使得天台宗有了第二次的中興。宋初，天台宗內部爆發了一場曠日持久的「山家、山外」宗之爭。晤恩、源清、慶昭等只信智顗所著《金光明經玄義》略本爲眞作，主張觀心法門應是眞心觀，而知禮等相信《金光明經玄義》廣本爲眞，專說妄心觀。兩派往復辯難，終未統一，知禮等稱爲山家宗，晤恩系下等被斥爲山外宗，後終以山家宗爲天台宗主流而盛行於南宋。從晚唐到宋初，天台山的根本道場，隨著時代的發展而有所改變。晚唐宋初，律宗、禪宗在天台山崛起與發展之後，天台宗的祖庭國清寺從台、律並弘的寺院，走上了以禪、淨爲主的寺院，到南宋易教院爲禪寺。天台宗雖在兩浙行化，但其在國清寺卻曾一度沈寂下來，祖庭轉移到以錢塘與四明等處爲主，此後隨著學人的行化祖庭越變越多。直至明末，百松眞覺及其弟子傳燈才重興天

〔註38〕《佛祖統紀》卷第四十九〈天台禪林寺碑〉，《佛教大藏經》第75冊史傳部2，頁791～792。
〔註39〕釋贊寧《宋高僧傳》〈宋秀州靈光寺皓端傳〉，前引書，頁174。

台教觀，於高明寺重立祖庭，天台宗得以再盛。

對天台宗的創立、發展作出重大貢獻的高僧，一般都歸說是山家宗派僧人，這些僧家主要有智顗、灌頂、湛然、義寂、義通、知禮等人。對於與義寂、知禮同時代發揚天台教法的玄燭系下的皓端、志因系下的晤恩、文備，採取了漠視的態度，忘卻了他們的行持與思想在天台宗發展史上曾經是某一些時期的主流趨勢。宋初山家與山外宗派諍論的結果，使得山家宗派被山家學人揚舉成爲天台正宗，但法運卻不能因之暢達，這或許跟其學風與思想的特性有極大的關連。但從山家、山外宗的諍論，也可看出天台宗的根本禪法。而從門風上來觀察，可以窺見山家、山外宗各有其保守性、開明性與獨特的行法。

表二：山家宗道邃以下祖師大事年表

祖　師	生卒年	事　　略	引　　據
十祖道邃	未詳	1、至於邃、修二師，相繼講演不墜素業。會昌之厄，教卷散亡，外、琇、竦三師唯傳止觀之道。螺溪之世，賴吳越王求遺書於海東，而諦觀自高麗持教卷用還於我，於是祖道復大振。四明中興，實有以資之也。是諸師者，或顯或晦，述而不作，稱之曰祖，蓋傳授有所繼、正統有所繫也，撰興道下八祖紀。 2、道邃，不知何許人。唐大歷中（766～779），來依荊溪於佛隴。洞悟幽玄，無所凝滯。荊溪嘉之曰：「吾子其能嗣興吾道矣。」遂授以止觀輔行。師爲眾開說發明深旨，聽者無不領寤。同門元皓，一見師，大敬服。貞元二十一年（805），日本國最澄遠來求法。聽講受誨晝夜不息，盡寫一宗論疏以歸，將行詣郡庭白太守，求一言爲據。太守陸淳嘉其誠，即署之曰：「最澄闍梨，身雖異域，性	1、《佛祖統紀》卷第八。 2、《高僧傳三集》卷二十九〈唐天台山國清寺道邃傳〉、《佛祖統紀》卷第八〈十祖天台興道尊者道邃傳〉。 3、釋明復《中國佛學名辭典》3316〈道邃傳〉。 4、釋士衡編《天台九祖傳并序》附乾淑撰〈道邃和尚行迹〉、周埼、茅奉天〈天台山發現一批唐代中日文化交流史料〉，1990年第6號《東南文化》「天台山文化專號」。 5、《釋門正統》卷二「道邃傳」。 6、《宋高僧傳》卷七〈宋秀州靈光寺皓端傳〉、《佛祖統紀》卷第二十二〈未詳承嗣傳第八～十祖玄燭、嘉禾皓端傳〉、《釋門正統》卷五〈荷負扶持傳——皓端〉。

		實同源。明敏之姿，道俗所敬。觀光於上國，復傳教於名賢邃公法師。總萬法於一心，了殊塗於三觀。而最澄親承祕密，不外筌蹄。猶慮他方學者，未能信受其說，所請印記安可不從。」澄既泛舸東還，指一山爲天台。創一剎爲傳教，化風盛播，學者日蕃，遂遙尊邃師爲始祖，日本傳教實起於此。	
		3、道邃，住天台山國清寺，精於三觀，通達十妙，一時言天台教法，無不以爲瞻視。貞元中，日本沙門最澄負笈梯航而來，入山扣求禪訣教言，邃爲講訓指播，盡授奧秘而遣之。由是日本台家，尊道邃爲祖。道邃後寂於元和中，壽不詳。	
		4、最澄在唐朝所師從的和尙道邃，俗姓王，西京（長安）人，年二十四受具足戒。唐代宗大曆年間南下，師從天台九祖湛然於常州妙樂寺，五年而畢。湛然曰：「隨方而住，隨分宣傳，縱自修行亦爲利益。」辭別湛然以後，道邃嘗在揚州講《法華》、《摩訶止觀》、《法華玄義》各數遍。貞元十二年（796）入居天台山，居山九年，講《法華》、《摩訶止觀》、《法華玄義》未嘗有闕。六時行道，《法華》一部；大小乘戒，日常一遍，未嘗不同。後被尊爲天台宗第十祖。	
		5、師更有素、脩二師傳家。	
		6、錢武肅王時，台宗有玄燭師者，學者號爲第十祖。晧端復依之，遂悟一心三觀之學。	

十一祖廣修	771～843	1. 廣修，姓留氏，東陽夏昆人。早入邃師之室，研精教觀，而向心至行。日誦《法華》、《淨名》、《光明》、《梵網》、《四分戒本》爲常課。六時行懺，晚年彌篤，每歲行隨自意三昧，七七日未嘗以事廢。天台刺史韋珩，素重教門，請入郡堂講止觀，珩於即席深有省發，時會聽者莫不欣慶。唐武宗會昌三年二月十六日，終於禪林，葬全身於金地道場。登門弟子甚眾，居上首名物外。後二十三年（咸通七年），門人良湑、敬文發塔火育之，得舍利千餘粒，大如菽，即舊地建塔藏之。	1.《高僧傳三集》卷三十〈唐天台山禪林寺廣脩傳〉、《佛祖統紀》卷第八〈十一祖天台至行尊者廣修傳〉、《宋高僧傳》〈唐天台山禪林寺廣脩〉。
十二祖物外	813～885	1. 物外，姓楊氏。閩之候官人。久從修師傳止觀，且說且行。大中末歲歉，加趺一室，妙入正定。謂弟子曰：「汝若不死，至五穀登時，可擊磬引我出。」越歲餘，弟子如所教，遂從定起。中和五年三月十五日，終於國清，葬於智者塔院之側。上首弟子，元琇、敬休、慧凝皆傳道於世，以紹家學。	1.《佛祖統紀》卷第八〈十二祖國清至定尊者物外傳〉、《釋門正統》卷二〈物外傳〉。
十三祖元琇		1、元琇，天台人。依國清外法師學止觀，盡其旨，妙於講說。不以學徒眾寡，二其心。一日，升座眾集或少，有異僧十人，自外而入，威儀可觀。致敬已，坐行末。講散，復問訊即出。師遣侍者邀之，皆凌空舉手，笑謝而去。師當僖昭之際，天下方亂，學教之徒，忽聚忽散，以故得定慧之業者，艱其人。唯清竦、常操，承事日久，洞達無遺。操師傳義	1、《佛祖統紀》卷第八〈十三祖國清妙說尊者元琇傳〉。 2、《釋門正統》卷第二〈元琇傳〉。

		從，從傳德儔，儔傳慧贄、修雅，皆繼世有聞云。 2、元琇，天台人。弟子清竦、常操。操下義從，從下德儔，儔下慧贄、修雅。修雅，越州人。時餘姚龍泉上方僧紹恩誦法華，雅為之作歌。	
十四祖清竦		1、清竦，天台人。依琇法師，精思止觀，且夜不懈。及繼主國清，說行兼至。時錢氏建國，吳越天台一境，有同內地。師領眾安處，屬其志曰：「王臣外護，得免兵革之憂。終日居安，可不進道，以答國恩。」每長日臨座，高論不已，眾莫敢有倦色。門人世業者，義寂、志因、覺彌。 2、清竦，天台人。弟子志因、義寂、覺珍。因，錢塘人。弟子懷贄、義清、可榮、晤恩。晤恩事迹，見《釋門正統》卷五〈荷負扶持傳〉。 3、志因，錢塘人。師事天台清竦法師，久住慈光，博通廣識，五代間為台家棟樑。門下有晤恩、義清、可榮等，後演成山外派，起大諍端。 4、湛然及其弟子道邃都堅持了天台優於他宗的信念，展開對華嚴、唯識的批判。道邃之後，天台佛教再次進入停滯衰退時期，廣修、物外、元琇、清竦諸師雖相繼不絕，且保持了各自的道德修養，但已無力推進天台義理，甚至幾乎難以守成。社會的極度動亂，經籍的大量散佚、禪宗的迅速崛起，將唐末五代天台諸師置於困境。	1、《佛祖統紀》卷第八〈十四祖國清高論尊者清竦傳〉。 2、《釋門正統》卷第二〈清竦傳〉。 3、釋明復《中國佛學名辭典》1127〈志因傳〉、《佛祖統紀》卷第十〈高論旁出世家——慈光悟恩法師傳〉。 4、潘桂明、吳忠偉《中國天台宗通史》第九章「唐末五代的天台佛教——吳越地區的天台佛教」。

十五祖義寂	919～987	1、義寂,永嘉胡氏。母初懷妊,不喜葷血,及產有物蒙其首,若紫帽然。幼白二親求出家,乃入開元,依師誦法華,期月而徹。年十九(晉高祖天福二年),祝髮具戒,詣會稽學律,深達持犯。乃造天台,學止觀於竦法師。其所領解,猶河南一遍照也。嘗寓四明育王寺,夢登國清,上方有寶幢座,題曰文殊臺。欄楯外隔,欲入不可。俄見觀音,從堂而出,手卻行馬,低回相接,忽覺自身與觀音體合爲一。自是之後,樂說無盡。初天台教跡。遠自安史挺亂,近從會昌焚毀(武宗會昌五年罷僧尼毀寺院)殘編斷簡,傳者無憑。師每痛念,力網羅之。先於金華古藏,僅得《淨名》一疏。吳越忠懿王,因覽《永嘉集》,有同除四住,此處爲齊,若伏無明,三藏即劣之語。以問韶國師(《傳燈》天台德韶國師,姓陳。嗣清涼益禪師,至天台,睹智者遺蹤,有若舊居。又與智者同姓,時疑其後身云。)韶云:「此是教義,可問天台寂師。」王即召,師出金門,建講以問前義。師曰:「此出智者妙玄,自唐末喪亂教籍散毀,故此諸文多在海外。」於是吳越王遣使十人,往日本國求取教典。既回,王爲建寺螺溪,扁曰定慧,賜號淨光法師。及請證天台諸祖,一家教學鬱而復興,師之力也。太平興國五年,自山中出居州治寺東樓,夢剎柱陷入於地,即徙居西偏。其夜春雨驟作,山頹樓傾,	1、《佛祖統紀》卷第八〈十五祖螺溪淨光尊者義寂傳〉。 2、《宋高僧傳》〈宋天台山螺溪傳教院義寂傳〉。 3、釋明復《中國佛學名辭典》3506〈義寂傳〉。

咸謂師有天眼。雍熙元年。永安縣請於光明寺為眾授戒，忽佛殿大像墮壞，腹中出發願文，乃唐咸通六年沙門希皎為七鄉人施戒勸造此像。願舍報為男子，童真出家，傳法利生，時會觀者謂是師前身也。四年十一月四日寢疾，囑門人不許哭泣祭奠。言已，即瞑目。門人累小塔，窆於方丈。壽六十九，夏五十。傳法弟子百餘人，外國十人。義通實為高第，而澄彧、寶翔為之亞焉。天台官民先曾傳戒者，共迎師真相於開元寺，縞素致祭，哀動一城，天為慘色。後徒屬謀遷塔，見貌若生人，髮長餘寸，遂遷葬於國清東南隅，澄彧述銘以為識。師講三大部，各二十遍，《維摩》、《光明》、《梵網》、《金剛錍》、《法界觀》、《永嘉集》各數遍。述《義例》、《不二門》等科節數卷（雜見《高僧傳》等文）。

2、先是智者教跡，遠則安史兵殘，近則會昌焚毀，零編斷簡，本折枝摧，傳者何憑，端正其學。寂思鳩集也，適金華古藏中得《淨名疏》而已。後款告韶禪師，囑人泛舟於日本國，購獲僅足。由是博聞多識，微寂此宗學者幾握半珠為家寶歟，遂於佛隴道場國清寺相繼講訓。自智者捐世，六代傳法湛然師之後，二百餘齡，寂受遺寄，最克負荷。其如炎蒸講貫，而無汗之霑洽，曾不久聽，而勝解佛乘。每一談揚，則摐金玉應，召羽商和，彼九旬說妙，相去幾何。或曰：「入

		普門智乘利物悲,上合佛覺證下合眾生凡同體故。開則群靈混成一法,得是心者非觀音而誰歟。」是以講談也,施戒也。自甌越之鄉,迨三天子障,民多咈戾,俗尚畋獵,受寂之訓也,咸食棋革音,說法之功,所謂善建。由是,堂室間可見者,日澄彧,日寶翔,日義通。 3、義寂,字常照,永嘉胡氏子。幼出家於邑之開元寺,長入天從清竦法師研尋止觀。師寂,乃興螺溪道場居之,以為講說之所。眾爭歸趨,無間遠近。禪講辯難,不捨寒暑。又以唐末以來,戰亂相尋,智者遺書,蕩然無存,後學之士,莫由窺見密意奧旨。乃勸吳越錢王遣使高麗、日本,尋求抄寫,以饗學人。台宗由是乃獲中興之機。以雍熙四年十月寂,壽六十九。	
說　明	一、道邃以下到清竦的傳承,有兩種說法。一是,據晁說之所撰的《明智塔銘》說湛然傳行滿,行滿傳廣修。二是,據贊寧的《宋高僧傳》說,道邃傳廣修,廣修傳物外。 二、智者到湛然的尊號,是開寶中所追諡的。九祖之後,在京師有玄燭被台教中人尊為第十祖,因此山家請諡祖師時得尊號僅到湛然為止。道邃以下到義通,宗鑑的《釋門正統》通稱為祖師,而知禮被稱為中興教觀者。 三、關於祖師傳承,志磐採用《宋高僧傳》的說法。至於道邃以下到知禮諸師,分別被稱為第幾祖與某某尊號,是志磐《佛祖統紀》所私諡的。		

二、山家的師資

　　關於山家宗的師資與學說,主要在《續高僧傳》、《宋高僧傳》、《釋門正統》以及《佛祖統紀》中得見概況。智顗(538～597),世稱智者大師,因其住天台山又名天台大師,人稱其是中國天台宗的開宗祖師。俗姓陳,家居荊州華容。其父曾仕於梁朝,被封為益陽侯。十八歲依湘州果願寺法緒出家,

二十歲受具戒。初從慧曠學律，復到大賢山習法華無量義普賢觀。不久，即既精律藏又好禪觀，居然「怏怏湘東，無足可向。」陳文帝天嘉元年（560），慧思禪師到興州（河南光山縣）大蘇山，即往頂拜。慧思爲說「四安樂行」。智顗夜以繼日刻苦學習，「經二七日誦經，至是眞精進。照了法華，若高暉之臨幽谷，達諸法相，如長風之遊太虛。」陳光大元年（567）遵師囑同法喜等二十七人至金陵弘法，金陵朝野聞風，咸來請益。陳太建元年（569）受請主瓦官寺，開講《法華經》題，樹立新的宗義，判釋經教，奠定一宗教觀的基礎。時陳宣帝曾停朝一日，令群臣往聽。在瓦官寺八年，除講《法華經》外，還講《大智度論》和《次第禪門》，撰《六妙法門》。陳太建七年（575）聞天台幽勝，前往弘法。初止石橋，後隱佛隴。于北峰創立伽藍，在寺周植松引流。又往寺北華頂行頭陀行，晝夜禪觀。至德三年（585）應陳後主詔請，回金陵講授《大智度論》、《法華經》，弟子灌頂隨聽隨記，錄成《法華文句》。陳亡，智顗赴廬山留居。隋開皇十一年（591），晉王楊廣爲揚州總管，遣使至廬山奉迎，智顗前往揚州爲楊廣授菩薩戒，楊廣尊之爲智者。次年回荊州，在當陽縣玉泉山創立玉泉寺。此後兩年在這裏講《法華玄義》、《摩訶止觀》。隋開皇十五年（595）春，應晉王請，又到揚州，居禪眾寺，撰《淨名經疏》，九月辭歸天台時，吳越之民掃巷以迎，沿道令牧幡華交候。雖然天台寺荒蕪已十二載，人蹤斷絕，竹木成林，然師雅好林泉，嘗負杖吟詠：「靜夜深山，澄神自照，豈不樂乎。」病中，還向弟子口授《觀心論》。開皇十七年（597），楊廣遣使請出山，行至石城入寂。終年六十歲，僧臘四十。智者一生弘法，東西重範化通萬里，所造大寺三十五所，手度僧眾四千餘人，寫一切經一十五藏，金檀畫像十萬許區，五十餘州道俗受菩薩戒者，不可稱記，傳業學士三十二人，習禪學士散流江漢，莫限其數。〔註40〕

　　志磐的《佛祖統紀》列智者大師爲天台四祖，智者以下到湛然諸祖，爲吳越錢王所承認後請謚的。而山家的立祖，更往前稱龍樹爲高祖、北齊慧文爲二祖、南岳慧思爲三祖，是後學私謚的。〔註41〕關於智者，太虛大師的《中國佛學》在總結智者學說之前，說他除了繼承和發展了慧文、慧思的一心三觀之外，在教義上吸取了南朝盛行的三論、涅盤二系思想，攝取了南三北七

〔註40〕釋道宣《續高僧傳》卷第十七〈隋國師智者天台山國清寺釋智顗傳〉《大正新脩大藏經》第 50 冊，頁 564a～568a。

〔註41〕釋志磐《佛祖統紀》卷第八，前引書，頁 343。

的十家判教之長而倡導圓頓教觀。其著作甚為豐富，其中小部分是親自撰寫的，大部分由弟子灌頂隨聽隨錄整理成書，共二十九部一百五十一卷。其中《法華文句》、《法華玄義》，《摩訶止觀》，世稱「天台三大部」，此三大部向被稱為「根本教典」。《觀音玄義》、《觀音義疏》、《金光明玄義》、《金光明文句》、《觀經疏》稱為「天台五小部」，這些都成為天台宗的主要典籍。因「由多方面的先河，遂集成了天台宗的廣大學海。」〔註42〕而天台宗與禪宗、淨土在學理上的差別，太虛大師說：「他們（天台宗與賢首宗）的思想，完全是由於自修禪觀內證三昧以後，各引大乘經論為印證以闡發出來的，由此故說這兩宗學說是中國佛學。」〔註43〕禪宗、淨土的源頭來自印度，而天台宗則更具有中國人的色彩，尤其是止觀之學的傳授，以及圓頓教法的強調與判釋宗教的行徑。

　　山家宗的師資，如從智者法門改轉算起，智者下傳灌頂、智威、慧威、玄朗，玄朗下傳九祖湛然，在教法上起了變化。提到智者，如前所述的必要提到灌頂，因為智者大部分的著作是由弟子灌頂隨聽隨錄而整理成書的。灌頂（561～632），天台宗五祖。俗姓吳，字法雲，臨海章安（今屬浙江椒江市）人，故又稱之為章安大師。七歲入攝靜寺，依慧拯出家，二十歲受具戒。陳至德初，至天台山修禪寺事智者，隨侍左右，「稟受觀法，研繹既久，頓蒙印可。」對智者大師所講諸經，隨聽隨錄，前後共集有大小部帙百餘卷。智者圓寂後，灌頂奉智者遺書及《淨名經文疏》至揚州見晉王楊廣，楊廣旋即為智者設千僧齋，並開始建造國清寺。仁壽元年（601）寺宇初成，灌頂為首任主持。曾應詔帶《法華玄義》及《淨名經文疏》至長安，繕寫校勘。晚年於會稽稱心精舍講說《法華》，時人以「跨朗籠基超雲邁印」之語評價他。郡中有嘉祥吉藏，先曾疏解《法華》，聞灌頂之道，廢講散眾，拜倒在灌頂足下，深悔前作之妄。唐貞觀六年（632）終於國清寺，壽七十二歲，臘五十二。其一生著作甚豐，有《天台八教大意》、《智者別傳》、《觀心論疏》二卷、《國清百錄》五卷、《涅槃玄義》二卷、《涅槃經疏》二十卷、《真觀法師傳》一卷、《南嶽記》一卷。另外，智顗禪師平時弘法「不畜章疏」，其「天台三大部」與「天台五小部」，均由灌頂集錄成書，而流傳於世，故《佛祖統紀》在〈灌頂傳〉後贊曰：「微章安（灌頂），吾恐智者之道將絕聞於今日矣。」〔註44〕

〔註42〕釋太虛《中國佛學》，前引書，頁684。
〔註43〕釋太虛《中國佛學》，前引書，頁680。
〔註44〕《佛祖統紀》卷第七〈五祖章安尊者灌頂傳〉，前引書，頁339。

灌頂在奠定天台宗典籍基礎方面，功不可沒。他以國清寺為根本道場，以《法華經》為主要教義，承前啟後，使天台宗得以正式形成。灌頂對於天台宗的付出，後來晤恩也深加仰慕，其臨終前還說到祖師灌頂前來迎接的夢境。灌頂以下的兩威與玄朗之世，其道不行，自玄朗會下的湛然出世，其道大振。

湛然（711～782），俗姓戚，常州晉陵荊溪（今江蘇宜興縣）人，世稱荊溪大師，又稱妙樂大師。其家世習儒學，十七歲遊學浙東，尋師訪道。二十歲求學於台宗八祖左溪玄朗（673～754）門下，習天台宗教義。三十八歲在宜興淨樂寺出家，既而往會稽從四分律相部宗名僧曇一，廣窮律部。後在吳郡開元寺講《摩訶止觀》。玄朗圓寂，湛然住天台山國清寺，以中興天台宗為己任，他對門人弟子說：「今之人或蕩於空，或膠於有，自病病他，道用不振，將欲取正，舍予誰歸？」乃發揮祖述，撰天台三大部的註釋及其他凡數十萬言。他顯揚宗風，對抗諸宗，使天台宗復興於世。唐天寶、大曆年間（742～779），玄宗、肅宗、代宗連詔，固辭。晚年歸天台山國清寺，學徒雲集。德宗建中三年（782）圓寂於該寺，塔於智者墓地西南隅。湛然在佛學上首創「無情有性」說，認為木石等無情之物亦有佛性，發展了天台宗教義。弟子有道邃、行滿、元浩等三十九人。主要著作有《法華玄義釋籤》、《摩訶止觀輔行傳弘決》、《止觀義例》、《金剛錍》、《法華三昧行事運想補助儀》、《始終心要》、《十不二門》、《法華文句記》、《摩訶止觀搜要記》等。天台宗從智者到湛然的道法狀態，《佛祖統紀》引梁肅所撰師之碑銘說：「聖人不興，其間必有明世者出。自智者以法付章安，（章）安再世至於左溪，明道若昧，待公而發。乘此寶乘，渙然中興。」〔註45〕湛然有弟子元浩，平日輯纂教法，其親近湛然，贊寧說：「可謂邇其人，近其室矣！」〔註46〕雖為湛然禪師的囑累弟子，贊寧說其不能與道邃爭長的，是在義解與法緣方面，會昌法難之後道邃系的法緣尚在。道邃下傳廣修、物外、元琇、清竦，天台宗在物外、元琇、清竦三師之時唯傳止觀之道，到了五代由清竦下出義寂（919～987），而祖道大振。〔註47〕至於義寂，山家宗尊其為天台宗第十五祖。其俗姓胡，溫州永嘉人，幼入開元寺出家，後至天台山研尋止觀。因經安史之亂、會昌滅佛，天台經典「零編斷簡、本折枝摧」，金華古藏中僅得《淨名疏》。乃通過國師德韶請

〔註45〕《佛祖統紀》卷第七〈九祖荊溪尊者湛然傳〉，前引書，頁342。
〔註46〕《宋高僧傳》卷第六〈唐台州國清寺湛然傳〉，前引書，頁128。
〔註47〕《佛祖統紀》卷第八，前引書，頁343。

吳越王錢弘俶向韓、日購獲不少經籍，為天台宗的復興奠定了基礎。其曾於佛隴道場、國清寺講學，後興螺溪道場，「四方學者霧擁雲屯。」〔註48〕其弟子最著名者，山家宗說是高麗人義通，義通後被私諡為天台宗第十六祖。義寂的主要著作有《止觀義例》、《法華十妙不二門科節》，而義通則有《觀經疏紀》與《光明玄贊釋》，但因此時晤恩系下的學說盛熾，兩師的學說都不廣行。後四明知禮稟承義通的文義，「用之於記、鈔諸文。」〔註49〕

知禮（960～1028）為義通會下高徒，被山家宗尊為第十七祖。其俗姓金，字約言，四明（浙江寧波）人。七歲依汴京太平興國寺洪選出家，十五歲受具足戒，專研律部。二十歲至寶雲寺，從義通學天台宗教觀。義通圓寂後，其受請住四明乾符寺，遂開講席，學徒雲集。咸平六年（1003），日僧寂照攜其師源信的天台教義疑問二十七條來詢，他依教答辯，著《問目二十七條答釋》。之後主「妄心觀」，領導同主「真心觀」的晤恩一派的辯難。自認為是天台宗正統，以山家自稱，而將晤恩一派貶稱為山外，天台宗有山家、山外宗之分，即始於知禮時代。大中祥符二年（1009），其重建保恩院。大中祥符六年（1013），建念佛施戒會，自此歲後以為常行。天禧四年（1020），宋真宗特賜「法智大師」號。其著作還有《金光明經文句記》、《金光明經文義拾遺記》、《觀音別行玄義記》、《觀音別行疏記》、《觀無量壽經疏妙宗鈔》、《十不二門指要鈔》、《大悲心咒行法》、《十義書》、《觀心二百問》等。知禮為天台宗的中興做出了巨大的貢獻，《佛祖統紀》贊曰：「自荊溪而來，九世二百年矣，弘法傳道，何世無之。備眾體而集大成，聞異端而隆正統者，唯法智一師耳。是宜陪位，列祖稱為中興，用見後學歸宗之意。今浙河東西，號為教黌者，莫不一尊四明之道。回視山外諸師，故已無噍類矣。然則法運無窮之繫，其有在於是乎！」〔註50〕山家宗在宋代中葉之後，是取得了一時的繁興，但其法緣流傳不久即被禪門的臨濟宗與念佛行的淨土宗所取代了。

天台山與禪宗甚有關係，唐時有遺則將禪宗傳入天台山。遺則（773～830），俗性長孫，京兆長安（陝西西安市）人。二十歲依牛頭山慧忠出家，得其心要。後南遊天台，至佛窟岩隱居，「蓋薜荔，薦落葉。」後在此弘揚牛頭禪法達三十餘年，從其學者甚眾。其學被稱為「佛窟學」。遺則善屬文，其

〔註48〕《宋高僧傳》卷第七〈宋天台山螺溪傳教院義寂傳〉，前引書，頁181。
〔註49〕《佛祖統紀》卷第八〈十六祖寶雲尊者義通傳〉，前書頁347。
〔註50〕《佛祖統紀》卷第八〈十七祖法智尊者知禮傳〉，前引書，頁351。

著作主要有《寶誌釋題》、《南遊傅大士遺風序》、《無生等義》以及歌詩數十篇。〔註51〕到了晚唐五代之時，禪宗在吳越地區繁盛，在天台也有影響力。五代時期，德韶在天台山興建十三個道場，其弘揚法眼宗，使禪宗在天台山得到很大的發展，而天台宗因德韶的護持而得到復興的機會，然國清寺卻還是禪、教合一的寺院。到了宋代建炎四年（1130），高宗下詔「易教爲禪」。天台宗的祖庭國清寺，變爲禪宗「江南十刹」之一，這反映出當時天台宗與禪宗在國清寺一消一長的歷史。德韶（891～972），俗姓陳，縉雲人。幼年出家於本郡，同光中（923～926），爲探求知識，尋訪名山，行程不計其數。初學於投子山和尚，後師臨川法眼禪師，得其心要，遂承其嗣。於天台山興建十三道場，弘法眼宗之外，獎勵天台教後進，此或許跟他被稱爲智者後身有所關連。周世宗顯德二年（955）下詔滅佛，幸天台地處吳越內地，未罹此難，而且德韶依靠吳越王錢弘俶的支援，使禪宗在天台山有了很大的發展。此外，他還在天台山興智者道場數十所，亦禪亦教，在一定意義上反映了禪、教一致的趨向。《宋高僧傳》讚頌他：「功成不宰，心地坦夷，術數尤精，利人爲上。」〔註52〕時江浙一帶尊稱他爲大和尚，終年八十一歲，法臘六十四。有弟子百餘人，其語錄流傳很廣。而天台德韶與弟子永明延壽，都是護持天台義寂一系的，兩師會下的禪家與台教法師也多與晤恩系下學人有所往來，而增進了天台宗在宋初的氣勢與發展。

　　總之，晚唐之後，天台宗的師資在天台山的發展，如線縷般易墜於地。天台山禪林寺的僧家，有玄廣與清竦兩師在行化。清竦門下的志因，轉回錢塘慈光院講學，慈光志因下出晤恩（912～986），法緣極盛，四方學人來歸，天台山的門風與錢塘系的佛教相較之下就顯得格外地寥落與孤寂。天台山的清竦，在晚年得到法子義寂（919～987）出世，義寂最受寄望，其雖被錢王留在天台山，但卻另立道場行化，似也有所隱情在。義寂從清竦會下得法，卻不得法座，後因螺溪傳教院的建立，學者歸之日眾，這已經是宋初的事了。義通（927～988）到義寂會下受學，得圓頓之學後，轉在四明寶雲院行化，知禮與遵式前來參學，此號稱天台正宗的門派至此才開始顯發。山家宗的師資授受，因其來有自；祖師傳承確立之後，加上他們掌握到的經論與文義較山外宗爲多，加上那個時代的王公、士夫喜歡並留意觀心宗與達磨空宗，山家宗所云的祖道由是能夠興發

〔註51〕《宋高僧傳》卷第十三〈宋天台山佛窟巖遺則傳〉，前引書，頁249～251。
〔註52〕《宋高僧傳》卷第十三〈宋天台山德韶傳〉，前引書，頁339。

開來，讓時人認知；他們能夠與晤恩系下的山外宗匠爭勝之處，也表現在他們教法的善巧與結緣的廣大，是勝過於山外宗匠的作為，因為山外宗匠在禪行上耽於孤高與獨覺，守戒修心，不喜與俗客往來；而山家宗人，行懺法、修咒術、通氣術、談妄心，或能與三教義理相會通。

表三：天台宗師資付授資料表

作 者	朝代	事　　略	引　　據
釋道宣	唐	時禪師慧文，聚徒數百，眾法清肅，道俗高尚。乃往歸依，從受正法。	《續高僧傳》卷第十七〈陳南岳衡山釋慧思傳〉
釋道宣	唐	詣光州大蘇山慧思禪師，受業心觀。思又從道於就師。就又受法於最師。此三人者。皆不測其位也。思每歎曰。昔在靈山同聽法華。宿緣所追今復來矣。即示普賢道場。為說四安樂行。顗乃於此山行法華三昧。始經三夕。誦至藥王品。心緣苦行。至是眞精進句。解悟便發。見共思師處靈鷲山七寶淨土聽佛說法。故思云。非爾弗感。非我莫識。此法華三昧前方便也。又入熙州白砂山。如前入觀。於經有疑。輒見思來冥為披釋。爾後常令代講。聞者伏之。惟於三昧三觀智。用以諮審。自餘並任裁解。曾不留意。思躬執如意。在坐觀聽。語學徒曰。此吾之義兒。恨其定力少耳。於是師資改觀名聞遐邇。	《續高僧傳》卷第十七〈隋國師智者天台山國清寺釋智顗傳〉
釋道宣	唐	1、陳至德元年，從智顗禪主出居光宅，研繹觀門，頻蒙印可。 2、自頂受業天台，又稟道衡岳思顗三世，宗歸莫二。若觀若講，常依法華。又講涅槃、金光明、淨名等經。及說圓頓止觀、四念等法門，其遍不少。且智者辯才，雲行雨施，或同天網，乍擬瓔珞，能持能領唯頂一人。其私記智者詞旨，及自製義記，并雜文等題目，並勒于碑陰。	《續高僧傳》卷第十九〈唐天台山國清寺釋灌頂傳〉
梁肅	唐	1、慧文慧思或躍相繼。法雷之震未普。故木鐸重授於天台大師。大師象身子善現之超悟。備帝堯大舜之休相。贊龍樹之遺論。從南岳之妙解。然後用三種止觀成一事因緣。括萬物於一心。開十乘於八教。戒定慧之說。空假中之觀。坦然明白可舉而行。於是教無遺法。法無棄人。人無廢心。心無擇行。行有	《佛祖統紀》卷第四十九「名文光教志第十八——智者大師傳論」

		所證。證有其宗。大師教門所以爲盛。 2、習之者猶足以抗折百家昭示三藏。又況聞而能思。思而能修。修而能進。進而不已者歟。斯人也雖曰未證。吾必謂之近矣。今之人正信者鮮。啟禪關者。或以無佛無佛法何罪何善之化化之。中人以下馳騁愛欲之徒出入衣冠之類。以爲斯言至矣。且不逆耳私欲不廢。故從其門者。若飛蛾之赴明燭破塊之落空谷。殊不知坐致焦爛而不能自出。雖欲益之而實損之。與夫眾魔外道爲害一揆。由是觀之。此宗之大訓。此教之旁濟。其於天下爲不侔矣。自智者傳法五世至今湛然大師。中興其道。爲予言之如此。故錄之以繫於篇（一名天台法門議）。	
梁肅	唐	1、及大雄示滅學路派別。世既下衰教亦陵遲。故龍樹大士病之。乃用權略制諸外道。乃詮智度發明宗極。微言東流。我慧文禪師得之。由文字中入不二法門。以授南岳思大師。當時教尚簡密不能廣被。而空有諸宗扇惑方夏。及大師受之。於是開止觀法門。 2、當是時也。得大師之門者千數。得深心者三十有二人。纂其言行於後世者。曰章安禪師灌頂。頂傳縉雲威。威傳東陽。東陽縉雲同號。時謂小威，威傳左溪朗禪師。自縉雲至左溪。以玄珠相付。向晦宴息而已。左溪門人之上首。今湛然禪師。行高識遠超悟辯達。凡祖師之教在章句者。以引而信之。後來資之以崇德辯惑者不可勝數。蓋嘗謂肅曰。是山之佛隴。亦鄒魯之洙泗。妙法之耿光。先師之遺塵。爰集於茲。自上元寶歷之世。邦寇擾攘緇錫駭散。可易名建寺修持塔廟莊嚴佛土回向之徒有所依歸。繫眾人是賴。汝吾徒也。蓋記諸文言刻於金石。俾千歲之下知吾道之所以然。小子稽首受命。故大師之本跡。教門之繼明。後裔之住持。皆見乎辭。	《佛祖統紀》卷第四十九「名文光教志第十八之一」〈天台禪林寺碑〉
釋贊寧	宋	釋智威，姓蔣氏，縉雲人也。穎脫塵蒙，心遊物表。少事師于軒轅氏鍊丹山，聞天台宗教盛，遂負笈往沃洲石城寺，親灌頂禪師求請心要。既而得一融道體二居宗，定慧方均，寂照相半。雖云自了，急在利他。天與多能，富有辭藻，著桃巖寺碑與頭陀寺碑，氣度相表。後以法眼付授慧威焉，時傳威是徐陵後身。	《宋高僧傳》卷第六〈唐處州法華寺智威傳〉

釋贊寧	宋	釋慧威，姓留氏，東陽人也。總角之年，露其舊習。抉開愛網，徑入空門。不滯一方，仍參三益。聞縉雲大威禪師盛行禪法，裹足造焉。刻志忘勞，睹威牆奧。一日千里，罔不推稱。至有成業，時謂小威。然其樂靜居山，罕交人事。指教門人不少，傑出者左溪玄朗矣。威常修止觀，匪棄光陰。說與行而並馳，語將默而齊貫。落落然，汪汪然，人無得名焉。	《宋高僧傳》卷第六〈唐處州法華寺慧威傳〉
釋贊寧	宋	釋湛然，俗姓戚氏。世居晉陵之荊溪，則常州人也。昔佛滅度後，十有三世至龍樹，始用文字廣第一義諦，嗣其學者號法性宗。元魏高齊間有釋慧文，默而識之，授南嶽思大師，由是有三觀之學，洎智者大師，蔚然興於天台。而其道益大，以教言之，則（湛）然乃龍樹之裔孫也，智者之五世孫也，左溪朗公之法子也。家本儒墨，我獨有邁俗之志。童丱邁焉，異於常倫。年二十餘，授經於左溪。與之言大駭，異日謂（湛）然曰：「汝何夢乎？」然曰：「疇昔夜夢披僧服，掖二輪遊大河之中。」左溪曰：「嘻！汝當以止觀二法度群生於生死淵乎！」乃授以本師所傳止觀。（中略）自智者以法傳灌頂，（灌）頂再世至于左溪。明道若昧，待公而發。乘此寶乘，煥然中興。蓋受業身通者，三十有九僧。	《宋高僧傳》卷第六〈唐台州國清寺湛然傳〉
釋贊寧	宋	釋道邃，不知何許人也。幽識遠晤，執志有恒。懸解眞宗，不由邪術。末傳隋智者教道，素得玄微。荊溪之門，沓難窺望。大曆中，湛然師委付止觀輔行記，得以敷揚，若神驥之可以致遠也，于時同門元浩，迴知畏服不能爭長矣。貞元二十一年，日本國沙門最澄者，亦東夷卉服中剛決明敏僧也。泛溟涬達江東，慕天台之法門，求顗師之禪決。屬（道）邃講訓，委曲指教。（最）澄得旨矣，乃盡繕寫一行教法東歸，慮其或問從何而聞，得誰所印，俾防疑誤。乃造邦伯，作援證焉。時台州刺史陸淳判云：「最澄闍梨，形雖異域，性實同源。特稟生知，觸類玄解。遠傳天台教旨，又遇龍象邃公。總萬行於一心，了殊塗於三觀。親承祕密，理絕名言。猶慮他方學徒，未能信受，所請印記，安可不任爲憑云。」（最）澄泛海到國，齎教法指一山爲天台，號一寺爲國清。風行電照，斯教大行。倭僧遙尊（道）邃爲祖師，後終于住寺焉。	《宋高僧傳》卷第二十九〈唐天台山國清寺道邃傳〉

釋贊寧	宋	釋廣脩,俗姓留氏,東陽下崑人也。淑質貞亮,早預邃師之門。研窮教跡,學者雲擁。日誦法華、維摩、金光明、梵網、四分戒本,六時行道弗休,彌年更篤。每一歲行懺法七七日,則第四隨自意三昧也。開成三年,日本國僧圓載來躬請法。台州刺史韋珩,謂講止觀于郡齋。以會昌三年癸亥歲二月十六日,終于禪林本寺,俗壽七十三,法臘五十二,遷神于金地道場。法付門人物外焉。	《宋高僧傳》卷第二十九〈唐天台山禪林寺廣脩傳〉
釋贊寧	宋	山僧物外,度荒,自入室禪定。謂弟子曰:「汝如不死,至禾黍熟時,當以磬引我出。」果如其言。明歲方從定起矣。	《宋高僧傳》卷第二十九〈唐天台山國清寺清觀傳附物外〉
晁說之	宋	自迦葉十三傳曰龍樹,著大智度論。譯傳震旦,則有北齊文禪師,一覽斯文,即悟中觀之旨。以傳南岳,岳傳之天台。天台悟法華三昧,始開拓義門。定而三止,慧而三觀,曰具,曰即,曰一念三千。其所歸宗曰法華,則華嚴阿含方等般若,攝六度融萬行。開而顯之,無非法華佛慧之道。暨傳之章安、縉雲、東陽、左溪,至於荊溪,於是智者之教悉載於書,而一歸於正矣。荊溪傳(行)滿,(行)滿傳(廣)脩(當云荊溪傳邃,邃傳脩),(廣)脩傳(物)外,(物)外傳(元)琇,(元)琇傳(清)竦,(清)竦傳(義)寂,(義)寂傳(義)通,(義)通傳(知)禮,是為四明。	《佛祖統紀》卷第四十九「名文光教志第十八之二」〈明智法師碑論〉
釋宗鑑	南宋	義寂,造天台求授止觀法門。義通,其上首也。天台宗下溫州契能者,神悟(處)謙之師也,住台之常寧,神悟謙嘗繼其席。晚年以天台十四代所傳爐拂付扶宗(繼)忠,(繼)忠不受,乃緘藏於天台云。	《釋門正統》卷第二〈義寂傳〉
釋宗鑑	南宋	引草庵教苑遺事曰:「當是時,台道既微,賴師持之授法智、慈雲以起家焉,此台宗之命脈也。」	《釋門正統》卷第二〈義通傳〉
釋志磐	南宋	門人梁肅撰師碑銘,而論之曰:「聖人不興,其間必有名世者出。自智者以法付章安,安再世至於左溪,明道若昧待公而發。乘此寶乘,煥然中興。蓋受業身通者三十九人,搢紳先生高位崇名,屈體承教者又數十人。	《佛祖統紀》卷第七〈九祖荊溪尊者湛然傳〉
釋志磐	南宋	傳聖人之道者,其要在乎明教觀而已。上尊龍樹,下逮荊溪,九世而祖之宜矣。至於(道)邃、(廣)修二師,相繼講演,不墜素業。會昌之厄,教卷散亡。(物)外、(元)琇、(清)竦	《佛祖統紀》卷第八〈興道下八祖紀〉序

	三師，唯傳止觀之道。螺溪之世，賴吳越王求遺書於海東，而諦觀自高麗，持教卷用還於我，於是祖道復大振。四明中興，實有以資之也。是諸師者，或顯或晦，述而不作，稱之曰祖，蓋傳授有所繼，正統有所繫也。
說　明	一、天台宗從智者到湛然的師資傳授是被公認的，所以錢王應義寂之請，而曾加以追贈諡號。
	二、只給尊號到九祖湛然，則湛然之下師資之授受有問題在，因為晚唐有十祖玄燭之出現。玄燭跟湛然，無直接之師承關係，因生卒年銜接不上。
	三、義寂在天台教法上，其師承是誰，在《宋高僧傳》、《釋門正統》與《佛祖統紀》諸書〈義寂傳〉上都是隱晦的。而《釋門正統》與《佛祖統紀》兩書的〈清竦傳〉上則云是清竦門下。證之以錢易的〈淨光大師行業碑〉文，則說其：「南之天台通智者教，師承（清）辈（當竦之誤）、（玄）廣二公。天台玄廣，據《佛祖統紀》所載是物外下第四世，輩份比清竦低。
	四、湛然與道邃以下的傳承，有行滿與廣修問題存在。
	五、依《宋高僧傳》晤恩師承志因，而志因依《釋門正統》卷第二〈清竦傳〉，是清竦的上首弟子，義寂排在第二。
	六、依《宋高僧傳》卷第七〈義寂傳〉，說：「自智者捐世，六代傳法湛然師之後，二百餘齡，（義）寂受遺寄，最克負荷。」其弟子上首為澄彧。贊寧的《宋高僧傳》排除了義寂會下嫡傳弟子宗昱的門室，或因為宗昱有山外學風在的緣故。
	七、湛然之後，天台宗人誰得付授之正，誰的法緣為盛，哪一類才算是正統受到質疑了。以元浩與道邃為例，元浩為上首，但後人卻說道邃的付授且其道能致遠，會昌法難後的佛教發展卻不是如此。如拿道邃系與玄燭系相較，晚唐時玄燭被台教中人稱十祖，可繼湛然之道。那天台九祖以下的祖道傳授，該是算玄燭系還是道邃系呢？如承認道邃系，那義寂師承是誰，受誰遺寄，恐怕都成問題。又如考察知禮的道法，知禮得義通之付受否？其得法器否是個問題，所以知禮系後來轉向宣說他們重視道法，而說道不在鑪拂不在器，法要弘傳在得人與當處。如山家宗的師承說得通，那玄燭系以下的師資授受，更是有憑有據，也可以說得通是天台山家的法脈。

第四節　中晚唐佛教的發展

　　中晚唐之後，佛教的法相宗已經走上了衰微之路，而禪宗與淨土信仰轉盛，且跟天台宗產生了融攝的現象。天台宗與賢首宗的學說，都是中國創興的佛學，因為中國人「重視禪的特質，而演變為台、賢的教義。」〔註53〕或說天台宗人的特點，在於學人如智者未能廣泛地容攝諸宗之學，於三藏多弘

〔註53〕釋太虛《中國佛學》「第四章禪台賢流歸淨土行」，前引書，頁715。

揚經典而少弘揚論著〔註 54〕；且觀行方面，採用止觀與淨土並重，在解、行上難以兼明而圓融。至於賢首宗，偏弘一經，判釋全藏佛教，而缺乏建立一個完備的中國佛學體系，在觀行體系上不能融通，且未能使各種佛教的教法分齊安立。〔註 55〕中國佛教，在這種粗具規模而不完備的狀況下，碰到了會昌法難以及天下的離亂，教下諸宗派因為經教散失嚴重，而影響到宗派的發展。吳越有國時，諸宗派皆能在其宗教政策下平和地生存與發展，其中最盛的禪宗、淨土行，再次是天台宗。到了宋初，天台宗與華嚴宗才得以振興。

一、宗派的法緣

（一）天台宗

　　天台宗在陳、隋之際，由智者大師開始倡導，當時稱為法華宗，曾盛極一時。梁肅在〈修禪道場碑銘〉文中說：「及大雄示滅，學路派別，世既下衰，教亦陵遲。故龍樹大士病之，用道種智，制諸外道，括十二部經，發明宗極。微言東流，我惠文禪師，得之於文字中，入不二法門，以授南岳大師。當時教尚簡密，不能廣被，而空有諸宗，扇惑方夏。及大師受之，於是開止觀法門。」〔註 56〕智者圓寂之後，章安灌頂整理「三大部」記錄稿，進一步發展師說，使得天台宗得以發揚光大。但是，到了唐代初期，由於政權遞換而政治中心的北移，法相、禪、華嚴等宗在長安興起，當時的天台宗弘化雖廣，有的僧人如智者弟子玉泉法盛〔註 57〕與灌頂的再傳弟子龍興弘景〔註 58〕（634～712）等多人也頗受到帝王與官宦的禮敬，但氣勢似不如他宗來得旺盛；弘忍（601～674）圓寂後，北禪宗的神秀（606～706）到玉泉山弘化〔註 59〕，從此玉泉山寺轉為各宗並弘的狀態。〔註 60〕直到唐代中葉，湛然大師居天台

〔註 54〕釋太虛《中國佛學》「第三章禪觀行演為台賢教」，前引書，頁 713。
〔註 55〕釋太虛《中國佛學》，前引書，頁 713～714。
〔註 56〕梁肅〈修禪道場碑銘〉文，收錄在《唐文粹》；另見梁肅〈天台禪林寺碑〉，《佛祖統紀》卷第四十九「名文光教志第十八之一」。
〔註 57〕釋志磐《佛祖統紀》卷第九〈玉泉法盛傳〉，《佛教大藏經》第 75 冊史傳部 2，頁 361。
〔註 58〕釋志磐《佛祖統紀》卷第十〈龍興弘景傳〉，《佛教大藏經》第 75 冊史傳部 2，頁 365。依僧祥《法華經傳記》卷三所云，弘景是玉泉道素門人。
〔註 59〕釋贊寧《宋高僧傳》卷第八〈唐荊州當陽山度門寺神秀傳〉，《高僧傳三集》，頁 195～198。
〔註 60〕朱封鰲《天台宗史迹考察與典籍研究》上篇「謁台宗古剎玉泉寺——智者及其弟子在玉泉」（南京：上海辭書出版社，2004 年 3 月），頁 64。

山極力著述與講學，才使得天台宗山家系得到振興。〔註61〕此後到晚唐，其間經安史之亂及會昌法難，佛教遭受到嚴重的打擊，使原本在天台山、五台山與少林寺諸地弘化的台教，受到很大的影響，尤其是五台山的台教受到的影響最深，幾近滅絕，還好有志遠法師的高徒將「疏章文句秘之屋壁。」〔註62〕五台山除了受竹林寺法照〔註63〕（？～767～？）與澄觀〔註64〕（738～839）的影響〔註65〕之外，有佛光寺法興〔註66〕（？～828）、行嚴〔註67〕（？～849）、佛光寺願誠〔註68〕（？～887）；另據日僧圓仁的《入唐求法巡禮行記》所載，五台山大華嚴寺的志遠（768～844）還跟天台山互通訊息。〔註69〕這是因為天台山國清寺，係台教人士的祖庭之故，宗匠們不僅要常與之互通訊息，開來還得去巡禮，作為修學之資糧。五台山的台教在唐初就已經出現，經過弘景、神英〔註70〕、湛然、志遠諸師的行化，而逐漸轉興，朱封鰲在〈天台宗在五台盛大時期〉文中說：

〔註61〕 朱封鰲《天台宗史迹考察與典籍研究》上篇〈湛然大師及其在天台山〉，頁99。

〔註62〕 會昌滅佛對五台山的影響，參見《宋高僧傳》卷第七〈唐五台山華嚴寺志遠傳附元堪傳〉，《高僧傳三集》頁151～153。關於唐代五台山的天台宗情勢，參見朱封鰲：《天台宗史迹考察與典籍研究》下篇「唐代五台山天台宗考析」，頁322～337。

〔註63〕 釋贊寧《宋高僧傳》卷第二十一〈唐五台山竹林寺法照傳〉，《高僧傳三集》，頁571～576；另見釋延一編：《廣清涼傳》卷中〈法照和尚入化竹林寺〉，台北慈悲精舍印經會印行《大正新修大藏經》第五十一卷史傳部3，頁1114～1116。

〔註64〕 釋延一編《廣清涼傳》卷下〈華嚴疏主法諱澄觀傳〉，台北慈悲精舍印經會印行《大正新修大藏經》第五十一卷史傳部3，頁1120。

〔註65〕 朱封鰲：《天台宗史迹考察與典籍研究》下篇「唐代五台山天台宗考析——法照和澄觀的影響」，頁327～322。

〔註66〕 釋贊寧《宋高僧傳》卷第二十七〈唐五台山佛光寺法興傳〉，《高僧傳三集》，頁739～740；另見《廣清涼傳》卷下〈釋廣興傳〉，台北慈悲精舍印經會印行《大正新修大藏經》第五十一卷史傳部3，頁1121。

〔註67〕 釋贊寧《宋高僧傳》卷第二十七〈唐五台山行嚴傳〉，《高僧傳三集》，頁740～741。

〔註68〕 釋贊寧《宋高僧傳》卷第二十七〈唐五台山佛光寺願誠傳〉，《高僧傳三集》，頁741～742；願誠，《廣清涼傳》卷下作願成，台北慈悲精舍印經會印行《大正新修大藏經》第五十一卷史傳部3，頁1120～1121。。

〔註69〕 釋圓仁《入唐求法巡禮行記》「校註本」卷二、卷三（河北：石家莊：花山文藝出版社，1992年）。

〔註70〕 《廣清涼傳》卷中〈釋神英傳〉，台北慈悲精舍印經會印行《大正新修大藏經》第五十一卷史傳3，頁1112～1113；另見釋贊寧《宋高僧傳》卷第二十一〈唐五台山法華院神英傳〉，《高僧傳三集》，頁567～568。

五台山爲文殊菩薩道場，中國佛教四大名山之一。早在漢、晉時期，河南佛教傳入山西。《靈迹記》稱當時有寺一百一十座。北齊年間，五台山已見有大孚靈鷲寺、王子寺、靈峰寺、清涼寺、石窟寺、宕昌寺、樓觀寺等幾十座寺院。隋唐時期，五台山佛教發展鼎盛。據記載，當時有大寺三百六十所，僧人萬餘。唯識、天台、淨土、華嚴、密宗、律宗、禪宗，各宗並弘，高僧雲集。天台宗在五台山的活動，可分爲傳入和盛大兩個時期。後一個時期，是在唐末。其時，恰好日本傳教大師最澄的弟子圓仁（794～864）來到中國參學，巡禮五台山，從志遠、文鑒等天台宗高僧學習天台教法，並從五台山等處請回天台宗等有關教典共七百餘卷回國，被敕封爲延曆寺座主。他大弘具有日本特色的天台宗，成爲山門派的創始人。他所撰寫的《入唐求法巡禮行記》流傳開來後，五台山天台宗的名聲也就隨著名聞遐邇。（中略）天台宗眞正傳入五台山，是在唐玄宗開元時期。據唐代文學家李邕《五台山清涼寺碑》〔註71〕記載，唐玄宗開元時楊鉊曾奉命寫《般若四教》、《天台論疏》二千卷，給五台山清涼寺。從此，僧人們有了學習天台宗教義的機會。（中略）神英建造了法華院，莊嚴了五台山的文殊菩薩道場，顯然也與盛行宣說《法華經》的時代相符合的。華嚴院建成之後，神英即任住持。傳記中說他，早通禪定，兼明經論，在五台也開講《法華》諸經。五台山天台宗眞正興起是在天台宗九祖湛然大師來到五台山以後。（中略）天台宗在五台山的盛大時期，是在唐貞元以後。不少天台宗大德居五台山講授《法華經》和天台宗意理，並率領信眾修持止觀，當時最主要的是佛光寺和大華嚴寺。（中略）當時天台國清寺僧人如巨堅等，不斷往返於五台和天台之間，表明天台祖庭和五台山僧眾是保持著密切聯系的。（中略）由於志遠在華嚴大弘天台，使五台山成爲當時北方研究天台學的中心。」〔註72〕

　　天台宗在五台山盛傳的時間並不長久，會昌年間有唐武宗滅佛，天台宗

〔註71〕李邕《五台山清涼寺碑》，《重編影印全唐文及其拾遺》（二）卷二百六十四（台北：大化書局，民國76年3月初版），頁1200。

〔註72〕朱封鰲《天台宗史迹考察與典籍研究》下篇「唐代五台山天台宗考析——天台宗在五台盛大時期」，頁322～337。

也與其他佛教一樣，遭到了滅頂之災。後來的宣宗復教，五台山的志遠〔註73〕雖弘揚台教，其傳承卻是不明確，或云是湛然系下〔註74〕，其門人有元堪者，極盡師資之禮，還有嗣繼之心，會昌法難過後，其「重葺舊居，取其教部，置之影堂，六時經行，儼若前制，《法華》妙經，積歲傳唱，《摩訶止觀》，久而敷揚。」〔註75〕晚唐五代之時，天台宗人在北方弘化的，除了人稱十祖的玄燭（？～890～？）在京都法緣鼎盛，吸引晤恩的師父秀州皓端（890～961）來學。皓端之學，根據釋贊寧《宋高僧傳》所載，「學其門者，止八十餘人。」〔註76〕另在少林寺有法素、行均（848～925）、宏泰、欽緣等天台教法系存在，〔註77〕其他則罕見蹤影，或是避難無聞，或是改習他教。鄰近少林寺的風穴寺，有僧人可貞，其圓寂之後被玄宗諡為天台宗七祖，塔銘尚存〔註78〕，該寺的佛殿內另有後漢乾祐三年（950）8月15日所立的石碑，刻有〈風穴七祖千峰白雲禪院記〉；寺僧匡沼（896～973，後人避諱改名延沼）本習天台宗，後唐長興二年（931）參訪汝州，遇臨濟三祖而改宗。天台宗在吳越地區的行化，因禪宗與律宗在此地的影響力很深，所以氣勢不盛，但人材卻是逐漸增多，促成了宋初天台宗的蔚然興起。

　　會昌法難影響到天台宗往後的發展，尤其是傳承、師資與經教問題。天台宗主要著作，經會昌之厄，而嚴重喪失，致使宗風衰微；由於天下亂，天台宗的教法受到嚴重的打擊，因此被視為天台本山正統的代表者高論清竦，就顯得格外重要。天台山原以止觀法門為號召，到了清竦高談闊論，得「高論」之名，後被山家宗後學私尊為天台第十四祖，此亦情勢使然。清竦弟子下出志因、義寂，義寂後賴德韶之助，往海外傳回教典，復興宗風不少。釋

〔註73〕《宋高僧傳》卷第七〈唐五台山華嚴寺志遠傳附元堪傳〉，《高僧傳三集》，頁151～153；另見釋延一編《廣清涼傳》卷下〈釋志遠傳〉，前引書史傳部3，頁1119。

〔註74〕徐文明〈志遠與法華傳記的著作年代〉，載於《正法研究》創刊號（浙江省舟山市：普陀山佛教文化研究所，1999年）。

〔註75〕《宋高僧傳》卷第七〈唐五台山華嚴寺志遠傳附元堪傳〉，《高僧傳三集》頁152～153。

〔註76〕《宋高僧傳》卷第七〈宋秀州端靈光寺皓端傳〉，《大正新脩大藏經》第50冊，頁751a。

〔註77〕關於會昌毀寺下的少林寺和晚唐五代少林寺和天台宗的關係，參見溫玉成《少林寺訪古》第二篇「唐代——會昌毀佛、天台宗北傳與晚唐五代的少林寺」（天津：百花文藝出版社，2001年3月），頁133～134、143～150。

〔註78〕沈興宗〈大唐開元寺故禪師貞和尚塔銘〉，《金石萃編》卷八十三。

贊寧為之讚曰：「微（義）寂，此宗學者幾握半珠為家寶歟。」〔註79〕其又云：
「自智者捐世，六代傳法湛然師之後，二百餘齡，（義）寂受遺寄，最克負荷。」
〔註80〕志因與義寂同出天台山清竦系下，志因離開清竦之後，義寂前來參學，
義寂受到師僧與錢氏王公們寄以厚望，離不開天台山乃就地方便行化。錢塘
慈光院志因門下出晤恩，時人稱為義虎。釋贊寧讚頌晤恩，曰：「先是天台宗
教，會昌毀廢，文義殘缺，談妙之辭，沒名不顯；（晤）恩尋繹《十妙》之始
終，研《五重》之旨趣，講大玄義文句止觀二十餘周，解行並明，目足雙運，
使《法華》大旨全美於代者，（晤）恩之力也。」〔註81〕但晤恩系的山外學人，
有禪、教以及禪、淨合流的趨勢，而當時天台山的山家宗匠如義寂、宗昱也
不免於受到禪法、華嚴或密教懺法的影響，此時的山家流派雖多，但不足於
跟錢塘系的晤恩爭勝。台教宗師名列僧傳者，只有皓端、晤恩與義寂三人，
其受到器重之處在義學之闡發，而不只在禪定之學的敷揚與門室之可觀。

（二）華嚴宗

　　隋唐之初，佛教極盛於北方，而國都長安尤為中心。唐初，法相宗之宗
師玄奘，華嚴宗之宗師法藏，同時得勢於京師，天台一宗獨秀於東南，因此
不能與法相、華嚴相抗衡。安史亂後，法相已衰，天台在荊溪湛然之宣講，
華嚴在圭峰宗密之敷演，宗風井然，不久卻逢遇會昌法難之災，天台、華嚴
面臨到經典教佚的厄運，影響到兩宗在晚唐五代的發展。

　　華嚴宗在會昌法難之前，圭峰宗密（780～841）結合華嚴與禪，倡禪教
一致論，致使華嚴思想更趨圓融。唯自宗密之後，習《華嚴經》者雖不乏其
人，唯華嚴宗傳承不明；直到北宋時，長水子璿（965～1038），其入晤恩門
下靈光寺的洪敏法師之門，學《楞嚴》有省而出世，下出慧因淨源（1001～
1088）的弟子義天持來華嚴經論，致使該宗再度復興。華嚴宗之興衰，其個
中原因與天台宗相類似，均受到會昌之厄教典散佚、傳者無憑之故。據《佛
祖統紀》卷第十四〈僧統義天傳〉〔註82〕，以及與《佛祖歷代通載》卷第二

〔註79〕《宋高僧傳》卷第七〈宋天台山螺溪教院義寂傳〉，《大正新脩大藏經》第 50
　　　　冊，頁 752b。
〔註80〕《宋高僧傳》卷第七〈宋天台山螺溪教院義寂傳〉，前引書第 50 冊，頁 752c。
〔註81〕《宋高僧傳》卷第七〈宋杭州慈光寺晤恩傳〉，《大正新脩大藏經》第 50 冊，
　　　　頁 751c～752b。
〔註82〕《佛祖統紀》卷第十四〈僧統義天傳〉，《佛教大藏經》第 75 冊史傳部 2，頁
　　　　405；另見釋念常《佛歷代通載》卷第二十八〈僧統義天傳〉，《佛教大藏經》

十八所載，高麗僧統義天於宋神宗元豐八年（1085），持華嚴疏鈔等經典入宋求法，翌年回國，回國後以金書晉譯《華嚴》五十卷，唐則天時譯八十卷，德宗朝譯四十卷，共三部附海泛舟入院。〔註83〕元祐元年（1086），又施金建華嚴大閣以供奉之，慧因寺也由之易禪爲教，由義源法師主之；義天且曾至天竺謁慈恩辯諫法師，習天台教，回國後見利傳教，奉慈辯爲始祖。〔註84〕總之，晚唐五代之後，習禪定之人多涉獵《華嚴》與《楞嚴》經典，真心與隨緣思想大行，天台宗人也多受到影響。

（三）慈恩宗

慈恩宗一稱法相宗或唯識宗，自玄奘（600～664）傳譯教典後，雖曾極盛一時，唯以其哲理過於繁瑣細緻，不適合國人的習性，難出大師。自安史之亂以後，研習者少，故法難對該宗影響不大。至於法相宗，對後世的影響也是深遠的，虞愚在〈慈恩宗〉一文中說：「律宗道宣繼承北朝慧光到智首的系統，專事《四分律》的宣揚，在理論上吸收了玄奘新譯的佛典，組織了律宗的體系，特別是依據唯識學的觀點來建立戒體法，遂成爲律宗中堅的一家。」〔註85〕中晚唐之時，法相之學尚有學人在研習，吳越有國時亦然。志因會下的文備通名數，志因卒後，其又在晤恩會下參修，兩人經常論辯，而互相推重。天台宗人與名數之學的關係，反映在戒體與止觀之學。

（四）律　宗

晚唐以後，律宗之學也影響到禪宗與天台學人的禪教思想。初唐時，佛門研習律學者亦多，其最盛時分南山、東塔、相部三宗，此三宗一般以爲在中唐以後均告式微。關於晚唐以後的律宗發展，黃運喜在〈會昌法難下〉一文中云：「會昌之厄典喪失，後因司空圖爲東都敬愛寺講律僧惠確化募雕刻律疏之事，南山宗曾一度復興，餘二宗則寂然無所聞，或係律典散佚無人化募之故也。」〔註86〕但根據賴建成最新的考察，律宗相部在宋初尚存，其在《吳越佛教之發展》一書「結論」文中云：「律宗方面，有允文居越州開元寺，專

第 75 冊史傳部 2，頁 1223。

〔註83〕釋念常：《佛歷代通載》卷第二十八〈杭州晉子法師淨源傳〉，《佛教大藏經》第 75 冊史傳部 2，頁 1223～1226。

〔註84〕《佛祖統紀》卷第四十六〈哲宗元祐元年條〉，前引書，第 75 冊史傳部 2，頁 766。

〔註85〕《中國佛教總論》「中國佛教宗派源流──慈恩宗」，頁 314。

〔註86〕黃運喜《中國佛教史講義》第十單元，「紅塵記事」部落格，2010 年 5 月 17 日。

攻相部，門下多人分燈弘化，在贊寧撰《宋高僧傳》時，法系尚在。而西明慧則、越州元表、越州智卓、吳郡傳朗、吳郡會清等分燈弘化《南山律鈔》，而以慧則法系下之贊寧，最孚眾望，成就最著，吳越入宋後護教亦最力。元表法系下出昭慶允堪、靈芝元照，以杭州爲中心闡揚道宣學說。弘揚南山律的，另有婺州智新、越州行瑫、明州希覺、秀州皓端。蘇州破山寺有彥偁，集同好講導毗尼，後晤恩在此受學，寺中有壽闍黎，傳《南山律鈔》極成，不看他面，度弟子無數。律宗因諸師之慈力，使南山律、相部律宗學得以延續，因代有傳人，至宋代律學又得振興。」〔註87〕到宋朝，南山一系因允堪（1005～1061）作《會正記》而元照（1048～1116）作《資持記》，由是分爲兩家；而資持家受到天台宗的影響，黃懺華說：「元照，餘杭人，初依祥符寺慧鑒律師出家，專學毗尼。後來從天台學者處謙深究天台教觀，並博究群宗，而以律爲本。最後三十年間，住持杭州的靈芝寺，廣事講說與述作，著有《行事鈔資持記》、《界本疏行宗記》、《羯磨疏濟緣記》共一百餘卷。他用天台宗的教義作《資持記》，以闡明道宣的學說，和允勘的《會正記》也有區別，於是南山一系分作會正與資持兩家。」〔註88〕

　　至於律宗影響吳越國僧人方面，賴建成在〈吳越佛教之情勢——律宗〉一文中云：「其他傳《南山律鈔》者，有婺州金華雙林寺智新，行瑫曾師事之〔註89〕。皓端曾前往明州阿育王寺，依希覺學南山律，旋有通明，義門無壅〔註90〕。晤恩於唐長興中（930～933），登（江蘇）崑山慧聚寺，學南山律，晉天福初（936），從秀州皓端聽習經論，義門無礙，時輩難抗敵〔註91〕。彥求於梁貞明中（915～921），造景霄律席，見毗尼秘邃，方將傳講，後爲永堅固法，舍之習禪〔註92〕。義寂於晉天福二年（937），祝髮具戒，詣會稽

〔註87〕賴建成《吳越佛教之發展》，王明蓀主編《古代歷史文化研究輯刊》第三編第12冊（台北：花木蘭文化出版社，2010年3月），頁106；關於晚唐宋初的律宗，另見賴建成《吳越佛教之發展》「第三章吳越佛教情勢——律宗」，前引書，頁58～60。

〔註88〕黃懺華〈律宗〉，《中國佛教總論》「中國佛教宗派源流」（台北：木鐸出版社，民國72年1月），頁299。

〔註89〕《宋高僧傳》卷第二十五〈周會稽邵大善寺行瑫〉，前引書，頁689～869。

〔註90〕《宋高僧傳》卷第七〈宋秀州靈光寺皓端傳〉，《大正新脩大藏經》第50冊，頁750c。

〔註91〕《宋高僧傳》卷第七〈宋杭州慈光寺晤恩傳〉，前引書第50冊，頁751c。

〔註92〕《宋高僧傳》卷第二十八〈杭州龍華寺釋彥求傳〉，前引書第50冊，頁884。

學《南山律鈔》，既通律義，乃造天台依清竦研習止觀〔註 93〕。此外精究律學者有文喜、瑰省、虛受、從禮、彙征、遂徵等禪師，南山律學影響力之深廣，由研習者皆各宗俊彥可知。」〔註 94〕天台宗人之中，尤以晤恩守戒爲嚴，釋贊寧爲之讚曰：「河漢有魚溯流而上者，河潛泳有所取，故（晤）恩公不寬，乘戒而出。弟子十有七人，求解而行行耳。」〔註 95〕

（五）真言宗

在唐玄宗開元年間，由於善無畏及金剛智先後自印度來華，中土密教始盛，京師青龍寺尤爲著名。中晚唐時期，日僧來華習密者頗多，著名者如釋空海、圓仁、圓珍等人。其中釋圓仁來華期間，正逢會昌法難，圓仁遭受波及遣送回國。釋圓珍則於宣宗復興佛法之際來華，看到各地寺廟仍是滿目瘡痍，二者回國之際均曾帶走大批密教典籍，故會昌之厄對密宗而言，僅一時之受挫，不及唐末五代戰亂對眞言宗的影響之大。對於天台宗與密宗的關係，太虛大師在〈天台學與禪律淨密之關係〉文中說：「天台學成立時，密宗尚未興起。唐以來而弘傳密宗者，如僧一行之《大日疏》，多依天台教義；而天台大師對於古來所傳雜密經咒，皆融攝無遺；故其修持的行法，多與密宗相倚。今所盛行之大悲懺儀軌、水陸等儀軌，皆出於天台學者。因爲日本之傳教大師，既傳天台宗，復學密宗而建立台密；故日本密教分兩派，一是台密，一是東密。其學天台者，兼傳密法。」〔註 96〕吳越有國之時，境內密行僧頗多，義寂及義通系下的學僧如知禮與遵式，都有密咒的行持出現。

（六）禪　宗

禪宗在五祖弘忍之後，分爲南、北兩派，北派以神秀爲宗師，主漸修，神秀曾受武后之召入京師，其門下普寂爲「兩宗法主，三帝國師。」其派極盛一時。南派以慧能爲宗師，主頓悟，當神秀在京師時，慧能弘法於韶州之曹溪。慧能的弟子以南嶽懷讓與青原行思爲最著，此外荷澤神會亦在玄宗時

〔註93〕《佛祖統紀》卷第八〈十五祖淨光尊者義寂傳〉，前引書，頁 345；另見《宋高僧傳》卷第七〈宋天台山螺溪傳教院義寂傳〉，《大正新脩大藏經》第 50 冊，頁 752b。

〔註94〕賴建成《吳越佛教之發展》，王明蓀主編《古代歷史文化研究輯刊》第三編第 12 冊，頁 60。

〔註95〕《宋高僧傳》卷第七〈宋杭州慈光寺晤恩傳〉，《大正新脩大藏經》第 50 冊，頁 752b。

〔註96〕釋太虛《中國佛學》，前引書，頁 696～697。

北上兩京行化，力抗神秀系統，勢力盛極一時。安史亂後，北禪大衰，而慧能之南禪大盛於江南，自中唐至五代之末分爲五家：潙仰、臨濟、曹洞、雲門、法眼。北方荷澤神會系統四傳至圭峰宗密，融合禪與華嚴，法難之後亦告式微。由於南禪宗義以頓悟爲本，摒棄儀式，不立文字，直指人心，見性成佛，使佛教從繁文縟節煩瑣思辨中解放出來，其意義在求佛教簡易化與中國化，故此風既盛，風偃他宗。

從隋唐以來，天台宗除了跟三論宗、華嚴宗、禪宗、淨土宗與律宗產生關連性之外，跟禪宗的諍訟在於定祖之說與國清寺問題。尤其是天台宗的本山國清寺，變成禪宗的道場問題，實有損天台宗的顏面與氣勢。初名天台山寺，後因智顗初入此山時，定光曾夢告，三國（指北周、北齊、陳）合而爲一，有大勢力人能爲此寺，寺若成，國即清，當稱爲國清。隋大業元年（605）遂賜額「國清寺」。後來，成爲天台宗根本道場。唐貞元以後，日本留學僧參詣該寺者甚眾，如最澄、義眞、圓載、圓珍、成尋、俊 、重源、榮西等，皆曾來禮智顗之廟塔，或興建佛事，或攜回佛像經論，因而開創日本佛教天台宗。據釋圓仁《入唐求法巡禮行記》卷一載，該寺常有一百五十僧久住，夏季住三百人以上，可見當時法運之盛。唐會昌毀佛時，爲兵火所焚，大中五年（851）重建，宋景德二年（1005）改稱景德國清寺。晚唐以迄宋朝，國清寺已成禪教並弘之處，董平在〈天台宗與禪宗之間的諍訟〉文中說：「然禪風廣被，習天台教者漸稀，五代以後，國清寺實際已爲禪寺。至南宋建炎四年（1130），詔令國清寺易教爲禪，遂成爲名幅其實的禪寺，而爲禪宗江南十刹之一。」〔註97〕

禪宗用《起信論》的思想，一心開兩門，南北禪宗於是有別，這也影響到後來天台宗觀行上的發展，有止觀兩義說。禪宗盛行，學人參禪風氣頗盛，流風所及，天台學人不免也沾染禪宗的行法，並引其行法以開示或教化學人，這在晤恩與知禮法師的行實中得見。湛然之後的天台宗學人，有多少僧家受到禪門的影響，有待考察。然而五代到宋初的山外宗行人，在觀行上主眞心觀，卻與山家的宗風不同，因此天台宗內部引起諍論，導致學人分宗並流。

（七）淨土宗

念佛持名修行爲易行道，不論愚賢聖凡均可修行，故自東晉道安誓生彌勒兜淨土，慧遠在廬山結社倡導念佛後，淨土崇拜，造彌陀像，念佛往生者，

〔註97〕董平《天台宗研究》「第四章天台宗與隋唐佛教諸宗派之關係研究」，頁126。

遍及各地。唐代時提倡此宗較著者有道綽（562～645）、善導（613～681）、少康（？～805）諸人，唯其修行法門簡易，雖諸大師有淨土教理研究問世，但仍無法與其他宗派之千濤萬壑聲勢相比。會昌法難之後，其他宗派均苦於經典散佚，斷簡殘篇，傳者無憑。淨土宗以其簡易之持名念佛，終於逐漸取代了其他宗派的地位，並與禪宗形成雙峰並峙的局面。

念佛對僧家初機者來說是易行道，是入宗派之學與禪觀行的敲門磚，所以古來僧家多有念佛之舉。至於天台僧家，更是多見，事見《佛祖統紀》卷第二十六到第二十八有「淨土立教志」，〈往生高僧傳〉中多見天台宗僧家，如山外宗之祖師晤恩以及山家宗祖師義通、知禮與遵式等都名列其中。關於天台宗與淨土信仰的關係，太虛大師說：「智者大師之弘淨宗，曾著《十疑論》等。命終有說生兜率淨土者，而多數則說生極樂淨土。其次，天台宗弘淨土最力者為藕益大師，教宗天台，行歸淨土，以至現在天台宗學者，皆循行之。」〔註 98〕天台宗禪法的特質，是教宗天台、行歸淨土，這在山外宗的晤恩及其會下的文備身上得見，宋初的山家宗知禮也是如是，只是兩者在止觀的觀行上有真心與妄心的區別而已，這也是因為兩宗在所依經教與體悟上有歧路的關係。

二、義理的轉變

佛教宗派的興盛，與經典注疏的發達有密切的關係，唯自會昌法難時，各宗經典注疏在「火其書」的政策下散失殆盡。宣宗復興佛教，允許僧侶重新受戒，被廢寺院亦允許葺修。此時僧侶在復興宗派的工作中最感到困難者，當推喪佚經典的復原、尋訪和抄錄，由於典籍散佚十分嚴重，經典復舊成效有限，無法維持宗派研修講學之用，以致陷於「斷簡殘篇，傳者無憑」的困境，為求自身宗派的生存發展，各宗派採用一些與中國思想關係密切，現今被認定為國人創作的經典，如《圓覺經》、《楞嚴經》和《大乘起信論》，來解釋自身宗派，這種轉變，使中國佛教思想在本質上擺脫了印度思維的色彩，促成佛學思想的中國化。

晚唐佛教宗派中，兼採他宗思想與中國色彩較深之經典者為圭峰宗密。宗密果州人，初得法於荷澤神會系下三傳道圓禪師，後得華嚴句義於病僧，一身兼具禪門和華嚴二宗法脈，著有華嚴、圓覺、涅槃、金剛、起信、唯識、

〔註98〕釋太虛《中國佛學》，前引書，頁 696。

盂蘭盆、法界觀、行願經等疏鈔及法義、類例、禮懺、修證、圖傳、纂略。
又集諸禪言為禪藏，總而言之。又《四分律疏》五卷，《鈔懸談》二卷，凡二
百許卷。圖六面，皆本一心而貫諸法。其圓寂時間為會昌元年（841），其對
華嚴宗而言，首開禪教合一之先河，後人尊為華嚴五祖。宗密圓寂後，經晚
唐五代之巨變，到了北宋，華嚴系學說幾乎中斷。至北宋初年，僅有長水子
璿、慧因淨源等人續存法脈。長水子璿（965～1038）的學風，上承清涼澄觀、
圭峰宗密。即一貫的用《圓覺》、《大乘起信論》來發揮他們的思想，並與荷
澤禪家會通，兼注《楞嚴經》疏十卷。至其弟子慧因淨源時，因高麗僧統淨
天入宋問法，帶回華嚴疏鈔等舊有章疏，使華嚴一宗再度復興。華嚴宗在宗
密之後雖傳承不明，但受法難影響及晚唐五代喪亂之餘，經典喪失殆盡，碩
果僅存的後代法嗣必須抱殘守闕的兼採《圓覺經》、《起信論》、《楞嚴經》等
思想，對佛學思想的中國化頗有促進作用。

　　天台宗在九祖荊溪湛然（711～782）時，為與華嚴宗清涼澄觀競爭，因
而參考《起信論》中「真如不變隨緣」觀點。法難後該宗依據之法華經雖未
散佚，但亦面臨「斷簡殘篇，傳者無憑」的困境，在這法脈不絕如縷的情況
下，天台亦採起信論的觀點來闡揚宗派理論。由於天台本來不重視《起信論》，
智者大師在《法華玄義》、《法華文句》、《摩訶止觀》中均未引到《起信論》。
在宋代，為了弄清本宗思想的發展及其與起信論的關係，出現了許多異說，
自宗之內因而分歧成山家、山外宗二派。這二派爭論的起因是因義寂同門志
因的弟子晤恩，著《金光明玄義發揮記》，否定《金光明玄義》廣本是智者大
師的真作，而主真心觀，是為山外派。四明知禮則作《釋難扶宗記》以破發
揮鈔，成山家派。由於山家派的傳承為清竦、義寂、義通、知禮等人，其論
點參考高麗沙門諦觀傳回之祖師著作，其論難採中觀系統。山外派雖為清竦
旁系所出，唯其論點已參雜涅槃、楞嚴、起信等真如系統，如智圓著有《首
楞嚴經疏》、梵慈著有《楞嚴會解》。故天台山家、山外的諍論亦反映出佛學
思想中國化的歷程。關於《圓覺經》、《楞嚴經》、《起信論》的真偽問題，近
代學者爭論頗多，若以「三法印」、「四依法」觀點衡量，這些典籍所論者與
其他大乘佛法相關理論並不牴觸。若以印度佛教思想看《起信論》及《楞嚴
經》，二者均屬有中國思想特質，故在隋唐時代，天台、華嚴二宗均不重視此
二經，但此二書反映出中國人的觀點和與傳統思想融合的跡象。中唐時韓愈
（768～824）高舉儒家思想的纛旗，其弟子李翱（772～841）曾問學於藥山

惟儼，通《圓覺經》、《楞嚴經》、《起信論》諸經論作《復性書》，兼採佛教觀點，此為士人融合佛、儒二家。會昌法難後採用《起信論》、《圓覺經》、《楞嚴經》等觀點解釋佛理，此為僧侶融合儒、釋、道三家思想的過程，對於理學的發展開了先河，於中國思想史上有特殊的地位。

湛然大師傳道邃、行滿。唐貞元二十年（804），日本僧人最澄到天台山從二人學天台教儀，並從道邃受菩薩戒。次年（805），攜經論疏記二百餘部回國，於比叡山開創日本天台宗。道邃之後，有廣修、物外、元琇、清竦師弟相承。清竦門下世業者，有義寂、志因與覺彌。義寂弟子出高麗義通，義通傳知禮。志因出弟子晤恩，晤恩會下出學人可榮、懷贄、義清、源清、洪敏、可嚴與文備，源清之後有智圓、惟雅。義寂與志因門下，當時受到現實環境的影響，都還在努力弘化台教，尚未引起爭訐。但禪、教融合與儒釋道三家合會的環境，在宋初產生，這也影響到天台宗人的行持發展。五代之時，首先是晤恩在禪教合流上下了不少功夫，其在止觀上強調真心觀。到了宋初的知禮，面對三教合一的環境，提出了「性具」與「妄心觀」來應治。由上述看來，不論山家宗與山外宗，皆勇於述說出自己心中所體會的法門，又透過長期的論辯乃造成天台宗在宋初的興盛。

三、宗風的問題

章安入滅後，天台宗因南北戰亂影響，處於不振時代，所以智威、慧威與玄朗之世道法不振，待到湛然出世，獲得中興。湛然會下道邃、廣修講學不墜，但他們遭逢到會昌之厄，教卷散亡。廣修以後的物外、元琇、清竦三師唯傳止觀之學，然卻使山家人所稱的天台正宗得以在吳越地區延續下去。而晚唐五代之時，天台宗因與各宗融涉的結果，受到禪宗與華嚴宗的影響而有嶄新的變化，這種變化出現在教法、地緣與講學之上。

（一）祖道與學風

天台宗從灌頂之後，數傳到湛然之時，天台教興發了，當時的天台宗人除了天台山本山之外，還弘傳到五台山以及少林寺。當時習台教的人漸多，所以他教的思想多受到台教的影響，如之前的吉藏、湛然弟子澄觀以及南北禪宗僧人與律宗行人，因此天下習天台宗者並非僅是天台宗的門人，因此在《佛祖統紀》卷第二十二記載著許多不明承嗣者〔註99〕，這些通天台教者在

〔註99〕《佛祖統紀》卷第二十二「未詳承嗣傳第八」，《佛教大藏經》第 75 冊史傳部

釋贊寧的《宋高僧傳》多有傳記。這種情況，透露出一種訊息，就是智者大師所發展出的止觀法門契合中國人的根性，由是吸引當時的學人來修學；而這些習天台教者，不同於山家者的，是傳承與教法的問題。由於天下習天台教者漸多，天台教在湛然之時就產生「心具」與「觀具」的問題，這也反映出天台圓教在修持上跟他宗的同異問題。湛然護持山家之教法，可以從其作品《止觀輔行傳弘決》卷五回答元浩的話語之中可以看出。他教通天台教者多，天台人或由他教中人轉來，或習過禪、律與法相、華嚴之學，天台山家內部的危機已經昭然若顯了。湛然與弟子元浩間的問答，記錄在《止觀輔行傳弘決》卷五之二、三上，他們談論時，元浩提出「一心既具何須觀具」的命題，湛然的說法是因為「觀具」是可開通由凡夫進修佛乘的光明大道，所以必須存在。「心具」與「性具」、「觀具」問題，已在湛然會下發酵了。

　　從元浩與道邃的風格，也可以窺知後來的晤恩與知禮的立場。湛然及其門下的元浩與道邃兩人，釋贊寧在《宋高僧傳》上有幫他們立傳，但顯然贊寧是偏向道邃的正統性與道法的延續性，後志磐的《佛祖統紀》也稟持這種見解。對於晤恩與義寂的正統性問題，贊寧承認晤恩的功業，但還是偏重義寂的天台祖道之負荷。因為當時晤恩一系的法緣正盛，贊寧隱約地期盼雙方能相忍推讓與互重，但贊寧的《宋高僧傳》中顯然指明了當時天台宗內部的實情與爭端之所在，所以他用禪宗分流以說來表達其內心的隱憂。上述的歷史背景，實是開啟了後來義通門下爭正統、立山家之說，並與晤恩系下宗匠們的爭勝，其結果致使山家宗與山外宗分流行化。

（二）宗風的揚舉

　　天台宗強調禪、智雙弘，觀、行並重，所以此宗的行化，與其他教下諸宗極為依賴道場、經籍與學人是相同的。但經過安史之亂、會昌滅法，以及晚唐五代的天下離亂，教下諸宗的寺院多遭燬廢，典籍流失嚴重，僧侶遭沙汰後生活困難。〔註100〕離亂之際，學解的僧徒人數也不如盛期時的繁多，多數僧徒或佛子被「直指人心」、不大依賴經教、可穴居岩處的禪行，還有唸佛求生淨土的信仰，所融攝而去，「民眾佛教」的興起，取代了教下諸宗的行化活動。〔註101〕在思想方面，由於禪與華嚴兩宗尚維持其勢力，天台宗人受到

　　2，頁 442～447。

〔註100〕關口眞大〈中國的禪思想〉，玉城康四郎主編、許洋主譯：《佛教思想（二）在中國的開展》（台北：幼獅文化，民國 74 年 6 月），頁 233～234。

〔註101〕關口眞大〈中國的禪思想〉，前引書，頁 234。

它們的影響很大。塩入良道在〈天台思想的發展〉文中談到性惡說的開展時說：「當時，宗密不只將澄觀的接近性惡說的思想一掃而復歸華嚴宗本來的立場，並且以《起信論》的一心爲《華嚴經》的一眞法界，提高《起信論》的評價。華嚴思想對天台教學的影響在於：產生了根據性起思想的立場解釋天台性具理論的傾向，促使山外派出現。因爲要從天台本來的『性具』立場批判這些，所以當然給予以四明爲主的山家學派在天台史上的特別地位。」〔註102〕「一心三觀」與「性具說」，是天台宗的祖道，這雖在湛然時期是度化上的善巧，而他做了稍許的改變。說道法的高下，不是天台宗的特質，道法的圓融與證悟之透澈才是天台宗人的目標，勇於抒發己心中所證悟的法門與義理是從上所傳之教，這方是祖道的眞實意。天台宗人在止觀之學與義學上不斷推陳出新，部份也是爲了因應時局之所生的善巧，所以祖道爲何是天台宗人的時代課題，而不是部份的傳統師說。但到知禮之世，爲了批判山外宗帶有禪門與華嚴的傾向，又重新舉發出舊的祖道來論諍，使天台宗在部份行法上走回舊傳統的路數上去，而跟其他宗派變得難以融通。

至於天台宗與禪宗的關係。隋唐之時，中國各宗教興起，諸宗派在思想上已有互相融攝的現象發生。如慧思、智顗對當時禪法的融攝，演變出天台教觀。董平在〈慧思、智顗對菩提達摩禪法的繼承與整合〉文中說：

> （釋道宣）以禪法修息之要，歸結爲觀門，則天台宗觀心之旨，要與達摩大乘壁觀乃殊途而同歸。故非唯宗密言禪教一致，天台宗的志磐亦謂台宗與達摩禪宗意旨不殊。（中略）菩提達摩「二入四行」的基本思想，對於智顗之禪法的開創及其義學結構的建立，其實都有明顯影響。（中略）《釋禪波羅蜜次第法門》的全部內容，都是按照「發大心」、「修大行」來組織的。在某種意義上，這結構乃可以看作是對菩提達摩理、行二入之禪學思想的繼承及其境域的拓展。在具體論述上，智顗亦同樣堅持在定慧相資基礎上的禪定先行，強調由禪發慧，並以禪定波羅蜜總束一切佛法、一切修行。如（《釋禪波羅蜜次第法門》卷一上）云：「欲斷煩惱，非禪不智，以禪發慧，能斷結使。無定之慧，如風中燈。欲知法門，當知一切功德智慧，並在禪中。」這與菩提達摩以「壁觀」所實現出的「安心」來共攝萬行，原其精神實質，可謂略無差異。〔註103〕

〔註102〕塩入良道〈天台思想的發展〉，前引書，頁141。
〔註103〕董平《天台宗研究》，（上海：上海古籍出版社，2002年4月），頁190～193。

智者受到達摩學說的影響，以及對其禪法的繼承，都是間接的，是通過慧思爲中介環結，才得到實現的。〔註104〕在智者思想的發展過程中，《釋禪波羅蜜次第法門》是其初南下爲了弘揚禪法的代表作，很明顯地保留了他淵源於北方的禪學思想。其後隨著他思想的不斷博通、發展，逐漸由禪定先行轉向以圓頓止觀的表述爲理念核心，但是其以「發大心」、「修大行」爲系統來表達其佛學思想的意圖，卻一直未曾改變，而貫徹到《摩訶止觀》之上。就其體系來說，實與菩提達摩所提倡的「理入」、「行入」保持著本質上的同一性。〔註105〕慧可的禪思想，也影響到慧思與智顗。慧思的時代，比慧可（487～593）稍晚，慧可於鄴下「盛開秘苑」之時，慧思正開始其遍歷齊國諸大禪師學摩訶衍的時期，且由慧命、慧布的參學，以推慧思的佛學思想及其禪法都極可能受到慧可的影響。〔註106〕慧可既然得到達摩之眞傳，嘗述一偈云：「說此眞法皆如實，與眞幽理竟不殊。本迷摩尼謂瓦礫，豁然自覺是眞珠；無明智慧等無異，當知萬法即皆如。愍此二見之徒輩，伸詞措筆作斯書；觀身與佛不差別，何須更覓彼無餘。」〔註107〕董平在〈慧思、智顗對菩提達摩禪法的繼承與整合〉文中說：

> 觀此兩偈之義，顯然是闡明一切含生與佛平等，具有同一眞性之理，故無明煩惱即是菩提智慧；眞性本是摩尼之珠，璀璨明淨，以無明惑障，遂謂之瓦礫；豁然自覺，徹除無明之障，瓦礫還成摩尼；此事不須假借，全憑一己之心力而轉迷長悟，明心見性之旨確乎已包含其中。而「眞法皆如實」、「萬法皆即如」，則無疑在闡明諸法實相之理，「豁然自覺」，亦即要悟入這種實相之境。〔註108〕

因達摩、慧可的禪學廣爲流行，必然直接影響到天台宗，其基本的佛學思想亦爲慧思、智顗所繼承，而整合於天台佛學體系中，如一念三千的實相論的基本原理。智顗強調，眾生凡心的一念，即具十法界，一一界中悉見無明煩惱性相、惡業性相、苦道性相，然無明煩惱性相，即是智慧觀照性相。無明與法性、煩惱與菩提，原是不同的心靈境界，其境界雖異，但開出此種不同

〔註104〕董平，前引書，頁193。
〔註105〕董平，前引書，頁193。
〔註106〕董平，前引書，頁193～194。
〔註107〕釋道宣《續高僧傳》卷十六〈齊鄴中釋僧可傳〉，《高僧傳二集》（台北：台灣印經處，民國59年9月）頁520；另見《大正新脩大藏經》第五十冊，頁552b。
〔註108〕董平，前引書，頁195～196。

心靈境界的心本體，卻無殊異，故翻轉出無明即是心明，無明煩惱即被消解，而呈現爲清淨法性本身。基於「無明即是法性」的這種詮解，智顗尤其重視個體心靈境界的內在轉變，強調心體之本然淨性的自我開顯。〔註109〕《法華玄義》卷七上說：「譬如磨鏡，鏡轉明，色像亦明。」〔註110〕「若能淨心，諸業即淨。淨心觀者，謂觀諸心悉是因緣生法。即空即假即中，一心三觀。以是觀故知心非心，心但有名。知法非法，法無有我。知名無名，即是我等。知法無法，即涅槃等。此解起時，於我我所如雲如幻，即是地上清涼益，信敬慚愧諸善心生。於空假中意而有勇，即是因益。念念與即空相應，是中上草小樹等益。念念與即假相應，是大樹益。念念與即中相應，是最實事益。」〔註111〕淨心觀者通過發跡以顯本，知本跡互依，體用一如，故心體之本然的開顯，既可以漸達，亦可以頓了，如《法華玄義》卷七上說：「以一念相應慧，斷餘殘習氣而得成佛。」〔註112〕《法華玄義》卷七下也說：「一念相應慧，斷習成佛，可度眾生，緣盡息化，入無餘涅槃，此通佛涅槃相也。若地人云，緣修顯眞修菩提，果滿成大涅槃，亦稱爲方便淨涅槃。」〔註113〕天台宗人因爲所依經教的關係，講佛性從說「性具」開始，而不似華嚴宗人說「性起」，所以偏重在妄心觀路數上去，使之與禪門跟華嚴宗有別。

天台宗以圓頓爲旨歸，初緣實相，造境即中，佛知見的終極開顯，亦可藉著「一念相應慧」的切入來實現。一念悟入即空即假即中，三諦圓融的一實諦理，便即出離於無明惑障而轉變成澄明之境地。經過智者系統化的天台教學，如被禪宗學徒吸收以爲悟宗，就可以看出禪宗未來的走向。董平又說：

> 在個體那裡，這種心靈境界的轉換一但實現，心體便不再因無明的遮蔽而暗濁，而得以如其本身所是的狀態呈現出來，於是「歷緣對境，舉足下足，無非道場。」（《法華玄義》卷七上）「低頭舉手，歌詠散心，皆已成佛道。（《法華玄義》卷九上）在這種心體的澄明境域，存在者本身的澄明亦使一切現象獲得其存在性的還原，而呈現爲即空即假即中的眞善妙色，於是一色一香，無非中道，世間一切治生產業皆與實相不相違背。顯而易見的是，智顗的這些觀點，與

〔註109〕董平，前引書，頁196。
〔註110〕《大正新修大藏經》第三十三卷，頁762。
〔註111〕前引書，頁763。
〔註112〕前引書，頁766。
〔註113〕前引書，頁768。

　　　　後來禪家基於明心見性之旨而表達出來的觀點，如一花一世界、一
　　　　葉一菩提、青青翠竹盡是法身、郁郁黃花無非般若等等，無疑存在
　　　　著某種內在實質的同一性。」〔註114〕

經過北周滅佛和隋唐之際的戰亂，以長安、洛陽、鄴都爲中心的中原地帶，
發生過大規模的僧眾流動。隨著北周以來北禪的持續南下，因流民大量向江
淮湧入，禪學的重心也跟著向南方遷移，這標誌著就是初唐道信與法融兩支
禪系的崛起。〔註115〕從天台智顗圓寂（597）之後，到九祖湛然講《法華玄
義》的天寶十四載（755），其間約150年，天台教學勢力極其不振。但其間，
天台宗的教學，影響到三論宗學人，還有禪宗牛頭系的法融（594～657）、
慧忠（683～769），以及慧可的再傳弟子禪宗四祖道信（580～651）。由菩提
達摩所開創的禪法，被智顗所融會，形成天台止觀，又經道信、弘忍所開創
的東山法門，以及牛頭宗的法融，反過來影響到後世禪宗的發展。〔註116〕
至於禪宗從依四卷本《楞伽經》，轉變成用《般若經》的過程，或與天台宗
人有關〔註117〕，而所謂東山法門，以攝心靜定、對治妄境之禪修爲要，與
慧能以後的南宗禪法確乎有異，更接近於智顗所描述的止觀法門。八祖左溪
玄朗（673～754）的同門玄覺（？～713）著《永嘉集》，以天台止觀解釋禪，
對禪宗之徒影響很大。〔註118〕當禪宗內部發生南北分宗並起爭訟之後，長
老僧湛然曾發起爲禪宗三祖僧璨建塔立碑，以北宗爲正統而與南宗相抗衡。
就實來說，天台宗的止觀學說體大思精，內容富博，在「開佛知見」這一根
本義旨之下倡導觀心，而其法門則漸頓兼舉，既有別歷觀心的漸次止觀，亦
有圓妙觀心的圓頓止觀，所重要者，唯對行人根器利鈍的方便施設。因此，
在某種意義上，禪門北宗之漸，乃接近於天台的漸次止觀，而其南宗之頓，
則更接近於天台的圓頓之止。〔註119〕《大乘起信論》流行之後，台教、禪
門亦將其理義攝入於各自的思想體系中，宗門的某些思想亦影響著台教，如
南陽國忠（？～775）的「無情說法」與天台湛然的「無情有性」，在其表達

〔註114〕董平，前引書，頁196～197。
〔註115〕杜繼文、魏道儒《中國禪宗通史》（南京：江蘇古籍出版社，1993年8月），
　　　　頁63～64。
〔註116〕有關禪宗對天台止觀的融會及其互相影響，參見董平《天台宗研究》，頁197
　　　　～657。
〔註117〕杜繼文、魏道儒，前引書，頁65。
〔註118〕董平，前引書，頁203～204。
〔註119〕董平，前引書，頁206～207。

的基本理念上是其同一性的。

禪宗與天台宗既多有理論上的互相融會，以及實踐上的相互資取，更兼歷來有倡導禪、教合一者，因此到兩宋之時在禪、教合一的基本趨勢之下，台、禪亦獲得進一步的融合。但此同時，兩宗之間亦存在著一些諍論，其中最著名的是雙方關於定祖與國清寺的問題。〔註120〕除了與禪宗有所關係之外，天台學人與律宗、華嚴、淨土、法相與眞言密都有所接觸。所以在五代之時，天台宗人亦受禪、教合流與禪、淨雙修趨勢的影響，尤其是山外宗；而宋初的山家宗，在教內批判山外宗，在教外則批判華嚴與禪宗，卻與淨土與眞言宗有合流的趨勢。此外，山家與山外兩宗因爲跟律師的關係與法相之學吸收頗深，所以不似湛然嚴屬地批判律宗與法相宗。五代宋初之時，天台宗宗匠的一些特質，都跟會昌法難以來禪、教、律、密、淨之間，因爲在吳越地區行化的關係，增強了宗派之間彼此交流上的方便，而逐漸形成合會與融攝的現象發生。

總體而言，天台宗的佛性思想特點，是不囿於經論而「敢直陳己心中所行之法門」，天台宗在其止觀學說及判教思想中，都貫徹了這種精神。但矛盾的是天台宗的行人卻在「圓解頓了」或「能致其遠」上必說傳承與祖道。中唐之時，有湛然會下的元浩與道邃間的問題，到了晚唐以及五代末年有十祖的定位與追謚諸祖的問題。唐末至五代兵亂連年，國無寧日，再加上會昌法難，天下寺院盡被毀滅，宗教典籍慘遭堙滅。大中復教之後，寺院、道場的復興，有賴高僧大德的再造，因此此後佛教的生態跟之前以傳統宗派爲主流的態式很不一樣，五代以後不論山家或山外宗匠都在這種態式下產生的，他們能顯揚於世不只是依賴傳承與傳習的教法而已，而是個人有其卓越之處。有別於往昔的是，天台螺溪傳教院、錢塘慈光院、四明寶雲院、延慶院、錢塘石壁寺、天竺寺、梵天寺、孤山寺等，這些山家、山外宗新興的道場，也成爲天台宗後學的祖庭，可以跟國清寺、禪林寺等古道場比相美。

江南一帶因吳越錢王的庇護，天台宗尙留一脈在傳習台教。忠懿王遣使高麗訪求天台教典，高麗沙門諦觀送來若干論疏和著述，天台宗教典因而從堙滅中得以復興，天台宗人從而卻產生了知見上的分歧。吳越時代由於對宗教的管制甚爲嚴密，對天台宗人的請謚諸祖，雖然同意，但傳法定祖之說在教內儼然已成了一種不可擋的趨勢。到了宋初，天台宗的人材已經輩出，爭

〔註120〕董平，前引書，頁212～214。

法統與揚師說的風氣，已經囂乎塵上，當時天台宗人不再爭代表信物的鑪拂傳授，而是爭誰能代表天台正義，爭誰才是天台正宗，由是山家、山外宗之諍論登場了，其間還關涉到政教的情結與王公、仕宦、信士的護持，以及個人修持上的風格問題。〔註121〕至於天台祖師的傳承，可以從譜系以及祖師像的流傳、祖師齋忌禮贊文上去考察。祖師像的流傳，同時也象徵衣鉢的意義〔註122〕。天台宗的山外宗派，從五代中葉發展到宋代中葉，其法緣隨之息滅，從此天台宗的祖師傳承變成以山家宗的說法為正宗，而後世所繪製的十六祖師像，也是根據釋志磐的《佛祖統紀》一書中所提及的東土十六祖。而台灣所出版的《天台宗高僧傳》，其目次分東土九祖、興道下八祖、諸祖旁出世家、諸師列傳、思想特殊列傳、未詳承嗣傳、明代高僧傳、清代高僧傳及近代高僧傳。〔註123〕該書顯然是繼承南宋以來山家史書以及其傳承的說法。然在遵式作〈天台大師齋忌禮讚文〉時，其所奉請的祖師仍是當時山家們共稱的九祖，即從高祖龍樹到九祖湛然止。〔註124〕九祖以下的傳承，因為當時有諸山門流派的關係，祖師的傳承各有其譜系；且因學人多方參學，其傳承勢必有多重的說法，這在法眼宗的紹巖以及天台宗的願齊、華嚴宗的子璿、高麗國的義天以及律師擇梧的身上得見。如智圓的祖師忌，只推崇慈光院的晤恩，而不上推到志因或皓端，乃至於不遠溯到清竦或時稱台教十祖的玄燭。《釋門正統》與《佛祖統紀》的十七祖之說，也僅是法智知禮系的傳承師說而已。所以研究晚唐到宋代中葉的天台教史，尤其是論及天台祖師問題，不能倒果為因，一味地只運用法智子孫的說法，要儘量回歸到史實之上去論述。

〔註121〕賴建成《吳越佛教之發展》，頁132～135。

〔註122〕黃錦珍〈開敷的蓮華——《法華經》十類圖說〉，《香光莊嚴》（嘉義：香光尼僧團，民國95年6月20日）第86期，「法華宗祖師像」。

〔註123〕釋慧嶽編集《天台宗高僧傳》，（台北：天台教學研究所，2003年11月24日）。

〔註124〕釋遵式《天台智者大師齋忌禮讚文》，《大正新修大藏經》第四十六卷，頁966b。

表四：天台山家、山外傳承略表

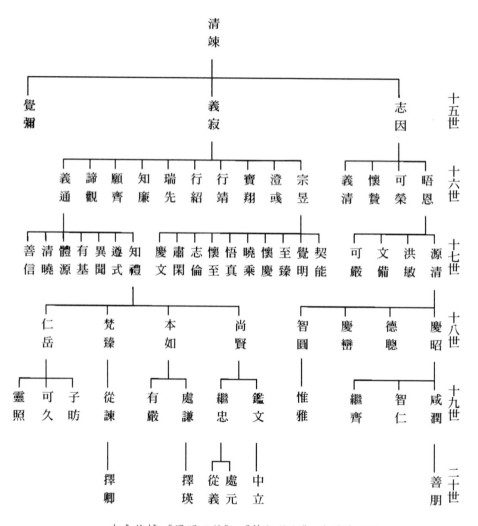

本表依據《釋門正統》、《佛祖統紀》的譜系而作

圖一　中土天台十六祖師畫像

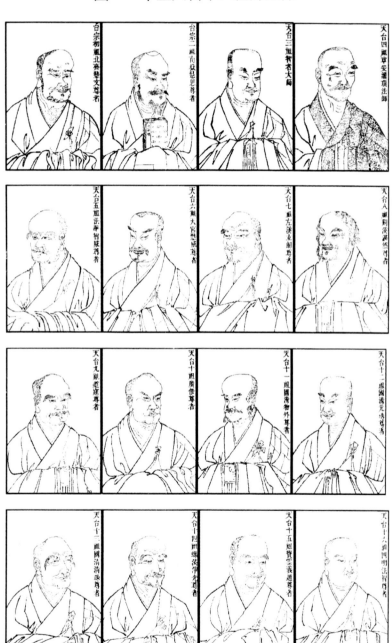

天台宗十六祖圖像

第三章　晤恩的行實及其系下學人

　　天台宗因智者（538～597）住天台山，以及九祖湛然的出世而得名，蓋智者大師破斥南北行人，禪、義均弘，其教行爲當時南北佛法的結晶，因而樹立此一特殊的教派。〔註1〕智者晚年在天台山傳法，已爲僧眾立制法、定懺儀，儼然是一代教主，禪門中人亦以智者爲天台教主。〔註2〕天台宗既成爲一大教派，自認爲是佛教的正統，而有傳法定祖之說，推龍樹爲高祖，且直承佛陀，事見宗鑑的《釋門正統》與志磐的《佛祖統紀》二書。從智者到九祖湛然（711～782），祖師的傳承與地位是被公認的，因祖師大抵都在天台山行化，衡嶽家世因之成立；唐武宗會昌（841～846）之後，天台宗出現了十祖玄燭的問題；而這台教十祖的問題，跟皓端與其弟子晤恩有所關連，山家、山外宗分流的源頭由是產生。

　　在晤恩法師（912～986）的時代，當時正處於天下離亂，而錢鏐在兩浙建立起了吳越國，因爲吳越國諸王公的護持宗教，天台宗得以在吳越地區延續發展。於時，禪宗、南山律學在吳越地區特別受到王室的禮重，其教法極爲盛行；法眼宗的德韶（891～972），被視爲智者的後身，漢乾祐元年（948）錢忠懿王奉其爲國師，申弟子之禮。〔註3〕五代中葉，義寂（919～987）在天台山清辣、玄廣會下學天台教法，頗受重視；其本欲離開天台山，但卻受

〔註1〕　湯用彤《隋唐佛教史稿》（台北：木鐸出版社印行，民國72年9月），頁172。
〔註2〕　釋道原《景德傳燈錄》卷二十七〈天台智者禪師傳〉（台北：台灣眞善美出版社，民國56年2月），頁56；另見《大正新脩大藏經》第51冊，頁431b。
〔註3〕　《景德傳燈錄》卷第二十五〈天台山德紹國師傳〉，頁96；另見《大正新脩大藏經》第51冊。

到錢王的慰留而止於天台山行化。錢王器重義寂，可能是受到德韶的影響，因為德韶對天台宗頗為護持，曾使會下學人石壁寺的行靖與行紹往螺溪修學〔註4〕；其會下義通，也到義寂處受學。時錢塘有慈光院志因（？～951？）、晤恩，兩人在禪講上都頗負盛名，出弟子互相角立。天台宗學派之間，互別苗頭的情況又出現了。

在吳越王錢鏐之時，清竦法師雖曾在祖庭國清寺講學，其所住寺院則在禪林院，禪林院的僧家成為維繫衡嶽家世的命脈之所繫。此時國清寺，從台教的祖庭，轉變成禪、教並講的寺院，後又從禪教寺院變成禪宗的道場，從其間的事跡可以窺見佛法遷流的情況。〔註5〕清竦的門下出弟子志因、義寂、覺彌等三人，志因後居杭州慈光院，義寂居天台山螺溪傳教院，而覺彌居錢塘演教院，由三人的行實可以看到天台宗「別子為宗」的現象。志因與覺彌在清竦會下，學成之後回到本師處講學，而義寂不接受天台山僧眾的慰留，而在天台山自立門戶。志因比義寂與覺彌較早出世，五代初年時其即在錢塘慈光院開法。會昌法難（841～846）之後，天台宗因為典籍散佚嚴重，持定、慧之學者寡，端賴天台山僧家物外、元琇、清竦及諸師會下學人世襲祖業，輾轉到了宋初，因宗匠輩出，天台宗才興盛起來。而五代到宋初之間天台宗匠們的努力，佔據著重要的關鍵，尤為出名者有秀州的皓端、錢塘的晤恩與天台山的義寂三家，當中跟天台山的僧家與王臣多所往來的是義寂；義寂出世知名在宋初，他受到傳承的壓力與祖道的責任是遠比皓端與晤恩為重，而皓端與晤恩之所重則在道法之敷揚，他們的願行似與義寂是不同的。

晚唐五代乃至於宋初，天台宗尚未有正統或定祖之論，但台教流派在義學或觀行上的不同在當時已見端倪，這些現象見諸於釋贊寧的《宋高僧傳》以及釋志磐的《佛祖統紀》。禪宗早有定祖之爭，而華嚴宗在釋道宣撰《續高僧傳》之時，也出現過定祖之論，事見《宋高僧傳》卷第五〈周洛京佛授記寺法藏傳〉。〔註6〕或說華嚴、天台以及禪宗等爭論第幾祖的傳承，是受

〔註4〕 關於德韶護持天台教法，參見《佛祖統紀》卷第十〈淨光法師旁出世家——法師行靖與行紹傳〉，前引書，頁372～373。

〔註5〕 釋清竦的事跡，參見釋志磐的《佛祖統紀》卷第八〈十四祖高論尊者清竦傳〉，頁71上。義寂於天福五年參學清竦與玄廣的事跡，參見錢易：〈淨光大師行業碑〉，《卍新纂續藏經》第56冊《螺溪振祖集》，頁782c。

〔註6〕 《大正新脩大藏經》第50冊頁732b云：「華嚴一宗，付授澄觀，推（吉）藏為第三祖也。」

到密教傳承主義影響所致。〔註7〕在組織上，佛教仿傚家族宗法制度，以釋為姓，按其人在教派、寺院中的地位，分為始祖、二祖；又分直系、旁系與師叔伯、侄等。而唐以後的中國佛教的特質，是既重視繼承，也著重有創發性的理論。〔註8〕依佛法來看，佛教界特別重視僧人的戒、定、慧三學，以離俗勤修、嚴己度人為尚如湛然〔註9〕、澄觀〔註10〕，在晤恩法師的身上也可以見到這些古禪德的部份行止。至於教法與王法之間的關係，釋贊寧在〈唐圭峰草堂寺宗密傳〉後「系」曰：「或有誚密，不宜接公卿，而屢謁君王者。則吾對曰：『教法委在王臣，苟與王臣不接，還能興顯宗教以不？』佛言，力輪王臣是歟。今之人情，見近王臣者，則非之。曾不知近王臣人之心，苟合利名，則謝君之誚也。或止為宗教親近，豈不為大乎。寧免小嫌嫌之者，亦嫉之耳。若了如是義，無可無不可。吁哉！」〔註11〕晤恩法師的行持，與山家派祖師淨光義寂、四明知禮等，大為不同，所以各有各的成就。晤恩在天台宗的處境，有點似那慧苑（？～712？）在賢首宗的狀況，晤恩碰到的問題是天台學人的判釋宗教以及他在天台宗的地位；慧苑因法門改轉，而被

〔註7〕　玉城康四郎主編、許洋主譯：《佛教思想（二）在中國的開展》（台北：幼獅文化，民國74年6月），頁93引用渡邊照宏的說法。

〔註8〕　楊曾文〈從中國佛教在北傳佛教中的地位看當代中國的佛教教育〉，《第二界世界佛教論壇》文（慧海文化，2008年10月13日），http://big5.fjnet.com/gate/big5/www.wbf.net.cn/wbf/fjjy/5189.htm。

〔註9〕　釋贊寧：《宋高僧傳》卷第六〈唐台州國清寺湛然傳〉，《佛教大藏經》第75冊史傳部2，頁127云：「心度諸禪，身不踰矩。三學俱熾，群疑日潰。求珠問影之類，稍見罔象之功行。止觀之盛，始然之力也。天寶末、大曆初，詔書連徵，辭疾不就。當大兵大饑之際，揭厲法流，學徒愈繁。瞻望堂室，以為依怙。然慈以接之，謹以守之。大布而衣，一床而居，以身誨人，耆艾不息。建中三年二月五日，示疾佛隴道場。顧語學徒曰：『道無方，性無體。生歟死歟，其旨一貫。吾歸骨此山，報盡今夕，要與汝輩談道而訣。夫一念無相，謂之空。無法不備，謂之假。不一不異，謂之中。在凡為三因，在聖為三德。爇炷則初後同相，涉海則淺深異流，自利利人，在此而已。爾其志之。』言訖，隱几泊然而化。」

〔註10〕　釋贊寧《宋高僧傳》卷第五〈唐代州五台山清涼寺澄觀傳〉，《佛教大藏經》第75冊史傳部2，頁118云：「門人清沔記觀平時行狀云：『觀恒發十願：一，長止方丈，但三衣缽，不畜長。二，當代名利，棄之如遺。三，目不視女人。四，身影不落俗家。五，未捨執受，長誦《法華經》。六，長讀大乘經典，普施含靈。七，長講《華嚴》大經。八，一生晝夜不臥。九，不邀名、惑眾、伐善。十，不退大慈悲，普救法界。觀逮盡形期，恒依願而修行也。』」

〔註11〕　《佛教大藏經》第75冊史傳部2，頁141。

華嚴宗徒視爲叛出,而晤恩則被天台山家視爲山外,山家宗人判釋其爲山外宗之祖。晤恩的法門改轉舉動,在山家宗人提出天台定祖之說以後受到的影響頗深。〔註12〕但透過宋初山家、山外宗的諍論,卻也抬高了晤恩法師在天台宗的知名度,還有後人對其思想與行持的了解。

第一節　時代的環境

　　五代之時吳越國的僧家,能獲得王臣的重視與護持,大抵跟其人的道法、德行與學養大有關係,至於僧家所傳習的則是其次,天台宗在這種情況下面臨到新的處境。僧人出家之後,離開本師到國清寺、禪林寺、靈光寺以及慈光院參遊或受學,似必也體會到這種情況;但有的佛教學人,體會到維護舊宗派的傳承也有其必要,如德韶與延壽,因爲這些舊宗派也是佛法的精髓不可或棄,因此鼓勵會下學人去依止名師參學,並將所學加以發揮。有佛處急走過、無佛處慢慢行的特質,在晚唐到宋初的天台宗人身上得見。此外,天台宗人除了禪悟與禪講之外,也體會到經營道場的重要性,這在宋初的山家派學人身上得見;山外派學人,後來也體會到道場的重要性而勤於耕耘。法不孤立,仗緣、依處與得人而生。

　　晤恩法師,生於後梁乾化二年(912),卒於宋太宗雍熙三年(986)八月,享年七十五,僧臘五十五。其所處的時代,經歷了吳越國諸王的統治,還有吳越國版籍歸於宋朝(太平興國三年,978)後的數年。當時的宗教情勢,對晤恩法師是有所影響的。其人嚴守戒律,一生清苦,對弟子們的堂居,同那宋初時的禪室,立制嚴峻;集眾行懺悔法時,每潸然淚下,偏誨人以彌陀淨業;凡與人言,不問賢與不肖,都示以一乘圓意。〔註13〕他的思想與行爲,除了個人的人格特質之外,有其師承與學養,還有受到當時流行的諸宗教思想影響很深;或許可以說他吸收了當時佛教流行的一些行法,成爲他個人獨特的行持。而贊寧則認爲晤恩的操守如此嚴謹,必有其志行在。晤恩法師的行持,對於後來山外宗匠們的行化樹立了良善的風範;在道法的揚舉上,他的行實也給山家學人

〔註12〕邱柏翔〈佛教宗派的內部歧異思想研究——以華嚴宗慧苑與澄觀爲例〉,(嘉義:南華大學宗教學研究所碩士論文,民國95年6月),頁104～109。

〔註13〕釋贊寧《宋高僧傳》卷七〈宋杭州慈光院晤恩傳〉,《大正新脩大藏經》第50冊,頁752a;另見《高僧傳三集》卷第七,頁179;釋志磐《佛祖統紀》卷第十「高論旁出世家」〈法師晤恩傳〉,《佛教大藏經》第75冊,頁370。

帶來不少啓發，如道因人而弘傳、人依處乃能行化等。

一、王法與佛法

　　吳越國，是由臨安人錢鏐建立起來的。唐昭宗景福二年（893），以錢鏐爲蘇杭觀察史，發民夫二十萬及十三都軍士，築杭州羅城，周圍七十里；旋即被任爲鎮海節度史，後授命同平章事。吳越國獨立的形勢，從此開始，除了忠遜王錢弘琮（即位於天福十二年，947）之外計傳五主，武肅王錢鏐（852～932，光啓三年爲杭州刺史）、文穆王錢元瓘（932～941）、忠獻王錢弘佐（941～947）、忠懿王錢弘俶（948～978），從後唐昭帝景福二年（893）算起到宋太平興國三年（978），歷時八十六年。〔註14〕唐乾寧三年（896），錢鏐奄有兩浙，欲北取楊行密，南取王審知，以圖霸業；時方術游說之士，輻湊其國，而佛、道中精通術數者，道法孤高者，德紹望重者，同受到禮重。由於錢鏐保境安民，較它國有力，各地避難僧侶，聞風而至，建道場興教法。時值戰亂離喪之際，人民畏亂心虛，群求冥福，不吝梵施，因此會昌法難後苟延殘存的教法，得以在吳越地區生根、發展。〔註15〕至於吳越諸王與佛教的關係，黃繹勳在〈吳越諸王（893～978）與佛教〉一文中說：

> 吳越建國初期，藉由錢鏐之建佛寺和護持佛教僧人等活動，我們可看出其個人之宗教信仰，佛教之持咒法門提供了他鞏固國土之依靠，佛教超度亡靈之思想和儀式也幫助錢鏐疏解其在戰場殺戮之罪惡感。之後，佛教亦提供了信仰的管道，讓錢元瓘等諸王表達他們求現世安穩，來世解脫的期望。最後，吳越降宋前，錢弘俶藉由立陀羅尼經幢，抒發其保疆衛國的心願。因此，吳越諸王與佛教之關係，隨不同時期而改變。吳越諸王護持佛教的動機包含了他們的政治意圖，但部份應該是出自於他們個人對於佛教的信仰。對於佛教發展而言，錢氏諸王的貢獻甚大，他們廣建佛寺經幢，因此在吳越地區提供了佛教僧人一個安定和護持的環境，也使一般民眾得以有機會親近寺院、僧人和佛法，對於佛教之普遍弘揚非常有幫助。最後，忠懿王錢弘俶遣使收集流散海外之佛教典籍，他並使吳越地區

〔註14〕李唐《五代十國》「吳越國」（台北：國家出版社，民國80年9月），頁60～65。
〔註15〕賴建成《吳越佛教之發展》，（台北：中國學術著作獎助委員會，民國79年4月），頁227。

之佛教免於後周世宗毀佛之難。〔註16〕

吳越國對宗教的管制，是因襲唐代的成規，管制宗教極爲嚴密，不許人民祭祀淫祠或者是私建道場。國家破淫祠與私建道場的最好方式，是封嶽瀆爲王侯，賜給扁額。地方有宗教性活動，必由僧官、郡守、宰相逐層上報。宮觀寺院的建立，必先請示郡守，國主常派掛名「勾當」、「都勾當」頭銜的官員或僧官監工，寺成給額，或派僧官住持。吳越國境內，是否有私度情事，不得而知，但觀察吳越國自立國以來，即有臨壇大德與戒壇之施設，可以知道不允許私度。〔註17〕吳越國管理宗教有其一套規制，所以各宗教在王法之下都能平和地發展。國主保境安民，宗教安輔人心，各自有其目標，而遂其願行。至於吳越諸王治國的態度，李唐在〈吳越國〉一文中說：

> 它橫貫唐末以及整個五代，直到北宋開朝建國才完結，它是十國中最長命的一個國家；除了前期錢鏐與楊行密之爭，在後期說來，它是十國中最安定的一個國家。它兼有兩浙（浙東、浙西）、蘇南十三州土地，這裏生產發達，經濟繁榮。在錢鏐時期，他修築錢塘江的石隄（從六和塔到艮山門），掘平了之江中阻礙航運的礁石，把杭州城擴建得很大。因爲他是莊稼漢出身，故也很懂農田的利弊。他興修水利，造龍山、浙江兩個大閘，防止海潮湧入內河。圍繞在杭州的衛星城，如嘉興松江、嘉善，以及沿長江的太倉、常熟、江陰、武進等縣，一河一浦，具有堰閘，不怕水災旱災。尤其是錢鏐和他的子孫，都是穩紮穩打，雖建國而不稱帝，上面總是頂著一個皇帝。
> 〔註18〕

到了宋太宗太平興國三年（978），宋朝已經立國十八年了，十國之中八國被她所滅，吳越王錢弘俶上表宋太宗請求授官、賜爵，但卻被宋太宗所拒絕。錢弘俶的宰相崔仁冀十分明白宋太宗的想法，便與錢王和其他官員商安，爲免浙東兵禍錢弘俶於是赴京，納吳越十三州的國土、軍民給宋朝，完全體現其祖父武肅王錢鏐的遺訓：「中國有眞主出現時，應速速歸附，免動干戈，即是愛民。」〔註19〕宋太平興國三年（978）五月，錢忠懿王以吳越國版圖奉獻

〔註16〕黃繹勳〈吳越諸王（893～978）與佛教〉，《中華佛學學報》第17期（台北：中華佛學研究所，民國93年7月），頁124。

〔註17〕賴建成，前引書，頁227。

〔註18〕李唐《五代十國》，頁64～65。

〔註19〕諸葛計《吳越史事編年》，頁206。另見吳任臣《十國春秋》（台北：商務印書

給朝廷。〔註 20〕宋太宗欣然接受其納土，並且稱讚錢弘俶保全一方之功，兵
不血刃，有忠懿愛民之德。〔註 21〕

　　錢忠懿王舉國歸宋朝，使得民眾免於戰爭殺戮之厄，吳越國辛勤耕耘的
文化，幸得留存。〔註 22〕而吳越國諸王對佛教的影響，黃繹勳在〈吳越諸王
（893～978）與佛教〉一文「結論」中說：

　　　吳越諸王護持佛教之動機包含了他們的政治意圖，但也應出自於他
　　　們個人之佛教信仰。其弊可讓佛教僧團和僧人引以為借鑑，審思如
　　　何權衡政教權力互動之關係；其利處，從弘揚佛教之觀點來看，是
　　　遠勝於弊的，吳越諸王的護法政策，使得吳越地區在寺院之建設和
　　　僧人之護持上，都保存和奠定了佛教在宋朝繼續發展之良好基礎。
〔註 23〕

吳越國諸王對佛教的政策，使得一些道人潔身自愛以高尚其志，與王公或僧
官往來的僧家也都心存謙卑與濟度之心，天台宗的晤恩與義寂就是實例。然
吳越國歸宋朝之後形勢就大為不同，天台宗受到集權統治與正統論的影響，
教內形勢由是轉變，立祖道、爭正統由是產生；而在教法上，天台宗人也要
對三教合一的情況產生一些對策。這也就是說，從晚唐到宋代中葉天台宗的
法門不斷地在改轉，從止觀傳習到義學興起、禪教合流，從以山外宗派為主
流思想轉向漸強調以山家宗為主與一家之學的強調。

　　時天台宗經會昌滅法以及五代的離亂，教典多遭堙滅，僅在觀行方面有
物外、元琇、清竦等師弟相承，清竦之後才逐漸改變這種趨勢。就天台山僧
家來說，義寂（919～987）的出世，意味著天台山祖道後繼有人，所以他們
要加以慰留，後義寂在天台山螺溪傳教院開山，更表示天台宗的山家有了新
的局面出現，而這新的局面是不同於傳統的天台山僧家。五代末年，義寂得
錢王與國師的大力護持，或許錢王與德韶也跟天台山的僧家們同樣期盼義寂
來振興祖道。義寂曾多方網羅佚典，但所得有限，乃轉求德韶國師發慈悲心
加以援助。德韶為此疏文給忠懿王，王遣使齎書赴日本、高麗國求取天台教

　　　館，民國 71 年）卷第八十二。
〔註 20〕范坰《吳越備史》卷四〈今大元帥吳越國王〉（台北：商務印書館，民國 65
　　　年 3 月），頁 41。
〔註 21〕吳任臣《十國春秋》卷八十二。
〔註 22〕賴建成，前引書，頁 230。
〔註 23〕黃繹勳，前引文，頁 142。

典。高麗國令諦觀奉來教籍；教籍既取回，王協助義寂修建螺溪道場，給額定慧，並賜師號淨光法師。〔註24〕義寂在天台山修學，初掛籍天台山禪林寺，而螺溪道場則從後周顯德初（954）始建，於宋太祖乾德二年（964）八月法堂完成，義寂率學徒二十人居之〔註25〕，其法緣才逐漸興起。

　　義寂在天台山螺溪傳教院興教，已經是宋初的事情。義寂想進一步確定天台祖道，所以他就請諡天台諸祖，得到帝王的回應是智者被諡爲法空寶覺尊者，灌頂被諡爲總持尊者，湛然被諡爲圓通尊者。〔註26〕由此可以見到一種現象，那就是錢王與德韶的謹慎，因爲當時吳越國境內還有其他流派，尤其是晤恩與皓端一系法緣極盛。雖然義寂是受到王臣的厚愛與護持，但要維持宗教界的平和，對於天台諸祖只能從智者諡到湛然爲止。而龍樹、慧文與慧思未能得到諡號〔註27〕，這可能跟智者以上與湛然之下的教法，跟天台祖道（教觀）有別的緣故。對於初祖到三祖的問題，除了龍樹是遙追之外，山家人稱四祖開始的教法是「法門改轉」〔註28〕，因爲慧文與慧思之學屬於定學，而智者以下的天台教法有偏重在義解的傾向存在，如定學不得力則易成爲「求解行行」的義解僧人，行多方便。因此，九祖湛然以下天台宗的傳人，從被尊爲禪師而轉稱法師，大有別於禪門的禪師，這是其來有自的。此外，在教法上不如禪門善巧與單刀直入，所以悟入圓頓止觀者罕見，更遑論得其門而又能領宗得意者。因此天台宗的行法有輔之以念佛、持咒、拜懺或念誦《法華經》者，這關涉到行人的根器與修學之次第問題。天台宗山家們爲了解決上述問題，而採取了禪、教合流的趨勢以因應之，因此在五代中葉天台宗山外宗派就逐漸成形了。

　　當時的山外宗派，除了保留《法華經》的思想與止觀行法之外，進一步融攝了華嚴思想與禪宗的行法，而成爲五代中葉到宋代初年天台宗的主流學

〔註24〕釋志磐《佛祖統紀》卷第八〈十五祖淨光尊者義寂傳〉，《佛教大藏經》第75冊史傳部2，頁345；釋贊寧《宋高僧傳》卷第七〈宋天台山螺溪傳教院義寂傳〉說及求取教籍事，與釋志磐的說法不同；關於求取教籍問題，另見賴建成：《吳越佛教之發展》「第四章吳越佛教對文化之貢獻——第四節與日韓文化之交流」，頁208、頁214～215。

〔註25〕錢儼〈建傳教院碑銘〉，《卍新纂續藏經》第56冊《螺溪振祖集》，頁780c～781b。

〔註26〕《佛祖統紀》卷第七諸師本傳。

〔註27〕《佛祖統紀》卷第八「興道下八祖紀第四」，前引書，頁343。

〔註28〕《佛祖統紀》卷第六〈二祖北齊尊者慧思傳〉，前引書，頁323。

派，此山外宗的法緣延續到宋代中葉才逐漸沒落。這學派的宗匠，在宋代初年同樣受到時人所仰重，因此釋贊寧在撰《宋高僧傳》時（太平興國七年到端拱元年，982～988），從物外以下的祖師如元琇、清竦、義寂的付授問題就沒有提及，因為晚唐到宋初天台宗尚有其他流派的傳承在流行，而義寂系不是主流學派。但山家宗談到這段歷史，則說：「一家之教鬱而復興，師（義寂）之力也。」〔註29〕這是站在山家宗的立場，來談他們在當時的處境。談到晤恩，山家宗則說他重新恢復台教的談妙遺音，「使法華大旨昭著於世」，晤恩師之力也。〔註30〕對於晤恩的功業，山家宗學人是承襲著釋贊寧在《宋高僧傳》卷第七〈晤恩傳〉上的說法，但似乎沒甚麼改變，但談到義寂時卻大有文章在，他們的目的主要是在述說山家宗的傳承與祖道。要述說以山家宗為主的傳承，勢必也要建立所謂的師弟相傳的止觀傳習，因此有所謂某個年代某祖師傳給某師匠止觀法門的記事，而這些傳習記事未必都是真切的。

　　從九祖湛然以下所云的第十祖道邃到第十七祖知禮，皆是釋志磐私諡為某某尊者的，這在《佛祖統紀》卷第八言之甚明。這種私諡祖師的事情，在錢氏有國之時是不可能存在的，因為吳越國對於宗教的管理是相當嚴明。儘管國主對於宗教管理嚴格，然錢王對天台宗也有所護持，釋志磐在《佛祖統紀》卷第十〈吳越忠懿王錢弘俶傳〉中云：「西湖南北山諸剎相望，皆忠懿之創立也。尊事沙門，若天台（德）韶國師、永明（延）壽禪師，皆待以師禮，又嘗召螺溪（義）寂法師。至金門建講，問智者教義，以典籍不全。慨然遣使齎重寶，求遺書於高麗日本。於是，一家教卷，復見全盛。螺溪（義寂）得以授之寶雲（義通），寶雲（義通）得以傳之四明（知禮）。而法智（知禮），遂專中興之名。推原其自，實忠懿護教之功為多也。王嘗造金字《法華經》二十部，散施名山（今國清所藏是其一）。」且述曰：「清獻趙公有言，錢氏五王三世，凡百年。當天下大亂，以數州之地盜名字者甚眾，獨吳越奉屢朝之正朔，不絕貢獻，不失臣節。暨皇宋受命，又能封府庫籍郡縣，請吏於上。仁足以保民，智足以全族，唯錢氏一門耳。」〔註31〕山家宗強調天台宗的法脈，由義寂承自清竦，使天台山台教的傳統沒有墜落，這種現象也說明了天台宗多靠王、臣的護持，所以山家宗學人除了讚誦錢王的仁慈與智慧之外，

〔註29〕《釋門正統》卷第二〈義寂傳〉，前引書，頁761下；釋志磐《佛祖統紀》卷八〈十五祖淨光尊者義寂傳〉，《佛教大藏經》第75冊史傳部2，頁345。

〔註30〕《釋門正統》卷第五〈晤恩傳〉，前引書，頁761下。

〔註31〕《佛祖統紀》卷第十〈吳越忠懿王錢弘俶傳〉，前引書，頁374。

也稱誦祖師清竦的地位與操持,因為其會下有高徒義寂出世,使法統得以接續。關於清竦,《佛祖統紀》卷第八〈十四祖高論尊者清竦傳〉上說:「清竦,天台人。依(元)琇法師精思止觀,日夜不懈。及繼主國清,說行兼至。時錢氏建國,吳越天台一境有同內地。師領眾安處,屬其志曰:『王臣外護,得免兵革之憂。終日居安,可不進道以答國恩。』每長日臨座,高論不已,眾莫敢有倦色。門人世業者,義寂、志因、覺彌。」〔註32〕清竦在國清寺演教,廬山慧遠(334～416)課徒的故事〔註33〕在天台宗人的身上依稀得見。此外,山家宗的志磐把清竦門人義寂之名列在志因之前,這標示著山家宗認為清竦會下的上首弟子是義寂,貶抑山外宗的意圖是明顯的,因為山外宗祖師晤恩的法席來自志因,所以晤恩的道法算是旁出,以天台山的山家而言錢塘僧家算是山外,有區別的意味在。。

　　總之,吳越國忠懿王之時,法眼宗的德韶與延壽護持天台宗甚力,兩人的禪教也影響到天台宗人的行持。吳越歸宋之後,吳越地區原本受到王公護持的禪門宗派轉趨沒落,尤其是溈仰宗與法眼宗,兩宗法脈不久就斷絕了,法運被天台宗山外宗派、禪門的雲門與臨濟兩宗所取代。〔註34〕宋初,天台宗人碰到了新的局面,禪法的變革、淨土的興起、真心說的流行,還有儒、道之學的興發,對天台宗人來說是一項新的挑戰。

二、宗派的情勢

　　佛教進入中國,中國化加深,到隋唐大乘佛法盛行起來,宗派思想相繼形成,有所謂的八宗(天台宗、三論宗、法相宗、律宗、華嚴宗、淨土宗、禪宗、密宗),但較之其他北傳佛教國家,中國佛教各派之間並非森嚴壁壘,互不相容,而是彼此吸收,互相包含。八宗中有淨土宗、律宗這樣的相當於寓宗的宗派。有的學者身兼二宗,例如密宗的一行,兼學天台宗;禪宗的神

〔註32〕《佛祖統紀》卷第八〈十四祖高論尊者清竦傳〉,前引書,頁345。

〔註33〕《世說新語》「規箴第十」云:「遠公在廬山中,雖老,講論不輟。弟子中或有惰者,遠公曰:「桑榆之光,理無遠照,但願朝陽之暉,與時並明耳。執經登坐,諷詠朗暢,詞色甚苦,高足之徒,皆肅然增敬。」

〔註34〕關於法眼宗的沒落,參見賴建成《吳越佛教之發展》「第三章吳越之佛教情勢──五、法眼宗」(台北:中國學術著作獎助委員會,民國79年4月),頁119;前引書「第四章吳越佛教對文化之貢獻──第四節與日韓文化之交流」,頁215;另見賴建成《晚唐暨五代禪宗的發展──以與會昌法難有關的僧侶和禪門五宗為重心》「第八章法眼宗的師資──法眼宗門庭」(台北:中國文化大學博士論文,民國83年6月),頁461～462。

秀，兼學華嚴宗；華嚴宗的澄觀、宗密，兼承禪宗；律宗的鑒眞，兼傳天台宗等。〔註35〕但因爲一乘佛教不能忽視「成佛之道」的實踐，天台學、華嚴學、唯識學等偏重學解的佛教，就越專門化，思想越深，非一般大眾所能信受。佛教三武一宗法難，對這些偏重學解的宗派，影響最爲嚴重，因爲學解佛教不能不需要龐大多數的經、論與釋註。〔註36〕五代以來，佛教各宗派中主要是禪宗在流行，其次是淨土宗，天台、華嚴、律宗的法緣也尚未斷絕。〔註37〕而學名數、教相之學，也不乏弘揚之人，因爲它關係到對性具與法相的詮解，而天台宗人在習止觀之前，多先修習名數與南山律學。

（一）律宗與南山律鈔

晚唐宋初，在吳越地區展開的佛教，除了天台宗人之外，還有不少門派與論師，以及一些異行僧人。首先來看律宗，釋志磐在《佛祖統紀》卷第七〈九祖荊溪尊者湛然〉傳後，贊曰：「不有荊溪，則慈恩、南山之徒，橫議於其後者，得以並行而惑眾矣。師之言曰：『將欲取正，舍予誰歸。』誠然哉，寶訓也。」〔註38〕德山楊鶴在〈佛祖統紀敘〉中云：「志磐法師《佛祖統紀》一書歷序，從上諸祖授受淵源支分派別。亦如一花五葉，傳衣受記歷歷分明。自是天台一家眷屬，又廣之以華藏世界天宮地獄諸圖，蓮社諸賢，往生僧尼，其於法運通塞，尤惓惓三致意焉。用心良亦勤矣，其意直欲薪盡火傳，燈燈相續。耳近日宗門盛行，講律或廢。不知如車雙輪，如鳥雙翼。后之紹統者，若眞如天台深入法華三昧，親見靈山一會，儼然未散。棒喝狂禪，皆當反走矣。是伊仲刻統紀意也。」〔註39〕釋志磐提到九祖荊溪湛然的功業，對唯識、律宗之學頗有微言，但禪、講、律如德山楊鶴所比喻的，如車子與兩輪，是缺一不可的。宗教史事的發展，卻不似釋志磐所說的那樣宗派對立而孤行，名數、南山之學在後世仍然盛行，而影響到天台宗學人。

天台九祖湛然（711～782），曾受學於律宗相部的曇一（692～771）。〔註40〕中晚唐之時，相部律宗在會稽與吳郡極爲盛行，當時的天台僧人或如國清寺

〔註35〕楊曾文〈從中國佛教在北傳佛教中的地位看當代中國的佛教教育〉，2008 年10 月《慧海文化》。

〔註36〕西義雄〈盛期的禪思想〉，玉城康四郎主編、許洋主譯《佛教思想（二）在中國的開展》（台北：幼獅文化出版，民國 74 年 6 月），頁 232～233。

〔註37〕方立天《中國佛教與傳統文化》（上海：人民出版社，1988 年 4 月），頁 87。

〔註38〕《佛教大藏經》第 75 冊史傳部 2，頁 342。

〔註39〕《佛教大藏經》第 75 冊史傳部 2，頁 230。

〔註40〕《宋高僧傳》卷第十四〈唐會稽開元寺曇一傳〉，《高僧傳三集》，頁 378。

的湛然與文舉（760～842），通曉《四分律》學與《法華經》疏義，文舉於「四威儀中無非律範，丹丘兩眾仰為繩準。」敕任國清寺大德，置莊田十二頃，至使金光明會之所需，不聞告乏。〔註41〕國清寺後毀於會昌法難，大中後復建〔註42〕，值天下離亂，盛況不如從前，至晚唐元琇之時，學徒忽聚忽散，得定慧之學者，唯清竦、常操兩人，因承事日久，洞達無遺，繼世名聞於後。〔註43〕但當時的台教人士，多是戒德皆美者，乃能在吳越地區延續發展。相部律宗與南山律宗，在晚唐時各出現宗匠允文與丹甫。允文（813～882）居會稽開元寺，門人懷益等從師之志，贊寧作《宋高僧傳》時曾見其法孫可翔，苦節進修。〔註44〕丹甫居越州開元寺，贊寧在《宋高僧傳》卷第十六〈唐越州開元寺丹甫傳〉中說：「越自曇一玄儼之後，罕能追躡。甫之聲塵，邁於前烈，然爾時允文匠手，相部風行。甫介於大律之間，行事之時，草從風偃焉。咸通末，出門生智章等傳講。」會稽風土的特色之一，是律範的淵府，因出道宣南山律學一系因出丹甫唱導，從之者眾，到贊寧作《宋高僧傳》時，法嗣仍在。〔註45〕而吳郡有破山寺，歷來多名僧與古蹟，如文舉、體如塔、彥偁救虎閣，還有跟晤恩法師有關的宗教院。〔註46〕

　　錢鏐有國時，即與佛教僧人關係密切，因此他深知掌控佛教僧侶人數及資質的重要，因而介入僧團設立戒壇之事宜，每受戒壇度僧，必召請明律之大德監壇，並命住某寺院。如唐乾寧元年（894）慧則（835～908），至明州育王寺，撰塔記，出《集要記》十二卷，武肅王錢鏐命於越州臨壇。〔註47〕後梁乾化初年（911）杭州龍興寺開度戒壇時，召鴻楚（858～932）臨壇，錢鏐並奏薦梁太祖賜鴻楚紫衣并號。〔註48〕乾化中（911～914）會稽開元寺度戒時，命虛受（？～929）擔任監壇選練，錢鏐亦上表于後梁薦其紫衣。〔註49〕

〔註41〕《宋高僧傳》卷第十六〈唐天台山國清寺文舉傳〉，前引書，頁421～422。

〔註42〕《嘉定赤城志》卷第二十八，頁14下；《天台山方外志》卷第四，頁3。

〔註43〕釋志磐《佛祖統紀》卷八〈十三祖妙說尊者元琇傳〉，《佛教大藏經》第75冊史傳部2，頁344。

〔註44〕《宋高僧傳》卷第十六〈唐會稽開元寺允文傳〉，前引書，頁242～424；前引書卷第十六〈唐越州開元寺丹甫傳〉，頁420云：「甫之聲塵邁於前烈，然爾時允文匠手，相部風行。」

〔註45〕《高僧傳三集》，頁419～420。

〔註46〕《吳郡圖經續記》卷中〈寺院──興福寺〉；《破山興福寺志》卷二。

〔註47〕《宋高僧傳》卷第十六〈梁京兆西明寺慧則傳〉，《高僧傳三集》，頁424。

〔註48〕《宋高僧傳》卷第十六〈梁溫州大雲寺鴻楚傳〉，前引書，頁685。

〔註49〕《宋高僧傳》卷第七〈後唐會稽郡大善寺虛受傳〉，前引書，頁160。

後唐天成二年（927），錢鏐並命景霄（？～927）赴北塔寺臨壇。〔註50〕因為對宗教管制的關係，吳越國對於律宗行人極為重視，使得律宗在吳越地區得到廣泛的發展，且為僧人所依止。禪宗學人，如文喜、懷省、虛受、從禮、彙征等高僧，都精研律部。〔註51〕吳越地區律宗的情勢，除了彥偁、允文之外，以弘化南山律為主軸。彥偁（816～914）居蘇州破山興福寺，鳩集同好講導，所在之地被稱為毗尼窟。〔註52〕允文（813～882）而傳南山律鈔的有西明慧則（834～908）、越州元表（兩人皆玄暢弟子）、越州智章（揚州省躬嗣孫）、蘇州會清、傳朗（常達門人）、越州行滔（師事婺州智新）、秀州皓端（依明州希覺）等分燈弘化，而以慧則法系下的贊寧（919～1001），最孚眾望，成就卓著，吳越國歸宋朝之後護教亦最力；元表法系下出昭慶允堪（1005～1061）、靈芝元照（1048～1116），以杭州為中心闡揚道宣的學說；律宗因為諸師的慈力，使得律學得以延續，至宋代更加振興。〔註53〕對於律宗的形成與影響力，方立天在〈隋唐宗派佛教的創造和繁榮──七、律宗〉文中說：「到唐代國家統一，佛教內部也需要實行統一的戒律，以加強自己的組織，在這種情況下道宣創立了律宗。（中略）他把戒分為止持、作持兩門。止持是諸惡莫作的意思，規定比丘二百五十戒、比丘尼三百八十四戒。作持是諸善奉行的意思，包括受戒、說戒和行住坐臥的種種規定。（中略）我國佛教由於道宣律宗的流行，僧人在修習大乘三學時，仍重視遵行上座部戒律的止作二持。」〔註54〕至於律宗在晚唐到宋初的情形，自五代起南山律宗盛行於江浙一帶，中心移到杭州；北宋時允堪曾作闡釋道宣《行事鈔》的《會正記》，後來繼承這一系的稱為會正宗。允堪的再傳弟子元照，取天台學說來講律，也作《行事鈔》的注釋，稱《資持記》，但對於一些行儀和元堪的《會正記》的解釋不同，於是另立資持宗，此宗後來獨盛，傳承久遠。〔註55〕

　　當時由學律宗轉向止觀者，有吳郡嘉禾靈光寺法相會下學人。後跟山外宗關係密切的靈光寺，為釋寶安所建，他俗姓夏，江蘇常熟人氏。出家後專

〔註50〕《宋高僧傳》卷第十六〈後唐杭州眞身寶塔寺景霄傳〉，前引書，頁428。

〔註51〕關於律宗在吳越地區的發展，參見賴建成《吳越佛教之發展》第三章〈吳越佛教之情勢第一節宗派──六律宗〉，頁128～131。

〔註52〕《宋高僧傳》卷第十六〈梁蘇州破山興福寺彥偁傳〉，前引書，頁425。

〔註53〕賴建成，前引書「第五章・結論」，頁228～229。

〔註54〕方立天《中國佛教與傳統文化》（上海：人民出版社，1988年4月），頁74～75。

〔註55〕方天立，前引書，頁89。

習禪定,深有所悟。其遊歷五台山後,很感嘆南方沒有此等氣勢的寺廟,於是他就模仿五台山的建築修建了靈光寺,會昌法難時寺毀。〔註56〕靈光寺有法相律師,七歲投師受經法,三浹旬誦通《法華》全部。唐大曆中,往長安安國寺得滿足戒,便於上京習毘尼道,諸部同異無不該綜,涉十一載蔚成其業。傳法東歸,請學者如林,吳郡太守奏於開元寺置戒壇,相預臨壇之選。尋充依止,兼眾推為寺綱管,恒施二眾歸戒。行佩漉囊,器不畜長,每有鳥棲于座側,馳斥不去。唐武宗會昌元年(841)二月十日午時三刻,告弟子清潀、清高云:「吾當滅矣!」儼然累足右脅而逝。清高有弟子公靜,公靜弟子行蘊,行蘊弟子仁表,仁表弟子玄杲。玄杲同鴻啓重修靈光一寺,兩人後偕隱天台習禪觀,相次終于山,焚之皆獲舍利。〔註57〕兩人雖在天台山學習禪觀,但不被山家宗學人列為台教人士。

　　五代宋初之際,學律宗後轉入台教的人士有皓端、晤恩、義寂、知禮、咸潤、遵式。通律部學禪法,後轉入台教的人士,有行靖、行紹。〔註58〕而華嚴與禪門,對天台宗人影響也深。如義通在朝鮮學《華嚴經》與《起信論》,到中國之後參德韶禪法,後入天台山入義寂之門。〔註59〕而願齊法師,初傳台教之道,精研止觀,後參德韶禪法,發明玄奧,又為法華紹巖弟子,曾為義寂建立天台山螺溪道場。〔註60〕

(二)禪宗與淨土唸佛

　　晚唐五代,變亂交迫,教下天台、華嚴、法相與密宗又遭逢會昌滅佛之難,致使法相與密宗法脈在中土成了絕響,但在日本卻獲得延續發展。佛教在遭受三武一宗的打擊之後,最後好不容易保存下來的是禪宗系與念佛系的佛教。〔註61〕「會昌破佛不但使許多佛教典籍失傳,而且使僧侶生活困難,那時只有禪門有可以維持生活方法。」〔註62〕而念佛與參禪,則更接近民眾根性,且因山邊水涯皆可參禪、念佛,不須立道場,故能流傳久遠。〔註63〕

〔註56〕《宋高僧傳》卷第三十〈唐嘉禾靈光寺寶安傳〉,《佛教大藏經》第75冊史傳部2,頁800。

〔註57〕《宋高僧傳》卷第十六〈唐吳郡嘉禾靈光寺法相傳〉,前引書,頁420~421。

〔註58〕《佛祖統紀》卷第十〈淨光旁出世家——法師行靖與行紹傳〉,前引書,頁372。

〔註59〕《佛祖統紀》卷第八〈十七祖法智尊者知禮傳〉,前引書,頁347。

〔註60〕《佛祖統紀》卷第十〈法師願齊傳〉,前引書,頁373。

〔註61〕玉城康四郎主編,前引書,頁233。

〔註62〕玉城康四郎主編,前引書,頁234。

〔註63〕黃公偉《中國佛教思想傳統史》,(台北:獅子吼雜誌社,民國61年5月),

會昌法難後，佛教發展的一些命脈，多賴這兩個宗派人士來維繫著。吳越地區之禪家，多出自馬祖道一與石頭希遷法系。馬祖法系下出潙仰、臨濟兩宗，石頭法系出法眼、雲門、曹洞三宗。禪門五宗皆與吳越地區關係密切，臨濟宗雖在曹州行化，但五代時振興宗風者卻是餘杭人風穴延沼。雲門宗行化於韶州，開宗的文偃禪師爲秀州人，承睦州觀音院陳尊宿家風。潙仰宗有徑山洪諲、無著文喜、清化全付等僧家，得錢王仰重，但氣勢旋爲法眼宗所取代。唐昭宗時，雪峰義存曾率徒入台州、明州弘化，後雖返回福州，然其門下在吳越地區行化甚力。義存法系中以清涼文益、天台德韶、永明延壽的法眼宗，最爲傑出，因德韶爲國師，在忠懿王時且得王室護持，皈依日眾，成爲最大宗派。〔註 64〕德韶所弘傳的法眼宗，因爲德韶與延壽護持天台宗之故，不少法眼宗寺院的學人轉向修習台教，學成之後回到寺院開演台教。

　　釋志磐在《佛祖統紀》中，對禪宗沒多加批判，因爲天台宗的復興，多仰賴法眼宗天台德韶（891～972）的關照。錢氏有國時，禪家已不復寓居律寺，而另闢禪居，凡湖山勝水之地，多見禪門人物的梵修。天台山原係天台宗的聖地，但因會昌法難後教典散佚，持定慧之業者寡，地盤漸被律宗、禪宗與修淨土業者所佔據。逮到德韶國師入主國清寺，國清寺成爲禪宗道場。法眼宗的德韶雖在天台山大興教法，亦助天台宗人求取佚籍，又興智者道場數十所。〔註 65〕天台宗因爲喪失祖師道場國清寺，乃轉移根本道場於天台山螺溪定慧寺以及錢塘慈光院等，聲勢不如禪宗熾盛，但英材已經輩出，宗匠講學頗盛，如晤恩被時人稱爲義虎。當時吳越境內，僧侶受持密咒的風氣極盛，禪門受持者更多，異行僧都受錢王所禮重。〔註 66〕密咒的行持與懺儀之行法，也在山家宗的僧家中流行；而山外宗智圓所倡導的寺院結界的行法，看似是律宗的行法，或也是受到密宗的影響。由此可見，當時台、禪、淨、密、律的行法，是互相在融攝之中，而形成僧家們個人的獨特行法。

頁 160。

〔註 64〕賴建成《吳越佛教之發展》「第五章結論」，（台北：花木蘭文化出版社，2010年 3 月），頁 106。

〔註 65〕《宋高僧傳》卷第十三〈宋天台山德韶傳〉，《大正新脩大藏經》第 50 冊，頁 789b；另見《高僧傳三集》，頁 339。

〔註 66〕關於吳越境內的密教活動，參見賴建成《吳越佛教之發展》第三章〈吳越佛教之情勢第一節宗派──九、眞言宗〉，（台北：中國學術著作獎助委員會，民國 79 年 4 月），頁 137～140。

（三）慈恩宗

唯識宗所宗的主要經論，有六經、十一論：六經，是指《華嚴經》、《解深密經》、《楞伽經》、《密嚴經》、《如來出現功德莊嚴經》、《阿毘達磨經》。十一論者，《瑜伽師地論》、《顯揚聖教論》、《大乘莊嚴論》、《攝大乘論》、《十地經論》、《分別瑜伽論》、《辨中邊論》、《二十唯識論》、《觀所緣緣論》、《阿毘達磨雜集論》、《集量論》。佛滅度於人間後，無著菩薩從彌勒菩薩受學五論，後造阿毘達磨（對法）論及顯揚聖教論，弘傳此宗。傳其弟世親菩薩後，世親復造《百法論》、《攝大乘論》、《往生論》、《唯識三十頌》、《二十頌》等。復過二百年許，護法、難陀等十大論師各釋唯識三十頌等宗旨。護法弟子戒賢論師，窮究瑜伽、唯識、因明、聲明奧妙，繼護法論師之後，盛弘此宗妙義於那爛陀寺。唐太宗貞觀年間，玄奘菩薩周遊天竺十七年，受學於戒賢論師等人，兼通三乘妙義及因明聲明之學，智冠全印。後堅辭供養，返唐盛弘此宗，大譯經論，雜揉十大論師之說，成就唯識正理，名爲《成唯識論》。有弟子窺基菩薩，親得玄奘究竟正義，亦擅因明之學，著作《唯識述記》，並廣疏經論，唯識一宗乃因玄奘師資，大弘於震旦。窺基弟子慧沼菩薩，繼承宗義，作《唯識了義燈》等論，評定諸師異論，佛教一時歸於宗門正義。慧沼弟子智周大師，復造《唯識演秘》等，以釋《唯識述記》玄旨，佛法大興。至晚唐傳承不明，宗風漸頹，不如禪宗之繼續闡揚，光耀門庭。

至於天台宗與法相宗的關係，一講法性，一講法相，對於行人來說兩者關係是密切，天台宗批評法相宗有教無觀，可見台家亦要瞭解法相透澈方能修習止觀圓頓。宣揚中道，中道就是本性，直探本性，就是法性宗，此宗派到中國後，像華嚴宗、天台宗，也都屬於性宗，直指人心，專門研究本性。研究心識如何來，心識怎麼變現萬法，從法的現象上面來研究，稱爲法相宗。在漢傳佛教大乘八宗之中，華嚴、法相、三論諸宗偏於教義理論的發揮，對於禪宗、律宗與天台的影響很深。

從晚唐到五代時期，北方尚見僧人弘揚或通達法相之學者，如玄約〔註67〕、彥暉（840～911）〔註68〕、歸嶼（862～936）〔註69〕、令諲（865～935）〔註70〕、

〔註67〕《宋高僧傳》卷第七〈唐絳州龍興寺木塔院玄約傳〉，《大正新脩大藏經》第50冊，頁746a。

〔註68〕《宋高僧傳》卷第七〈梁滑州明福院彥暉傳〉，《宋高僧傳三集》，頁155～156。

〔註69〕《宋高僧傳》卷第七〈梁東京相國寺歸嶼傳〉，前引書，頁157～158。

〔註70〕《宋高僧傳》卷第七〈後唐洛陽長水令諲傳〉，前引書，頁158。

眞誨（863～935）〔註71〕、仁楚、可止（860～934）〔註72〕、巨岷（857～949）
〔註73〕、恆超（877～949）〔註74〕、從隱（897～949）、夢江（？～956）〔註75〕、
智佺（881～963）〔註76〕。又有傅章，「俗姓彭氏，開封東明人也。厥父證，
即邑甸之上農也，塵務之外，正見不回。恒讀佛經，懸解詮旨。母邢氏嘗夢
入法宇，手探道器，因而娠焉。與父知懷非常之子，指腹誓令出俗。年甫十
一，乃禮本邑唯識師祕公爲師。一見異之，初授《淨名》、《仁王》、《法華》
三經。及削髮去周羅，隨祕公遊五臺，禮文殊應跡之地。其年受具，爲息慈
日，便於浚郊清朗法師座下，聽習法華經。後於睢陽道雅法師，重溫前業，
尋學唯識於本師，頗揭屬于義津法水。又親附副僧錄通慧，因明且臻其極章。
日誦三經兼二戒本，講貫訓徒向二十載，未嘗少輟。廣順中，左街僧錄廣智
大師，薦聞于周高祖賜紫方袍。大宋乾德二年（964），左街僧錄道深，薦于
太祖神德皇帝賜師號曰義明。俄示疾而終于本院，春秋五十五，法歲三十六。
未絕之前，命筆作偈警世，而贈諸朋執矣，所度弟子一十五人。以其年十一
月十六日，卜京之南原，用茶毘之法，薪盡火滅，得舌且不灰。眾歎戒德，
門人檀信共立塔焉，則開寶五年也。先是，厥父恒務《法華經》，終後焚之，
亦舌不壞，子父同驗，實爲罕有。」〔註77〕并州崇福寺佛山院有繼倫，「姓曹
氏，晉陽人也。弱齒而壯其志，勇其心，決求出家。本師授法華經，日念三
紙，時驚宿習，慧察過人。登戒之後，至年二十一，學通《法華經》義理幽
賾，《唯識》、《因明》二論，一覽能講。由是著述其鈔，至今河東盛行三講。
恒一百五十餘徒，從其道訓。又撰《法華鈔》三卷。其爲人也，慈忍成性，
戒範堅強，人望之而心服。以劉氏據有并汾，酷重其道，署號法寶，錄右街
僧事。寬猛相參，無敢違拒，以僞漢己巳歲冬十月示疾。心祈口述，願生知
足天，終後頂熱半日方冷。則開寶二年（969）也，享年五十一。闍維畢，淘
獲舍利，遠近取供養焉。」〔註78〕晚唐到宋初，不論北地或南方誦《法華經》、

〔註71〕《宋高僧傳》卷第七〈後唐東京相國寺貞誨傳〉，前引書，頁 162～163。
〔註72〕《宋高僧傳》卷第七〈後唐洛京長壽寺可止傳〉，前引書，頁 163～166。
〔註73〕《宋高僧傳》卷第七〈漢太原崇福寺巨岷傳〉，前引書，頁 166～167。
〔註74〕《宋高僧傳》卷第七〈漢棣州開元寺恒超傳〉，前引書，頁 167～169。
〔註75〕《宋高僧傳》卷第七〈漢洛陽天宮寺從隱傳（附夢江）〉，前引書，頁 171。
〔註76〕《宋高僧傳》卷第七〈漢洛陽天宮寺從隱傳（附夢江）〉，前引書，頁 171。
〔註77〕《宋高僧傳》卷第七〈宋東京天清寺傅章傳〉，前引書，頁 175～176。
〔註78〕《宋高僧傳》卷第七〈宋并州崇福寺佛山院繼倫傳〉，《高僧傳三集》，頁 176
　　　　～177。

講《法華經》義的風氣很盛行，唯識、因明之學亦不乏人在弘傳，因爲這三講都關涉到禪定的修持。而北方的台教，自從玄燭在晚唐大順初（890）傳法帝師之後，罕見宗匠出世，天台宗的命脈轉移到吳越國境內的宗匠。

至於吳越國境內的慈恩思想，則有虛受，其於廣明中（880～881）因京關盜據，逃難至會稽大善寺，「曾講《俱舍論疏》，有賈曾侍郎序，次僧圓暉序，皆著鈔解之。其文富贍，昔嘗染指知焉。受於《涅槃》辯而非略，仍多駁議小遠之疏，免爲青蠅之。餘則《法華》、《百法》、《唯識》各有別行義章。受性且狷急，與人不同。畜弟子無一可中，於後唐同光三年（925）終。」〔註79〕武肅王時，另有可周（？～926），晉陵人也。出家于本部建元寺，循良厥性切問于勤。友生勉之曰：「非其地樹之不生，今豫章經謂之江，論謂之海。胡不往請業乎？」周感其開導，挈囊達彼，遇雲表法師盛集，窮《法華》、《慈恩》大疏。日就月將，斡運深趣。昭宗初，自江西迴台越之間，命其啓發。梁乾化二年（912），受杭州龍興寺召請開演，黑白眾恒有半千。兩浙武肅王錢氏，命於天寶堂夜爲冥司講經，鬼神現形扈衛。以天成元年（926），終于觀音院本房。初後周乾寧四年（897）戾止台州松山寺，講疏闕鈔，遂依疏節成五卷，曰《評經鈔》、《音訓五帖解宣律師法華序鈔》一卷，行於浙之左右，弟子相繼不絕。〔註80〕另衢州有巨信論師，季宗投之，「學名數論，文義淹詳，且難詘伏，鋒芒如也。迨迴杭龍興寺，召講。時僧正蘊讓，給慧縱橫，兩面之敵也，與閭丘方遠先生、江東羅隱，爲莫逆之交也。見而申問，季作二百語詶之，讓正賞歎，遂請開講四十餘年。出弟子七八百人。後漢乾祐元年（948），疾終於杭州龍興寺本房。至宋初此宗越多弟子，講導不泯。」〔註81〕

婺州有雲法師，皓端從希覺習南山律之後，投雲法師「學名數一支，并《法華經》。後受吳興緇伍所請講論焉。兩浙武肅王錢氏，召於王府羅漢寺演訓，復令於眞身塔寺宣導。于時，有台教師玄燭者，彼宗號爲第十祖。端依附之，果了一心三觀，遂撰《金光明經隨文釋》十卷，由是兩宗法要，一徑路通。忠獻王錢氏，借賜紫衣，別署大德，號崇法焉。後誓約不出寺門，慕遠公之不渡虎溪也，高尚其事。僅二十餘年，身無長衣，口無豐味，居不施關，坐唯一榻。以建隆二年（961）三月十八日，坐滅于本房。」〔註82〕由此

〔註79〕《宋高僧傳》卷第七〈周魏府觀音院智佺傳〉，前引書，頁173～174。

〔註80〕《宋高僧傳》卷第七〈後唐杭州龍興寺可周傳〉，前引書，頁161～162。

〔註81〕《宋高僧傳》卷第七〈漢杭州龍興寺宗季傳〉，前引書，頁172～173。

〔註82〕《宋高僧傳》卷第七〈漢杭州龍興寺皓端傳〉，前引書，頁174～175。

可見，當時學台教者不僅學過律儀，連名數之學、念佛行都也攝用；此外，對於禪行與華嚴性起與隨緣思想也多所涉獵，晤恩會下的文備（926～985）就是個典型例子，而山家宗義寂系下的義通，也通《華嚴經》與《起信論》的思想以及禪門的特質，修學於義通座下的知禮乃能與山外派的宗匠們論戰。

（四）華嚴思想

賢首宗爲賢首大師法藏所創，所依經典爲《華嚴經》，故又稱華嚴宗，又因此宗發揮法界緣起之旨趣，或稱爲法界宗。此宗之傳承，一般作杜順、智儼、法藏、澄觀、宗密依次相承。至宗密合華嚴於禪，且有會宗之意〔註83〕。宗密（780～841）圓寂後，即有會昌法難，至於晚唐五代，已少有宗嗣，經過徹微、海印，法燈數傳，到宋初長水子璿（965～1038）、晉江淨源（1011～1088）、新羅義天師弟相傳，此宗方得振興。

晚唐到宋初，在吳越國境內研習《華嚴》的風氣很盛，宋初乃能出子璿重振賢首宗風。五代時，秀州有華嚴院，爲吳越都水使者錢綽所造，武肅王以誦《華嚴》僧居住〔註84〕。後漢乾祐中（948～950），師辯禪師結宇於台州慈溪白龍院，日誦《華嚴經》〔註85〕。宋乾德五年（967），閩僧惠研重理《華嚴李論》，立名爲《華嚴經合論》刊行，爲時人所重〔註86〕。杭州報恩寺永安（911～974），以《華嚴李論》旨趣宏奧，因將合經成一百二十卷，募人雕印發行〔註87〕。道潛參大法眼文益，與論《華嚴經》，頓了大事，周顯德初（959）忠懿王迎入西府，爲建慧日永明寺〔註88〕。清聳閱《華嚴經》感悟，承文益印可，宋開寶四年（971）忠懿王閱《華嚴經》，因詢天冠菩薩住處，大會高僧無有知者，清聳習聞其處，遂遣使至閩支提山，得《華嚴經》八十二本，隨奏請捐金建寺，鑄天冠銅客〔註89〕。同年，吳越將凌超於杭州五雲山創華嚴道場，恭請志逢禪師來主持〔註90〕。雷峰塔在杭州錢湖門外之南屏山麓，建於開寶八年（975），係忠懿王爲其妃黃氏而建，奉藏宮監禮佛之「佛螺髻

〔註83〕　《宋高僧傳》卷第六〈唐圭峰草堂寺宗密傳〉，前引書，頁136～141。

〔註84〕　《至元嘉禾志》卷第十〈明心院〉，頁11上；《雲間志》卷中〈明心院〉，頁9下。

〔註85〕　《寶慶四明志》卷第十七〈白龍院〉，頁19下。

〔註86〕　《宋高僧傳》卷第二十二〈李通玄傳〉，前引書，頁614。

〔註87〕　《宋高僧傳》卷第二十八〈宋杭州報恩寺永安傳〉，前引書，頁756。

〔註88〕　《景德傳燈錄》卷二十五〈杭州永明寺道潛禪師傳〉，前引書，頁107。

〔註89〕　《十國春秋》卷第八十九〈僧清聳傳〉，頁12。

〔註90〕　《十國春秋》卷第八十九〈僧志逢傳〉，頁14。

髮」，又鎮石刻《華嚴》諸經，圍繞八面〔註91〕。此外，杭州城外有華嚴院，晉天福中（936～947）建〔註92〕。台州天台縣有華嚴道場，宋乾德三年（965）建〔註93〕。明州鄞縣有華嚴院，後晉開運元年（944）建〔註94〕。越州新昌縣有二所華嚴院，一為後晉天福六年（941），另一為宋乾德六年（968）建〔註95〕。福州亦有一所華嚴院，乃宋開寶四年（971），忠懿王修支提山廢寺，給額大華嚴，捨金帛命所司建立，仍鑄天冠菩薩梵容，至宋開寶九年（976）十一月功成，命靈隱寺副寺主辦隆為寺主〔註96〕。總之，吳越諸王極重視《華嚴經》，境內杭、台、秀、越、明、福諸州，皆立有華嚴道場，忠懿王與永安、惠研二僧且曾刊刻《華嚴經》行世。吳越僧侶研習《華嚴》、《楞嚴》、《起信論》的風氣頗為盛行，因此僧侶中有以《華嚴》開悟者。宋初，吳越境內出長水子璿重振華嚴宗風，又經晉水淨源、高麗義天之弘傳，華嚴宗乃得復興。天台學人在此環境之下，勢必會接觸到《華嚴經》與《起信論》、《楞嚴經》的思想，是不容懷疑的，這種情況在山家、山外宗諍論之時就顯發出來。

而華嚴與禪的融涉，在法眼宗學人身上得見，尤其是永明延壽的禪、淨思想。〔註97〕至於天台學者，與華嚴、禪的關係，頗為深厚。有初學華嚴，見性在禪，行履在止觀，而回歸淨土者所在多見，義寂門下的寶雲院義通就是一個實例。〔註98〕而宋初天台宗出現山家、山外宗之爭，爭的不外「真、妄心觀」與「理、事」是一是二，山外派受華嚴唯心緣起的影響，主理圓說。而禪宗，對天台、華嚴、唯識學人影響亦深，至五代禪宗已走向本覺真性，心外無法，滿目青山，即境作佛〔註99〕。如德韶上堂示眾云：「佛法現成，一切具足，古人道：『圓同太虛，無見亦無餘。』」又云：「法身無相，觸目皆形；

〔註91〕 釋際祥：《淨慈寺志》卷第十三〈雷峰塔〉，《中國佛寺史志彙刊》第一輯第17冊，頁15～16。

〔註92〕 《咸淳臨安志》卷第七十七〈法寶院〉，頁14。

〔註93〕 《嘉定赤城志》卷第二十八〈大覺院〉，頁23。

〔註94〕 《延祐四明志》卷第十七〈廣嚴院〉，頁6。

〔註95〕 《嘉泰會稽志》卷第八〈普門院〉，頁32上；同卷〈方廣院〉，頁32下。

〔註96〕 梁克家：《三水志》卷第三十七〈支提政和萬壽寺〉，《宋元地方志叢書》第12冊，頁8056。

〔註97〕 賴建成〈華嚴與禪的交涉——兼論如來禪與祖師禪〉，《法光雜誌》第179期專題（台北：法光禪寺，民國93年8月），第2～3版。

〔註98〕 《佛祖統紀》卷第八〈十六祖寶雲尊者義通傳〉，前引書，頁346。

〔註99〕 賴建成〈華嚴與禪的交涉——兼論如來禪與祖師禪〉，《法光雜誌》第179期專題第2～3版。

般若無知，隨緣而照，一時徹底會取好。」〔註100〕至延壽合會教說，著《宗鏡錄》一百卷，嘗謂弟子說：「先以聞解信入，後以無思契同。」又著《萬善同歸集》，其《唯心訣》云：「如知妙理，惟在觀心。恆沙之業，一念而能消。千年之暗，一燈而能破。」宋初台教與賢首日漸交融，因眞如隨緣問題，無論山家或山外派宗學人，都對《華嚴經》、《起信論》起了很大的關懷與研究。兩家之爭的核心，不是要不要隨緣，而是如何判釋眞如隨緣；這一個諍論，是隨伴著對天台思想傳統的詮釋而進行的〔註101〕，因此晤恩一系被知禮會下的學人判爲山外宗，如此可以見到山家宗的保守性與獨特性，以及其在義學發展上的局限性。

晚唐五代之時，天台宗在吳越地區較有發展，其他如北方的京師與少林寺，亦有台教人士在弘化，但氣勢總不如吳越地區來得方便，因爲天台山附近是天台宗人行化的大本營。會昌法難之後，天台宗的義學不發達，其傳承者仍以止觀爲主，而綿延不墜師道。釋志磐的《佛祖統紀》卷第八〈十四祖高論尊者清竦傳〉上說：「天台人，依（元）琇法師精思止觀，旦夜不懈。及繼主國清，說行兼至。時錢氏建國，吳越天台一境，有同內地。師領眾安處，屬其志曰：『王臣外護，得免兵革之憂。終日居安，可不進道以答國恩。』每長日臨座，高論不已，眾莫敢有倦色。」〔註102〕從佛教傳入中國，或說：「不依王法，佛法難存。」但亦有僧家，稟持不依王臣，而高尚其志。從清竦法師的會下志因與義寂兩系的志行，可以看出一點端倪，這標示著天台宗同時保有兩種特色。佛法的行化，往往是要不專一味〔註103〕，也要不捨一法〔註104〕，其教化因此得以更加深廣，傳承也能更加長遠。釋贊寧在看南、北禪宗之時，發出了感慨，他同時也關注著天台宗的發展，因爲他當僧官跟天台宗諸師很是熟悉。天台宗從會昌法難之後，發展出玄燭與物外兩系，玄燭下出皓端，物外次傳元琇、清竦，從清竦下衍生出志因與義寂兩系，這兩系有爭勝的意味在。贊寧在《宋高僧傳》隱約地說這兩大門派，若互相推重，

〔註100〕《景德傳燈錄》卷第二十五〈天台山德韶國師傳〉，《大正新脩大藏經》第51冊，頁409a。
〔註101〕吳忠偉〈宋代天台佛教的復興——山家山外〉，《中國天台宗通史》，頁395。
〔註102〕釋志磐《佛祖統紀》卷第八〈十三祖妙說尊者元琇傳〉（台北：台灣佛教出版社，民國67年3月），頁70下。
〔註103〕《宋高僧傳》卷第八〈唐荊州當陽山度門寺神秀傳〉，前引書，頁197。
〔註104〕《宋高僧傳》卷第十三「習禪篇·論曰」，前引書，頁343。

則佛法增明。〔註 105〕在吳越有國之時，靈光寺皓端系與慈光院晤恩系可算是互相推重的，因爲他們兩人是師徒關係，大有情義在，秀州靈光寺的僧人也到錢塘慈光院跟晤恩參學。而天台山的義寂系卻是不然，有追諡山家諸祖之舉，這種態度雖然沒有影響到晤恩師友們的功業，但這個舉動已表明了天台山山家們在爭正統性的味道。宋初，在山家義通會下出知禮與遵式兩神足，天台宗學派的這種平和發展型態終於被打破了。

三、山家的意識

　　在宋初，從晤恩發展出的學派，被後世學人稱爲山外宗，但當時的宗匠們還都是自稱爲山家的。據後世山家宗派所云的天台師資傳承，湛然依次傳道邃、廣修、物外、元琇。元琇在唐末，值僖、昭之世，天下方亂，學徒忽聚忽散，惟清竦、常操傳其學。常操主持明州國寧寺，依次傳義從、德儔，德儔傳慧贇、修雅。〔註106〕清竦則繼主國清寺講席，值錢鏐建國，師領眾安處，每臨座高論，屬人之志曰：「王臣外護，得免兵革之憂，終日安居，可不進道，以答國恩。」門人世業者，有義寂（或稱義寂，居天台螺溪傳道院）、志因（居錢塘慈光寺）、覺彌（居錢塘龍興寺）。〔註107〕天台宗經會昌滅法及五代離亂，教典多遭堙滅，僅在觀行方面有物外、元琇、清竦、義寂等師弟相承。義寂曾多方網羅佚典，僅於金華古藏中找到了《淨名》一疏，於是求德韶國師發慈悲心援助。德韶爲其疏文給忠懿王，王遣使齎書赴日本、高麗國求取教典，高麗國令諦觀奉來教籍。〔註108〕教籍既取回，忠懿王爲其在天台山建螺溪道場，給額定慧，並賜師號淨光法師，義寂亦請諡天台諸祖。〔註109〕淨光法師傳法弟子百餘人，外國有十人，知名者有宗昱（居天台國清寺）、澄彧、寶翔（以上兩師皆居錢塘廣教寺）、行靖、行紹（以上兩師居錢塘石壁寺）、瑞先（居天台勝光寺）、願齊（居溫州普照寺）、諦觀（居天台定慧寺）與義通。〔註110〕義通傳法弟子有知禮（960～1028，居明州延慶院）、遵式（964～1032，居杭州天竺寺）、異聞（居明州延慶院）、有基（居杭州太平興國寺）、體源（居明州廣慧寺）、清曉（居錢塘承天

〔註105〕《宋高僧傳》卷第十三「習禪篇・論曰」，前引書，頁342。
〔註106〕釋志磐《佛祖統紀》卷第八〈十三祖妙說尊者元琇傳〉，前引書，頁70下。
〔註107〕《佛祖統紀》卷第八〈十四祖高論尊者清竦傳〉，前引書，頁571上。
〔註108〕《佛祖統紀》卷第十，前引書，頁373。
〔註109〕《佛祖統紀》卷第八〈十五祖淨光尊者義寂傳〉，前引書，頁345。
〔註110〕《佛祖統紀》卷第十〈淨光旁出世家〉，前引書，頁365。

寺)、善信(居錢塘石壁寺)。〔註111〕義通門下的善信,曾住在石壁寺〔註112〕,而晤恩會下的源清有法子慶昭曾在石壁寺講學,有繼齊前來受學,依慶昭習《淨名大義》。源清(?～999)的另一法子孤山智圓,也與石壁寺僧家多所往來。以別子為宗的禪教寺院,包容性很大,如石壁寺,連雲門宗的契嵩都來參遊。

　　宋初,天台宗雖然振興,人材也輩出,然而爭法統與重視師說傳承的作為卻是極為盛行。自智者大師以來,以鑪、拂傳授為信物,後有契能法師得教旨於義寂會下的宗昱,為第十四代嫡傳;契能主天台常寧寺,晚年欲授信物給繼忠(1012～1082,居西湖法明寺),但繼忠得法於尚賢(後繼四明知禮主延慶院),他不敢接受而辭之,契能法師只好把祖師鑪、拂藏於天台道場。〔註113〕此外,皓端(890～961)曾依玄燭學一心三觀,玄燭在五代武肅王之世時(907～932)被彼宗稱為第十祖,然志磐的《佛祖統紀》卻說玄燭、皓端的傳承是不明的。〔註114〕此或志磐為廣智尚賢的十世法孫,為天台道統而不在意其他流派的傳承。志磐的思想模式,在〈契能傳〉上述說得很是清楚,其言:「在道不在鑪、拂也。夫鑪拂,祖師之信也,器傳之久,不能無弊。或以情得,或以力取,於道何預焉。(契)能師欲傳之扶宗,而辭不受,固也;藏之祖師行道之場,宜也。向使扶宗妄受,復妄傳,適足以起後人之紛爭,於道何在焉。」〔註115〕天台宗在宋初之後,因為反傳統的主流意識抬頭,法器與道法的問題,成了時代的課題之一,這也是山家宗得勢之後所要解決的問題,解決此問題的鑰匙在祖道與法緣,祖道與法緣之所繫在於「得其人」與「有其處」,也就是法子與道場很是重要。這讓人想起山外宗的祖師錢塘慈光晤恩,以及山家宗的祖師天台山螺溪傳教院的義寂、四明寶雲院的義通與延慶院的知禮,是一代宗匠,他們也都有能發揮祖道與學說的根本道場。然知禮系所說的祖道,是不同於晤恩系的宗匠。

　　談及祖道,勢必關涉到正宗問題,而祖道與正宗傳承問題,山家學人有其一套自圓其說的講法。關於禪宗與天台宗的祖說傳承,關口眞大在〈禪宗的發生與成立〉文中說:「關於中國禪宗與天台宗早期的歷史,向來都依據《景

〔註111〕《佛祖統紀》卷第十〈寶雲旁出世家〉,前引書,頁365。

〔註112〕慈雲遵式曾寄書信給住石壁寺的善信上人,參見《佛祖統紀》卷第八〈十七祖法智尊者知禮傳〉,前引書,頁348。

〔註113〕《佛祖統紀》卷第十〈契能法師傳〉,前引書,頁374。

〔註114〕玄燭法師的事跡,參見《宋高僧傳》卷第七〈宋秀州靈光寺皓端傳〉,前引書,頁174。

〔註115〕《佛祖統紀》卷第十〈契能法師傳〉,前引書,頁374。

德傳燈錄》、《傳法正宗記》，或《釋門正統》、《佛祖統紀》等家以考述。但這些書全是遲至宋代，在對禪宗與天台宗之間何者爲佛祖正統發生激烈諍論後的時代，以激烈的對立抗爭的觀念爲基本方針而撰述的。所以，根據這些書，禪宗與天台宗本來是完全個別發生，獨自成立，互相無關而形成的。即這些書都追溯歷史而製造出它們那種傳燈的系譜、傳記和傳說。在近來的學術研究上，這些僞史的迷妄逐漸被打破。」〔註116〕研究晤恩與天台分宗的歷史，也是一樣，不能局限在山家宗的立場去閱讀與思維，而要回歸到眞實的歷史發展上去思索問題。

　　清竦門下志因，於後晉開運初（944年）居錢塘慈光院，時人稱爲義虎，出弟子晤恩（912～986）繼踵開法。天台宗內部因爭論智者大師所撰的《金光明玄義》廣本之眞僞，分裂爲山家、山外兩派。先是，晤恩著《金光明玄義發揮記》，解釋《金光明玄義》略本，主張「眞心觀」；山家派後輩知禮起而難之，認爲廣本是智者之眞作，而主張「妄心觀」，於是兩派展開爲期七年的諍論。知禮弟子梵臻、本如（982～1051）、尚賢等人本著師說，自號山家；晤恩、源清、昭慶、智圓之學，被貶爲山外。〔註117〕

　　天台宗除了跟禪宗爭佛門正統之外，其教內也有爭紛，南宋釋宗鑑（1237）的《釋門正統》八卷，南宋釋志磐（1258～1269）的《佛祖統紀》五十四卷。這兩部書，前者收在卍字續藏經第一三〇冊，後者則見於大正藏編號二〇三五及卍字續藏經第一三一冊，它們都是天台宗的史書。《釋門正統》分本紀、世家、志、列傳和載記五部份，而《佛祖統紀》則分爲本紀、世家、列傳、表和志五部份。據曹仕邦〈論佛祖統紀對紀傳體裁的運用〉〔註118〕（以下簡稱「論統紀」）一文及〈論釋門正統對紀傳體裁的運用〉〔註119〕（以下簡稱「論正統」）一文所考，知道天台宗自隋代建立以來；一向以今日浙江省境內的天台山爲本部（因此稱爲「天台宗」）。及至南宋定都臨安（今杭州），兩浙成了畿內，隨著政治形勢的轉變，南宋境內的禪宗以兩浙爲發展重心。由於後來

〔註116〕關口眞大《中國的禪思想》，玉城康四郎主編、許洋主譯《佛教思想（二）在中國的開展》，頁206～207。

〔註117〕《佛祖統紀》卷第八〈十七祖法智尊者知禮傳〉，前引書，頁348；另見《佛祖統紀》卷第十〈慶昭法師傳〉，前引書，頁370。

〔註118〕曹仕邦〈論佛祖統紀對紀傳體裁的運用〉，《新亞學報》第九卷第1期（香港：新亞研究所，1966年）。

〔註119〕刊於《新亞學報》第十一卷上冊，香港，1974年。該文又收在《中國史學論文集》上冊（台北：華世出版社，民國65年）。

禪宗在浙境大盛，天台宗自然感到根基所在受人脅迫〔註120〕，因而終於在南宋末年想借修史作教爭手段，將佛陀與天台宗的祖師們都在上述兩史書中爲立「本紀」以述生平，借此標榜天台宗是「正統相承」於佛陀的宗派；一如帝位的承襲〔註121〕。此外，《釋門正統》倣效《晉書》將跟東晉對抗的五胡諸國君主的傳記稱爲「載記」的先例，將禪宗、華嚴宗、法相宗、律宗和密宗的祖師們的事蹟都稱爲「載記」，視之爲非正統的佛教宗派〔註122〕，藉此低貶異宗。《佛祖統記》則更爲高明，它將上述異宗的事蹟放在「志」的部份去敘述，在書中替它們設立〈淨土立教志〉和〈諸宗（禪、華嚴、法相、密、律）教志〉〔註123〕。由於「志」的用途是記述「（本）紀（列）傳以外」的事物，諸宗人物生平入「志」，即所謂連正式立傳的資格也沒有，於是《佛祖統記》中爲立本紀、世家和列傳以紀述生平的天台宗人物；他們在佛門內的宗教地位便相對地抬高了。〔註124〕大抵陳垣庵先生對宗鑑、志磐史作的探討未深，其接觸到台、禪二宗衝突的問題而在《概論》中設立了「台禪二宗之爭」一節，但其內容僅論及《景德傳燈錄》將天台四祖智者大師列入禪宗人物所引起的天台宗反擊，及天台宗攻擊禪宗西天二十八祖之說；其說及拈花微笑、慧可立雪斷臂等故事，是不確實的，他根本未能點出天台宗著書爭正統的原因。然而，由於天台宗在現代僅屬於一個不大顯著的宗派，概論中卻有「山家山外之爭」一節，初學者讀了這一節，知道天台宗本門之內也有正統與非正統之爭〔註125〕，不獨跟禪宗爭認是獲得佛陀眞傳的正統宗派，而這倒是很

〔註120〕曹仕邦〈論釋門正統對紀傳體裁的運用〉，前引書，頁167。

〔註121〕曹仕邦〈論佛祖統紀對紀傳體裁的運用〉，前引書，頁122。按，《釋門正統》僅將佛陀與天台宗奉爲始祖的龍樹菩薩立「本紀」，而中土諸祖一律入「世家」。由於「世家」在俗世紀傳體史書中是未能纘統的皇裔底傳記的名稱，因此作者宗鑑雖然有意力爭正統，反而自行暴露了天台宗也不過是佛教的一支。志磐爲救其失，於是將西天祖師與中土祖師一律立爲「本紀」，強調他們一如帝位的正統相承。至於「世家」，則改爲屬於中土每一代祖師的師弟們底傳記（參見〈論佛祖統紀對紀傳體裁的運用〉，前引書，頁152、155及166。

〔註122〕曹仕邦〈論釋門正統對紀傳體裁的運用〉，前引書，頁164～165。至於《釋門正統》不立「淨土宗載記」是緣於宗鑑並未將淨土宗視爲獨立宗派，參見〈論釋門正統對紀傳體裁的運用〉，前引書，頁158。

〔註123〕曹仕邦〈論佛祖統紀對紀傳體裁的運用〉，前引書，頁129。

〔註124〕曹仕邦〈論佛祖統紀對紀傳體裁的運用〉，前引書，頁133。

〔註125〕曹仕邦〈論陳垣《中國佛教史籍概論》〉，《中華佛學學報》第3期（台北：中華佛學研究所，1990年4月）頁281註115云：「最近始知本港尚有人爭論釋寶靜還是釋倓虛（均已圓寂）纔是天台宗第四十三代祖師諦閑大師的眞正

有意義的。〔註126〕因爲有了山家宗的史書出世，五代到宋代中葉的天台教史被寫成是山家宗一家之學的演變，以及旁枝學派的輔翼史。山家宗的獨盛以及其史書的出現，使晚唐至宋代中葉天台宗佛法遷流的眞實狀況逐漸被叢林所忽略了，倒果爲因的結果有幾種狀況產生：一是說會昌法難到知禮出世，佛法不盛；其次是，此時期的宗匠講說不多；再次是，排斥晤恩及會下學人爲山外宗，其他山外學人是異端。由是再演變，說玄燭與皓端諸師爲不明承嗣者。最後，山家內部再分離出正宗的知禮系以及輔贊本枝的遵式系，還有背離四明之學的雜傳學人如仁岳。

　　天台宗自從智者立教以來，天台學有許多不同的流派。會昌法難之後，天台宗的佛法也跟著遷流，最後只剩下天台山系與不明承嗣者的玄燭系在流傳。下至五代，從天台山系的志因與玄燭系的皓端，培養出一代宗匠晤恩法師，使天台宗在錢塘的勢力大增，能與佛教其他諸宗派並明，而天台宗其他流派的氣勢與光輝也因此都被晤恩的光芒給掩蓋住了。當時的山家內部，或許存在著爭正統的心行，尤其是遠離吳越國都城的天台山僧家，看到晤恩的行化之盛，很不是滋味。總之，當時台教的主流學派還是屬於慈光院晤恩所引領出來的錢塘系僧家，支持此學系的道友不在少數，其中主要的是靈光寺與國清寺僧家。道在人的弘傳，道依當處而行，而不只在於止觀之傳習以及鑪拂之授受而已，晤恩法師在五代末年到宋初之間爲後學樹立了這種典範，這種典範後來也被山家宗人所承受。

第二節　晤恩的學養及師友

　　關於晤恩法師，目前保留的史料不多，僅釋贊寧《宋高僧傳》卷第七的〈杭州慈光院晤恩傳〉、釋智圓《閑居編》卷第十五的〈大宋高僧慈光闍梨塔記〉、釋智圓《閑居編》卷第十七〈祭祖師文〉、以及釋宗鑑的《釋門正統》

　　　　傳人（中略）亦即眞正的第四十四祖的問題。宗門傳法祖的爭議，非外人所能置喙，不過仕邦其始訝於佽盧大師住世之時何以未見有人敢提出爭議？後來得讀胡適之先生（1891～1962）〈荷澤大師神會傳〉一文（收在《胡適文存》第四集，台北：遠東圖書公司，民國74年），文中言及禪家南宗的神會禪師（686～760）於北宗祖師神秀禪師（卒於706）與普濟禪師（651～739）均已謝世之後，始敢入長安爭南宗纔是禪門正統（頁254～255，又頁273～279）。大抵如今台宗四十四祖之爭，亦跟唐代當年情況近似。」
〔註126〕曹仕邦〈論陳垣《中國佛教史籍概論》〉，前引書，頁280。

卷第五〈荷負扶持傳——晤恩傳〉、釋志磐的《佛祖統紀》卷第十的〈高論旁
出世家——法師晤恩傳〉、《破山興福寺志》卷第二〈大宋杭州慈光院晤恩傳〉、
釋曇噩所述的《新脩科分六學僧傳》卷第八〈宋晤恩傳〉、釋袾宏《往生集》
卷第一的〈晤恩傳〉、釋戒珠《淨土往生傳》卷下的〈大宋餘杭釋晤恩傳〉、
彭際清《淨土聖賢錄》卷第三的〈晤恩傳〉、瑞章《西舫彙征》卷上的〈晤恩
傳〉、周克復《歷朝法華持驗紀》卷下〈宋釋晤恩傳〉等，對其生平都有概略
的描述；此外，在智圓《閒居編》卷第二十一的〈錢唐慈光院備法師行狀〉、
宗鑑的《釋門正統》卷第五〈文備傳〉與釋志磐的《佛祖統紀》卷第十的〈法
師文備傳〉中，亦可見到他的風範。

　　因爲山家宗在宋初的興起以及山外宗在宋代中葉的衰落，再加上宋朝因
外患所造成的戰火，晤恩法師的著作沒有流傳到後世，然源清的著作稟持晤
恩的旨意而作，因此從源清與弟子慶昭、智圓的義學得窺晤恩的玄旨。在目
前傳世的諸史料中，以《宋高僧傳》描寫晤恩的生平最爲詳盡，其次是《釋
門正統》與〈大宋高僧慈光闍梨塔記〉。釋贊寧把晤恩法師列入《宋高僧傳》
「義解篇」第二之四，其文曰：

　　釋晤恩，字修己，姑蘇常熟人也。姓路，母張氏，嘗夢梵僧入其家
　　而妊焉。及稚孺見沙門相，必起迎遲。年十三，聞誦彌陀經，遂求
　　出家。親黨饒愛，再三沮之。乃投破山興福寺受訓，後唐長興中受
　　滿分戒，登往崑山慧聚寺學南山律。晉天福初，從橋李皓端師聽習
　　經論，懸解之性天然，時輩輒難抗敵。後微聞天台三觀六即之説，
　　冥符意解。漢開運中，造錢唐慈光院志因師，講貫彌年，通達法華、
　　光明經、止觀論，咸洞玄微。尋施覆述出，弟子相次角立。雍熙三
　　年八月朔日，恩於中夜睹白光自井而出，明滅不恒。謂門人曰。吾
　　報齡極於此矣。乃絕粒、禁言、一心念佛，次夢擁納沙門，執金鑪
　　焚香三遶其室。自言：「祖師灌頂來此相迎，汝當去矣。」夢覺呼弟
　　子至，猶聞異香。至二十五日，爲弟子説止觀旨歸及觀心義，辰時
　　端坐面西而化，享年七十五，僧臘五十五。其夜院僧有興、文偃等。
　　皆聞空中絲竹嘹亮，而無鞉鼓，且多鈴鐸，漸久漸遠，依稀西去。
　　迨九月九日，依西域法焚，獲舍利青白圓粒無算。恩平時謹重一食，
　　不離衣鉢，不畜財寶，臥必右脅，坐必加趺。弟子輩設堂居，亦同
　　今之禪室。立制嚴峻，日別親視，明相方許淨人施粥。曾有晚飲著

蘡湯者，即時擯出鑻堂。每一布薩，則潸洒不止。蓋思其大集滿洲之言耳。偏誨人以彌陀淨業，救生死事。受教得生感祥可見者，往往有之。凡與人言，不問賢不肖，悉示以一乘圓意。或怪不逗機者，乃曰：『與作毒鼓之緣耳。』不喜雜交游，不好言世俗事。雖大人豪族，未嘗輒問名居，況迂趨其門乎。先是天台宗教，會昌毀廢文義殘缺，談妙之辭沒名不顯。恩尋繹十妙之始終，研覈五重之旨趣，講大玄義文句止觀二十餘周，解行兼明，目足雙運。使法華大旨全美流于代者，恩之力也。又慊昔人科節，與荊溪記不相符順，因著玄義、文句、止觀、金光明、金錍論科總三十五帖，見行於世。吁！河漢中有魚泝流而上者，河潛泳有所取故，恩公不寬乘戒而出。弟子十有七人，求解而行行耳。〔註127〕

古代傳戒，唯屬律宗寺院之事，所以晤恩到蘇州破山興福寺受訓。此興福寺，建自南齊，邑人郴州牧倪德光舍宅爲寺，名爲「大慈寺」。相傳唐貞觀年間，有黑白二龍交勇，沖逆成溪，遂成破澗，故又名「破山寺」。後毀於唐武宗法難，唐宣宗大中時復建，唐懿宗咸通九年（868），敕賜大鐘及「興福寺」額，因名興福寺。晤恩在此受戒，或說其於宋雍熙中通天台教，於此設宗教院。〔註128〕此地還保留有晤恩塔，塔中藏晤恩遺體於慈光寺焚化後所得的舍利。〔註129〕在所有書寫晤恩的資料中，以根據塔記與行業記寫成的《宋高僧傳》卷第七的〈杭州慈光院晤恩傳〉最爲平實，但此傳記的內容還是過於簡略，其他書籍所列出的〈晤恩傳〉則都是從此傳記中取采出作者要所發揮的成份。晤恩法師的行實，除了時代背景之外，可以從寺院、道友與其他相關的歷史事實上去重建。

一、與律宗關係

晤恩法師，後梁乾化二年（912）出生，年十三（同光二年，924）聞人誦《彌陀經》之後遂求出家，親黨阻之無效，乃投姑蘇破山興福寺受訓。破山寺原名大慈寺，後梁大同三年（537）改爲興福寺。〔註130〕晚唐之時，破山

〔註127〕《宋高僧傳》卷第七〈杭州慈光院晤恩傳〉，前引書，頁178～180。
〔註128〕《破山興福寺志》卷第二，《中國佛寺史志彙刊》第56冊（台北：明文書局，1985年），頁83。
〔註129〕《破山興福寺志》卷第二，前引書，頁75。
〔註130〕《破山興福寺志》卷第二，前引書，頁32。

寺有常達（811～874）在此行化。據《宋高僧傳》卷第十六〈唐吳郡破山寺常達傳〉云：

> 釋常達，字文舉，俗姓顧，海隅人也。發跡何陽大福山，遊學江淮諸勝寺，達允迪中和，克完戒法。專講《南山律鈔》，後求《涅槃》圓音、法華止觀，復通陰符、老莊百家之書。其餘分時之學，盡二王之筆跡。後隨方參禪，詣于宗極。俄屬武宗滅法，歎曰：『我生不辰，不自我後。』由是寢默山棲，委裘遁世，而無悶焉。宣宗重建法幢，荐興精舍，合境民人，皆達之化導，故太守韋曙特加崇重。身不衣繒纊，室唯蒙薜蘿，四眾知歸，諸方慕化，其潔白鶴鷺如也。唐咸通十二年（871），合郭僧民請紹四眾教誨。或遊遨峒牧，或嘯傲海壖，不出林麓，動經數載。雖貴士單車詣門，莫得而見，於七五言詩，追用元和之體。著《青山履道歌》，播人脣吻。忽於自恣，明辰鳩眾於長廊，合掌遂申長別，辭甚剛正。因臥疾不起，絕食七日而逝。實唐咸通十五年（874）九月十六日也，春秋七十四，僧臘五十一。門人會清、傳郎奉靈柩殯于寺之東南三百步，後年即墳起塔，穎川陳言撰塔銘，邑大夫汝南周思輯為檀信，乾符四年（877）立碑焉。」〔註131〕

晚唐梁朝之時在破山興福寺行化的，另有彥偁（816～914）與壽闍黎者。〔註132〕常達卒後不到五十年，晤恩來此受訓，由常達的學德與行持，或可以窺見晤恩在此地所接受的教養。

後唐長興中（930～933），晤恩受滿分戒，此時二十歲左右，乃登江蘇崑山慧聚寺，學南山律。跟何人參學，《宋高僧傳》沒有提及。而《釋門正統》、《佛祖統紀》對此事卻加以省略。而宋人龔明之（1091～1182）在所著《中吳紀聞》卷第二〈夢石天王像〉文中則說：

> 後唐時，慧聚寺有紹明律師，僧中傑出者，居半山彌勒閣。一夕，夢神人曰：「簷前古桐下有石天王像與銅鐘，師宜知之。」詰旦，掘其地，果獲此二物。今尚龕置壁間，形製極古，故前輩有詩云：「一旦石像欲發現，先 垂景夢鳴高岡。」常熟破山（晤）恩高僧，嘗學于紹明，見本朝《僧史》。〔註133〕

〔註131〕《宋高僧傳》卷第十六〈唐吳郡破山寺常達傳〉，前引書，頁418～419。

〔註132〕《宋高僧傳》卷第十六〈梁蘇州破山興福寺彥偁傳〉，前引書，頁425～426。

〔註133〕龔明之《中吳紀聞》卷第二〈夢石天王像〉，清伍崇曜編《粵雅堂叢書》第一

後晉天福初年（936），晤恩二十歲，到秀州皓端（890～961）處聽習經論，此時贊寧與義寂，都已經出家，才十八歲。次年（937），義寂具戒後，往會稽學毗尼於清律師。〔註134〕而贊寧則於後唐清泰初（934）入天台山受具足戒，習《四分律》，通南山律。〔註135〕晤恩則跟從秀州皓端（890～961）聽習經論，這一段事跡，《釋門正統》與《佛祖統紀》也都省略不提，而《佛祖統紀》有時把晤恩說成是悟恩。〔註136〕至於皓端（890～961）其人，贊寧的《宋高僧傳》卷第七〈秀州靈光寺皓端傳〉中有其傳記，贊寧說：

> 釋皓端，姓張氏，嘉禾人也。九歲捨家入靈光精舍，師授經法，如溫舊業焉。年登弱冠，受形俱無表。于四明阿育王寺遇希覺律師，盛揚南山律。端則一聽，旋有通明，義門無壅。尋投金華雲法師，學名數一支，并法華經。後受吳興緇伍所請講論焉，兩浙武肅王錢氏，召於王府羅漢寺演訓，復令於真身塔寺宣導。于時有台教師玄燭者，彼宗號為第十祖，端依附之，果了一心三觀，遂撰《金光明經隨文釋》十卷。由是兩宗法要，一徑路通。忠獻王錢氏借賜紫衣，別署大德號崇法焉。後誓約不出寺門，慕遠公之不渡虎溪也，高尚其事。僅二十餘年，身無長衣，口無豐味，居不施關，坐唯一榻。以建隆二年三月十八日，坐滅于本房，容貌猶生，三日焚之于城西，得舍利於煨燼之末。俗年七十二，僧臘五十二。凡著述傳錄記讚七十許卷，學得其門者止八十餘人。端性耿介，言無苟且，一坐之間，不談世論，唯以佛法為己務，可謂傅翼之象王矣。秘書監錢昱嘗典秀郡，躬睹端之標格，為著行錄焉。〔註137〕

談到皓端，就得論及律宗的形成，及其在晚唐五代時的發展情形。戒律本為佛法三學之一，在中國，律宗是以研習及傳持戒律為主的宗派。瞿汝稷在〈重修興福寺善導文〉中說：「佛法為善世之聖師，而毗尼為救時之首務。」〔註138〕中國約在東晉時，戒律才逐漸完備。六朝時，華北地區採行《僧祇律》，江

　　　集第3冊～第4冊，民國53～59年，台北：藝文印書館影印。

〔註134〕《佛祖統紀》卷第十〈法師悟恩傳〉，前引書，頁370。

〔註135〕《十國春秋》卷第八十九〈贊寧傳〉（台北：商務印書館，民國71年），頁8下。

〔註136〕《佛祖統紀》卷第十〈法師悟恩傳〉，前引書，頁370。

〔註137〕《宋高僧傳》卷第七〈秀州靈光寺皓端傳〉，前引書，頁174～175。

〔註138〕《破山興福寺志》卷第三，頁111。

南則盛行《十誦律》。姚秦時，佛陀耶舍、竺佛念譯出《四分律》後，經法聰、道覆、慧光之研習弘通，纔逐漸盛行。迄唐代，道宣（586～687）繼承了慧光到智首（567～635）的系統，專事《四分律》之宣揚；其理論上吸收玄奘新譯之佛典，尤其是唯識學，組織律宗體系，其所立之宗派，人稱南山宗。〔註139〕同時宣揚四分律的，有相州日光寺法礪所創的「相部宗」，以及西太原寺懷素創立的「東塔宗」。三家對於戒體，疊有爭論，宋朝之後相部、東塔兩系式微，僅有南山一系傳承獨盛。〔註140〕律宗傳到晚唐五代，只見道宣南山宗在吳越地區流傳。繼承法系的安州周秀，以次遞傳蘇州道恆、揚州省躬、西明慧正、法寶玄暢。玄暢的法嗣以惠柔、慧則、元表等最為傑出。慧則（835～908）、元表因避北地的離亂，南下到吳越地區行化。慧則於乾寧元年（894）至明州育王寺，吳越武肅王錢鏐命於越州臨壇，以梁開平二年（908）八月八日圓寂，入室弟子以錢塘希覺最露鋒穎。〔註141〕至於慧則的志行節操，贊寧在《宋高僧傳》卷第十六〈梁京兆西明寺慧則傳〉中云：「則常不好許直，以撝謙推人為上。除講貫外，輪誦經咒，自《法華》已降，可三四十本，以資口業。覽大藏教兩徧，講鈔七十徧，《具舍》、《喪儀》、《論語》各數徧。清苦持執，近古罕有。」〔註142〕希覺於慧則卒後，始講訓於永嘉，為溫州刺史錢鏵所禮重，後文穆王造千佛寺，招為寺主，署文光大師，四方學者駢騖而臻，其門下以都僧正贊寧為上首。至於希覺的風範，贊寧在《宋高僧傳》卷第十六〈漢錢塘千佛寺希覺傳〉中云：「及乎老病，乞解見任僧職，既逐所懷，唯嘯傲山房，以吟詠為樂。年八十一，然猶抄書籍異本，曾無告倦。未終之前，捨衣物作現前僧得施，復普飯一城僧。（中略）覺之執持，未嘗弛放，勤於講訓，切於進修。學則彌老而不休，官則奉身而知退。可謂高尚其事，名節俱全，長者之風藹然如在。所居號釋氏西齋，慕吳兢之蘊積編簡焉。」〔註143〕慧則傳南山律學給希覺，而皓端於四明阿育王山寺跟希覺受學，贊寧也是希覺的門生，由是皓端與贊寧的關係變成同學。

〔註139〕道宣律師事跡，參見《高僧傳三集》卷第十四〈唐京兆西明寺道宣傳〉，前引書，頁344～349。

〔註140〕黃懺華〈律宗〉《中國佛教總論》，頁296～298；另見賴建成《吳越佛教之發展》第三章「吳越之佛教情勢──律宗」（台北：花木蘭文化，2010年3月），頁58。

〔註141〕《宋高僧傳》卷第十六〈梁京兆西明寺慧則傳〉，前引書，頁424～425。

〔註142〕《宋高僧傳》卷第十六〈梁京兆西明寺慧則傳〉，前引書，頁425。

〔註143〕《宋高僧傳》卷第十六〈漢錢塘千佛寺希覺傳〉，前引書，頁431。

　　皓端（890～961）在希覺處通南山律，後又跟玄燭習台教，從此他於律宗、台教兩宗法要一徑路通，在義學上有所成就。因此，釋贊寧《宋高僧傳》把他跟其門下晤恩法師都列入「義解篇」，但曇噩所述的《新脩科分六學僧傳》卷第二十〈宋皓端傳〉，則列皓端在「忍辱學──持志科」。〈皓端傳〉上說：

> 宋皓端，嘉禾張氏子。九歲捨家，隸靈光精舍，習經法。年弱冠，抵四明阿育王寺，受具足戒于希覺律師，由是於南山部義，通明無壅。尋從金華雲法師，究《名數論》、《法華經》，遂徇吳興緇侶之請，而開導焉。時武肅錢王，尤歸誠大教，聞端譽，召就王府羅漢寺敷演，復徙眞身塔寺。居無幾，乃依天台玄燭法師，稟止觀之道。撰《金光明經隨文釋》十卷。忠獻王借賜紫衣，仍署崇法大德號。晚年，慕廬山遠公之爲人，足跡不入俗，僅二十餘載。建隆二年三月十八日，坐逝於所居房。壽七十二，臘五十，著述凡七十許卷。秘書監錢昱，爲錄其行焉。〔註144〕

曇噩在「義解篇」諸傳之後，且讚曰：「先佛因地，悲智雙彰；度生之急，率由故常。阿僧祇劫，苦楚備嘗；卒莫退轉，彌用激昂。既出三界，坐大道場；說法教化，利益無量。嗟哉後學，胡弗自強；欲行萬里，必藉資糧。暗室鐙明，苦海舟航；出生入死，乘此願王。」〔註145〕從佛教傳入中國，僧傳中列「譯經篇」爲首，再次爲「義解篇」，其次才是「習禪篇」，可見列義解篇的僧家在經教與定慧上是傑出的。

　　皓端的行止風範，對晤恩法師是有所影響的。釋贊寧說晤恩，「從檇李皓端師，聽習經論，懸解之性天然。」〔註146〕，這應該也是皓端善於教導會下學人，所以晤恩在義學上能夠通明。而晤恩「平時謹重一食，不離衣缽，不畜財寶，臥必右脅，坐必加趺。弟子輩設堂居，亦同今之禪室。立制嚴峻，日別親視，明相方許淨人施粥。曾有晚飲薯蕷湯者，即時擯出饔堂。每一布薩，則潸洒不止，蓋思其大集滿洲之言耳。」皓端的行止，在釋贊寧的《宋高僧傳》中也可以看得出來，贊寧說他，「性耿介，言無苟且，一坐之間，不談世論，唯以佛法爲己務，可謂傳翼之象王矣。」〔註147〕皓端的一些風範，對後學的晤恩法師是有所影響的。除了戒德之外，贊寧說晤恩，「從檇李皓端

〔註144〕《卍新纂續藏經》第77冊，頁252c。

〔註145〕釋曇噩述《新脩科分六學僧傳》卷第二十〈宋皓端傳〉「贊」，前引書，頁253a。

〔註146〕《宋高僧傳》卷第七〈杭州慈光院晤恩傳〉，前引書，頁178。

〔註147〕《宋高僧傳》卷第七〈秀州靈光寺皓端傳〉，前引書，頁175。

師聽習經論，懸解之性天然，時輩輒難抗敵。後微聞天台三觀六即之說，冥符意解。」〔註 148〕如是，晤恩該是先得法於皓端，後又得到志因的講席，皓端與晤恩兩師都有其志行在。

二、與台教的關係

　　《釋門正統》與《佛組統紀》盡可能地把天台宗人塑造成跟南山律學與禪宗或慈恩宗沒有關係，只留存唸誦《彌陀經》與《法華經》的信仰，因為這些信仰可能是學天台教者的先行，所以有必要跟毗尼之學一樣，要保留在天台學人的傳記之中。山家宗學人的這種習氣，是來自知禮與傳統的教學，即不事兼講，不依他教。然中國僧人是學無常師的，不僅是晤恩，晤恩所出家的寺院、修學的場所、所跟從的宗匠，都是學出多門，而不只是專其一味的僧家。後人在觀看《景德傳燈錄》、《五燈會元》、《釋門正統》與《佛祖統紀》之時，會誤以為禪門與天台宗是各自獨立發展，這種觀念，是錯誤的〔註 149〕。不僅天台宗與禪門不是獨立發展的，其學人跟名數之學與南山律學，還有密持咒語、煉氣通靈都很有關係。晤恩出家的破山興福寺，之前有常達（811～874）、彥偁（816～914）與壽闍黎在此待過。而常達雖專講《南山律鈔》，「後求《涅槃》圓音、法華止觀，復通陰符、老莊百家之書。」〔註 150〕而其受訓的地方破山興福寺，除了之前有善講毗尼的彥偁之外，還有「傳南山律鈔極成、不看他面」的壽闍黎。晤恩於後唐長興中（930～933）受滿分戒後，登崑山慧聚寺跟紹明律師學南山律。此後其跟台教有關的過程，《釋門正統》卷第五〈晤恩傳〉與《佛祖統紀》卷第十〈悟恩傳〉，大致上與《宋高僧傳》卷第七〈晤恩傳〉是雷同的。因為贊寧跟皓端同在希覺門下修學過，且其跟晤恩會下的文備有所往來〔註 151〕，論律學輩份，贊寧還是晤恩的師叔。所以贊寧是熟知皓端與晤恩的事蹟。

　　依據《宋高僧傳》所云，後晉天福初年（936）晤恩到秀州皓端處受學，聽習經論。而皓端其人，通名數之學，在武肅王時期受邀講論《法華經》，依

〔註 148〕《宋高僧傳》卷第七〈杭州慈光院晤恩傳〉，前引書，頁 178。

〔註 149〕關口眞大著、通妙譯〈禪宗與天台宗之關係〉，《現代佛教學術叢刊》第 70
　　　　冊，頁 259。

〔註 150〕《宋高僧傳》卷第十六〈唐吳郡破山寺常達傳〉，前引書，頁 418。

〔註 151〕由智圓所言，贊寧在杭修僧史之日，深貴文備的文章。如是，其當與文備熟
　　　　悉，乃能得其文欣賞。參見《閑居編》卷第二十一〈錢唐慈光院備法師行狀〉，
　　　　《卍新纂續藏經》第 56 冊，頁 897b。

玄燭受學之後，又撰《金光明經隨文釋》十卷，於南山律學與台教兩宗法要
一徑路通。〔註152〕皓端其人，言無苟且，一坐之間不談世論，晤恩在此環境
薰習之下，贊寧稱讚他說：「懸解之性天然，時輩難抗敵。」晤恩在皓端座下，
據《宋高僧傳》卷第七〈晤恩傳〉則說是後晉天福初（936）到後漢開運中（944
～946），而《佛祖統紀》卷第十則說後晉開運初（944）造錢塘慈光志因師室。
因此可以推知，晤恩從後晉天福初年（936）到開運初年（944）間這九個年
頭在皓端會下學習，也因此在皓端之處「微聞天台三觀六即之說，冥符意解。」
〔註153〕

　　晤恩參學皓端之時，是吳越國文穆王（932～941）與忠獻王（941～947）
在位之時，當時吳越國的禪學以雪峰義存的法系為盛，律宗則以希覺受到文
穆王之禮重，而溈仰宗、法眼宗人也逐漸進入吳越境內行化。當時教界的情
況，賴建成在〈忠獻王錢弘佐與佛教〉文中說：「至於佛教，獲忠獻王之護持。
開運元年（944），遣僧慧龜往婺州雙林寺，開善慧大士塔，奉迎舍利靈骨諸
物至錢塘縣光冊殿供養，並建龍華寺，以其骨塑大士像，請靈照住持〔註154〕。
開運二年（945），建鷲峰禪院于國城之北山，延伏虎光禪師居住〔註155〕。當
時佛教界，弘傳溈仰宗風者有清化全付（822～947）及其弟子雲峰應清。雪
峰義存之禪學，因行修（？～848，初住四明山，後住杭州法相院）、令參（住
杭州龍冊寺）、宗靖（871～951，住台州通院）諸師弘化而臻盛。法眼宗的慧
明（初住明州大梅山）〔註156〕、德韶（891～972）在天台山白沙大興玄沙之
宗，歸依日眾〔註157〕。天台宗則有清竦與玄廣（住天台山禪林寺）、志因（住
錢塘慈光院）及子麟徒眾（住明州保安院）續傳止觀〔註158〕。另有皓端通南
山律、名數與台教；宗季曾投衢州巨信論師，學名數論，兩人偕在杭州開講。」

〔註152〕《宋高僧傳》卷第七〈秀州靈光寺皓端傳〉，前引書，頁174。
〔註153〕《宋高僧傳》卷第七〈杭州慈光院晤恩傳〉，前引書，頁178。
〔註154〕《佛祖統紀》卷四十二〈法運通塞志十七之九〉，前引書，頁102上；《宋高
　　　　僧傳》卷第十三〈杭州龍華寺釋靈照傳〉，前引書，頁334。
〔註155〕《十國春秋》卷第八十，頁7上。
〔註156〕《景德傳燈錄》卷第二十五〈杭州報恩寺慧明禪師〉，前引書，頁102云：「後
　　　　至臨川謁淨慧禪師，師資道合，尋迴邯水大梅山庵居，時吳越部內禪學者雖
　　　　盛，而以玄沙正宗置之閫外，師欲整而導之。」
〔註157〕《景德傳燈錄》卷二十五〈天台山德韶國師〉，前引書，頁95～96。
〔註158〕胡榘、羅濬《寶慶四明志》卷第十一〈東壽昌院〉，《宋元地方志叢書》第8
　　　　冊，頁12上；另見《佛祖統紀》卷第二十二〈法師子麟傳〉，前引書，頁
　　　　446。

〔註159〕當時的天台宗人的根據地在天台山之外，還有以錢塘的慈光院爲主軸。晤恩在秀州靈光寺皓端處約有十年，之後轉到錢塘慈光院跟志因修學。後來跟晤恩有師弟情誼的文備，從福州到浙江來，先到會稽從柔法師傳習《百法論》，歷經數年乃度江詣錢塘龍興寺求教於先達，他於後周廣順元年（951）到慈光院造志因之室。〔註160〕而義寂，則在越州隨清律師三年，約在後晉天福五年（940）到天台山禪林寺，在清竦與玄廣座下修學。〔註161〕而贊寧則於天台山修學數年〔註162〕，後到錢塘千佛寺依希覺（864～948）爲師。〔註163〕從此贊寧與義寂（919～987）、晤恩（912～986）之間產生了微妙的關係，因爲清竦法系的關係，年齡少於晤恩七歲的義寂變成晤恩的師叔，義寂會下的嫡傳弟子國清宗昱跟晤恩是同輩，而宗昱思想跟晤恩貼近，宗昱系下有溫州僧人契能，契能雖爲義寂系下的嫡傳，其門下僧人卻轉向知禮系的學風。由宗昱與契能會下學人的行持，可以看出天台宗學派風氣的流轉；在義寂時代，溫州系的僧家在天台山國清寺與溫州行化，他們的義學傾向晤恩，但晤恩、源清相繼謝世之後，契能會下學僧的根器卻在知禮會下宗匠如廣智與本如。

至於晤恩在慈光院的情形，《宋高僧傳》卷第七〈晤恩傳〉中說：「漢開運中，造錢唐慈光院志因師，講貫彌年，通達法華、光明經、止觀論，咸洞玄微。尋施覆述出，弟子相次角立。」〔註164〕慈光院講學的情形，首先由志因講訓，後由門徒覆述心觀。《釋門正統》卷第五〈晤恩傳〉云：「漢開運中，遂造錢塘慈光（志）因師之席，洞曉玄微。尋令覆述，出諸弟子右，於是盛相推伏，號義虎焉。」〔註165〕而曇噩《新修科分六學僧傳》卷第八〈宋晤恩傳〉則云：「漢開運間，依錢唐慈光院志因師，受天台三觀六即之說，窮覈《法華》、《光明經》、《止觀論》等義。已而復述，有青藍、冰水之譽。」〔註166〕

〔註159〕賴建成《吳越佛教之發展》（台北：花木蘭文化，2010年8月），《法藏知津——中國佛教研究集成初編》第23冊，頁33。

〔註160〕《閑居編》卷第二十一〈錢唐慈光院備法師行狀〉，《卍新纂續藏經》第56冊，頁897b。

〔註161〕《螺溪振祖集》錢易〈淨光大師行業碑〉，《卍新纂續藏經》第56冊，頁782c。

〔註162〕《十國春秋》卷第八十九〈贊寧傳〉，頁8下。《釋門正統》卷第八〈贊寧傳〉云，後唐清泰初年，贊寧到天台山受具足戒。《宋高僧傳》卷第二十三〈晉天台山平田寺道育傳〉云，清泰二年（935）贊寧遊石梁，回與道育同宿堂內。

〔註163〕《宋高僧傳》卷第十六〈晉漢錢塘千佛寺希覺傳〉，頁430～431。

〔註164〕《宋高僧傳》卷第七〈宋杭州慈光院晤恩傳〉，前引書，頁178。

〔註165〕《釋門正統》卷第五〈晤恩傳〉，前引書，頁827上。

〔註166〕釋曇噩《新修科分六學僧傳》卷第八〈宋晤恩傳〉，《卍新纂續藏經》第77

當時的吳越國錢塘名僧中有四虎，契凝通名數爲論虎，義從文章俊健爲文虎，晤恩通台教幽微爲義虎，贊寧多毗尼著作爲律虎。吳越地區除了秀州玄燭會下的皓端、明州子麟，還有天台系物外、元琇、清竦的兒孫如天台玄廣與明州定水慧贇、越州法性修雅在行化，除此之外則是天台螺溪傳教院的義寂。賴建成在〈吳越之佛教情勢——天台宗〉文中說：

> 據天台師資傳承，荊溪依次傳道邃、廣修、物外、元琇。元琇在唐末，值僖昭之世，天下方亂，學徒忽聚忽散，惟清竦，常操傳其學。常操主持明州國寧寺，依次傳義從、德儔，德儔傳慧贇、修雅。清竦則繼主國清寺，值錢鏐建國，師領眾安處，每臨座高論，屬人之志曰：「王臣外護，得免兵革之憂，終日居安，可不進道，以答國恩。」門人世業者有義寂（居天台螺溪傳教院）、志因（居錢塘慈光院）、覺彌（居錢塘龍興寺）〔註167〕。天台宗經會昌滅法及五代離亂，教典多遭湮滅，僅在觀行方面有物外、元琇、清竦、義寂（919～987）等師弟相承。義寂曾多方網羅佚典，僅於金華古藏中找到《淨名》一疏，乃求德韶國師發慈悲心援助。德韶爲其疏忠懿王，遣使齎書赴日本、高麗求教典，高麗國令諦觀奉來教籍〔註168〕。教籍既取回，忠懿王助其建螺溪道場，給額定慧，並賜師號淨光法師，義寂亦請諡天台諸祖〔註169〕。僅智者被周世宗諡爲法空寶覺尊者、灌頂爲總持尊者、智威爲玄達尊者、慧威爲全眞尊者、玄朗爲明覺尊者、湛然爲圓通尊者〔註170〕。道邃以下諸師，爲山家派學人私諡〔註171〕。淨光大師傳法弟子百餘人，外國十人，知名者有慧光宗昱（住天台國清寺）、澄彧、寶翔（上兩師居錢塘廣教寺）、行靖、行紹〔註172〕（上兩師居錢塘石壁寺，兩師曾參德韶）、瑞光（居天台勝光寺）、

冊，頁146c。

〔註167〕依《螺溪振祖集》所云，義寂未到螺溪道場之前是禪林寺僧，如是則清竦、玄廣等人非住國清寺，而是被請到國清寺講學。參見〈吳越錢忠懿王賜淨光法師制（三道）〉，《卍新纂續藏經》第56冊，頁782；《佛祖統紀》卷第八〈十三四祖高論尊者清竦傳〉，前引書，頁345。

〔註168〕《佛祖統紀》卷第十〈法師諦觀傳〉，前引書，頁373。

〔註169〕《佛祖統紀》卷第八〈十五祖淨光尊者義寂傳〉，前引書，頁345。

〔註170〕《佛祖統紀》卷第六、卷第七諸師本傳。

〔註171〕《佛祖統紀》卷第八〈興道下八祖紀第四〉，前引書，頁343。

〔註172〕兩師依永明延壽出家，《佛祖統紀》卷第十，前引書，頁372。

願齊（居溫州普照寺）、諦觀（居天台定慧寺）及義通。〔註173〕在錢忠懿王之時，晤恩雖是錢塘四虎之一，但其行持，跟贊寧常交結王公名士以及義寂得王公與諸僧官的護持，很不一樣。然而一般學人或著重在贊寧的聲名，或看重義寂及山家派對天台宗的成就，如牧田諦亮等，而忽略了皓端、晤恩對天台宗的貢獻之大。

關於皓端的德業，贊寧在《宋高僧傳》卷第七〈皓端傳〉上說其是「兩宗法要一徑路通」，「可謂傳翼之象王」〔註174〕。至於晤恩，贊寧在《宋高僧傳》卷第七〈晤恩傳〉上說：「先是天台宗教，會昌毀廢文義殘缺。談妙之辭沒名不顯。（晤）恩尋繹十妙之始終，研覈五重之旨趣，講大玄義文句止觀二十餘周，解行兼明，目足雙運。使法華大旨全美流于代者，（晤）恩之力也。又慊昔人科節，與荊溪記不相符順，因著玄義文句止觀金光明錍論科總三十五帖，見行於世。」〔註175〕至於晤恩的師叔義寂，《宋高僧傳》卷第七〈義寂傳〉上云：「自智者捐世，六代傳法，湛然師之後，二百餘齡，（義）寂受遺寄，最克負荷。」〔註176〕由此可見，在天台教學上以晤恩成就最高，而義寂則在復興天台山的台教課題上最受時人的期盼，所以後來兩派的學人引發出所謂的「山家、山外之爭」，其近因在兩派學風與環境不同的緣故。總之，晤恩「不寬戒而出」，可說是一位高僧〔註177〕，其卒前還「為弟子說止觀旨歸及觀心義」。其人格特質，贊寧則說：「河漢中，有魚泝流而上者，河潛泳有所取。」〔註178〕而智圓則說晤恩是一位「高節不群、清風肅物」〔註179〕的僧人，所以晤恩可說是名符其實的高僧，而非如山家派所出多名僧如義寂、義通、知禮與遵式等人接近王公與庶民。晤恩與義寂雖然是志趣不同，學風有別，在義學上卻多所發展，對祖道的接續也是有貢獻的，所以兩人會下學人能領宗得意，各自風騷。

〔註173〕《佛祖統紀》卷第十〈淨光旁出世家〉，前引書，頁365。

〔註174〕《宋高僧傳》卷第七〈宋秀州靈光寺皓端傳〉，前引書，頁174～175。

〔註175〕《宋高僧傳》卷第七〈宋杭州慈光院晤恩傳〉，前引書，頁179～180。

〔註176〕《宋高僧傳》卷第七〈宋天台山螺溪傳教院義寂傳〉，前引書，頁182。

〔註177〕把晤恩當作高僧，不僅是智圓的看法，釋志磐的《佛祖統紀》卷第二十七把晤恩、義通、知禮、遵式列在「往生高僧傳」中，而義寂不在其列。然而，他們對於高僧的定義，是有所區別的。

〔註178〕《宋高僧傳》卷第七〈宋杭州慈光院晤恩傳〉，前引書，頁180。

〔註179〕《閑居編》卷第二十一〈錢唐慈光院備法師行狀〉，《卍新纂續藏經》第56冊，頁897b。

三、與禪宗、華嚴的關係

晤恩與禪宗的關係，在師承上是無史料可以考察的。但從時代環境，以及他所受學的寺院中，或許可以得到一些訊息，供我們來加以思索。吳越有國之時，因諸王崇佛、禮敬高僧，境內禪宗很是盛行，尤其是錢塘地區，有溈仰、曹洞、臨濟、雲門、法眼等所謂的禪門五家在此地行化。〔註180〕晤恩本人及其師友、同學或者是其會下學人，勢必因為佛教風氣與地緣上的關係會沾染到一些禪門的氣息。晤恩初修學時的破山寺，常達先前曾在此地參禪，而詣到宗極。禪門與天台宗學人，年少時都從律師修學，此兩宗學人也常居住在律院。因此，學人會接觸到禪學是很正常的。此外，吳越境內，僧人習《華嚴經》的風氣很盛，吳越國境內許多州都設有華嚴道場或跟華嚴有關的寺院建立，而晤恩善於懸解以及陳述心觀，受諸經論的影響是必然的，所以其被時人稱為義虎。贊寧在《宋高僧傳》中說晤恩：「又慊昔人科節，與荊溪記不相符順，因著玄義、文句、止觀、金光明、金錍論科總三十五帖，見行於世。」〔註181〕他既不忘祖師湛然之教，其研究《華嚴經》與《起信論》是必要的。

又，晤恩受師承以及學養的薰習，「不喜雜交游，不好言世俗事，雖大人豪族，未嘗輒問名居，況迂趨其門乎。」釋贊寧在《宋高僧傳》且云：「凡與人言，不問賢不肖，悉示以一乘圓意。或怪不逗機者，乃曰：『與作毒鼓之緣耳。』」〔註182〕其受華嚴真心說以及禪教的影響是顯見的。其結果，是跟湛然會下的元浩走的路數——耽於道味而「感大果、成大行、歸大處」〔註183〕，頗有類似之處，然晤恩比元浩幸運，能成為山外派的祖師，其必有某些東西或因素使之能比湛然會下的元浩禪師更能深獲僧家們的景仰與效法。如其示人法要，其雖說「作毒鼓之緣」，但在教學法上似那後來的知禮所強調的「理毒性惡」之說。只是晤恩之法簡要直入，而知禮之教要廣加鋪設而已。

晤恩為人點撥止觀心要，可以在釋贊寧的《宋高僧傳》中得見，而《釋門正統》與《佛祖統紀》兩書也都加以引述。此外，贊寧說晤恩，「平時謹重一食，不離衣缽，不畜財寶，臥必右脅，坐必加趺。弟子輩設堂居，亦同今之禪室。立制嚴峻，日別親視，明相方許淨人施粥。曾有晚飲薯蕷湯者，即

〔註180〕關於吳越國境內的禪門，參見賴建成《吳越佛教之發展》，前引書，頁47～57。
〔註181〕《宋高僧傳》卷第七〈杭州慈光院晤恩傳〉，《高僧傳三集》，頁180。
〔註182〕《宋高僧傳》卷第七〈杭州慈光院晤恩傳〉，前引書，頁179。
〔註183〕《宋高僧傳》卷第六〈唐蘇州開元寺元浩傳〉，前引書，頁129。

時擯出鬡堂。每一布薩，則潸洒不止，蓋思其大集滿洲之言耳。」〔註184〕其持戒嚴謹，行懺法也是爲了個人的禪行，跟後來的山家派很不一樣。《佛祖統紀》卷第十〈晤恩傳〉云：「每布薩（此云淨住），大眾雲集，潸然淚下，蓋思大集有無戒滿閻浮之言也。」〔註185〕其行持，似如贊寧說元浩禪師，「感大果，成大行，歸大處，以爲大願。」〔註186〕晤恩不似元浩的直超佛地，元浩「宴居三昧，常隨佛後」，而晤恩則是課徒甚嚴，乘戒而出，偏誨人以彌陀淨業，救生死事。其在《發揮記》中雖主張不須更立觀心，但其卒前卻爲弟子們說止觀旨歸及觀心義，可見他還是本著因才施教的原則。其生前，凡與人言，不問賢與不肖，悉示以一乘圓意，看似像那禪匠們在直指心之源頭。晤恩跟元浩相較之下，晤恩是比較婆心的，比較講究門風以及教學上的次第，所以其教法可以傳之久遠，使之成爲山外宗的祖師，讓學人懷念不已。

　　從志因、晤恩所講學的慈光院，我們也可以考察出一些現象來。慈光院在唐末時曾爲武肅王的龍泉廨署，後爲仰山慧寂會下文喜禪師住持之所〔註187〕，而改爲龍泉院。至於仰山慧寂的禪法，贊寧在〈慧寂傳〉上說：「凡所商攉，多示其相。」「今傳仰山法，示成圓相，行之於代也。」〔註188〕看晤恩偏誨人念佛與常示人以一乘圓意，可以明白其宗風確實與強調「佛果具惡義」與「妄心觀」且行懺法的山家宗祖師與學人是大爲不同的，晤恩的行法顯然是仰山法結合淨土行。但從文備的行實上看來，文備對所示圓相的意義，「乃是所見淨土之事。」〔註189〕如是推測，志因與晤恩講學的慈光院，必有奉行著禪門仰山圓相法的僧家存在。而經過晤恩與文備的吸收與融會之後，會同禪行、淨教於一性，直指所見淨土，但在宗本上實與禪門的行履有別。

　　此外，由文備的傳紀中，亦可以窺見晤恩的行持與門風跟戒德與禪、淨大有關連。智圓在〈錢唐慈光院備法師行狀〉中云文備，「三十餘年坐忘一室，陶神妙觀，繼想淨方；疏遠眾流，介然自得。」其不誨眾，寂前憑几圖出圓相至于三〔註190〕。由《釋門正統》與《佛祖統紀》的記載看來，文備亦把禪、

〔註184〕《宋高僧傳》卷第七〈宋杭州慈光院晤恩傳〉，前引書，頁179。
〔註185〕《佛祖統紀》卷第十〈法師晤恩傳〉，前引書，頁370。
〔註186〕《宋高僧傳》卷第六〈唐蘇州開元寺元浩傳〉，前引書，頁279。
〔註187〕《宋高僧傳》卷第十二〈唐杭州龍泉院文喜禪師傳〉，《大正新脩大藏經》第50冊，頁784a。
〔註188〕《宋高僧傳》卷第十二〈唐袁州仰山慧寂禪師傳〉，前引書，頁783b。
〔註189〕釋智圓〈錢唐慈光院備法師行狀〉，《卍新纂續藏經》第56冊，頁897b。
〔註190〕《閒居編》卷第二十一〈錢唐慈光院備法師行狀〉，《卍新纂續藏經》第56

淨融合在一塊。〔註191〕他們師弟的會取都在了天台三觀之旨，行履卻在禪、淨合一之上。而晤恩因爲理入優於文備，晤恩乃成爲文備的最佳師友。據《釋門正統》卷第五〈文備傳〉云：「（志）因沒，仍北面事（晤）恩。蓋學無常師，理長則就也。」〔註192〕在佛門，理長、學優者爲師家爲宗匠，宗匠必具有課徒之願行如晤恩，而文備在志因與晤恩會下，乃能宴坐三十年，繼想遠方，似那元浩：「宴居三昧，常隨佛後；希夷自得，人莫能知。」其行法如是，也是有所根據的，文備說：「講授滿門，祖風未墜；抗跡開居，從吾所好。」〔註193〕抗跡開居而從吾所好，這是智者大師所傳承下來的精神，在元浩、文備諸師身上，以及在往後的山外宗祖師如慶昭與智圓，還有山家宗祖師如知禮與遵式的行實中得見。

　　由文備傳記與行業記中得知，其所學甚多。其於《維摩經》、《圓覺》、《法華經》與名數之學無不精練，在義解上只能與晤恩並驅於義解之徒，然而在懸解上不如晤恩。晤恩在皓端會下之時，如贊寧所說的：「懸解之性天然，時輩難抗敵。」此話，眞不是虛言，連好學的文備都爲之折服。晤恩到志因會下聽習，學一心三觀，因爲是利根行人之故，很快地就能頓見玄旨，其剖析台教幽微，乃能使會昌法難之後談妙的遺音再現於世，所以《宋高僧傳》、《釋門正統》與《佛祖統紀》皆說「使法華大旨全美於代」，是晤恩努力出來的成果。

四、與淨土的關係

　　天台宗從智者大師以來，除了修習止觀之外，也有淨土信仰。根據灌頂的《隋智者大師別傳》與道宣的《續高僧傳》〈智顗傳〉，智者寂前，「右脇西向而臥，專稱彌陀、般若、觀音。」〔註194〕潘桂明在〈天台宗的創建者智顗——淨土信仰〉文中說：「根據《別傳》和《智顗傳》的記載，智顗的淨土信仰比較複雜，既有彌勒信仰，甚至還有觀音、勢至等菩薩信仰。但這些信仰，大多突出表現在他臨終前的複雜思想過程中。（中略）他的淨土思想中既有唯

　　　　冊，頁897b。
〔註191〕《釋門正統》卷第五〈文備傳〉與《佛祖統紀》卷第十〈法師文備傳〉皆云
　　　　其所出圓相是指其所見淨土事。
〔註192〕《釋門正統》卷第五〈文備傳〉，前引書，頁832上。
〔註193〕《佛祖統紀》卷第十〈法師文備傳〉，前引書，頁370。
〔註194〕釋灌頂《隋智者大師別傳》，《大正新修大藏經》第五十卷，頁196上；另見
　　　　《續高僧傳》〈隋國師智者天台山國清寺釋智顗傳〉，前引書，頁582。

心念佛和觀想念佛的內容，又有稱名念佛往生西方的意願，但主傾向是觀想念佛，而非稱名念佛。也就是說，自宋代起，雖然稱念阿彌陀佛名號以求西方淨土成爲天台宗僧侶的普遍修行，但這絕非智顗大師立宗的本意，也決非智顗大師意料之中的事。（中略）智顗在給楊廣的遺書以及臨終前答弟子問時，曾無遺憾地說：『吾不領眾，必淨六根。爲他損己，只是五位耳。』（《別傳》和《智顗傳》相同）末法之現狀無法改變（他化方面），而自身之修行又未達目的（自行方面），智顗帶著極大的遺憾和苦惱離開世間，但仍願留給世間以種種希望和光明。」〔註195〕晤恩帶給山外派學人的也是一樣，其會下源清的門人智圓對晤恩的德行及所居道場慈光院也是深深的想念。

晤恩在許多層面上，與祖師智者有雷同之處。據《續高僧傳》說智顗小時候，「臥便合掌，坐必面西。年一紀來，口不妄噉，見像便禮，逢僧必敬。」〔註196〕至於晤恩，《宋高僧傳》記載他「及稚孺，見沙門相，必起迎遲。年十三，聞誦彌陀經，遂求出家。」〔註197〕其在錢塘慈光院，「偏誨人以彌陀淨業，救生死事。受教得生感祥可見者，往往有之。」〔註198〕而示寂前的狀況，僧傳說：「雍熙三年八月朔日，恩於中夜睹白光自井而出，明滅不恒。謂門人曰：『吾報齡極於此矣。』乃絕粒、禁言、一心念佛，次夢擁納沙門，執金鑪、焚香，三遶其室。自言：『祖師灌頂來此相迎，汝當去矣。』夢覺，呼弟子至，猶聞異香。至二十五日，爲弟子說止觀旨歸及觀心義，辰時端坐，面西而化，享年七十五，僧臘五十五。其夜，院僧有興、文偁等，皆聞空中絲竹嘹亮，而無韶鼓，且多鈴鐸，漸久漸遠，依稀西去。迨九月九日，依西域法焚，獲舍利青白圓粒無算。」〔註199〕而智者，據《續高僧傳》云：「有問其位者，答曰：『汝等懶種善根，問他功德，如盲問乳蹶者訪路云云。吾不領眾，必淨六根；爲他損己，只是五品內位耳。吾諸師友，從觀音、勢至，皆來迎我。波羅提木叉，是汝宗仰；四種三昧，是汝明導。又敕維那：『人命將終，聞鍾磬聲，增其正念。唯長唯久，氣盡爲期。云何身冷，方復響磬。世間哭泣、著服，皆不應作，且各默然，吾將去矣。』言已，端坐如定，而卒於天台山大

<hr />

〔註195〕潘桂明、吳忠偉《中國天台宗通史》（南京：江蘇古籍出版社，2001年12月），頁211～214。
〔註196〕《續高僧傳》卷第二十一〈隋國師智者天台山國清寺釋智顗傳〉，前引書，頁571。
〔註197〕《宋高僧傳》卷第七〈宋杭州慈光院晤恩傳〉，前引書，頁178。
〔註198〕《宋高僧傳》卷第七〈宋杭州慈光院晤恩傳〉，前引書，頁179。
〔註199〕《宋高僧傳》卷第七〈宋杭州慈光院晤恩傳〉，前引書，頁178～179。

石像前。」〔註200〕由晤恩的行實，有許多方面應合智者的思維，釋志磐的《佛祖統紀》卷二十七把晤恩跟智者與灌頂，同列在「淨土立教志第十二之二——往生高僧傳」中，在「序」文且云：「本朝飛山戒珠始集《往生傳》，厥後侍郎王古加以續傳。南渡以來，錢唐陸師壽又增續之，四明默容海印復為續於後。凡二儒二釋，繼成此書。今並刪削繁文，獨著平時念佛，臨終往生之驗，俾修淨業者，有所慕焉。」〔註201〕晤恩除了止觀的傳習之外，也用念佛往生淨業，來引度聖、凡兩眾。

五代宋初之際，被《佛祖統紀》列為往生高僧者，除了扶風志通、錢塘紹巖、永興守真、寶雲義通之外，就是慈光院的晤恩法師了。據釋袾宏的《往生集》所載，當時的往生高僧僅見永明延壽、志通與晤恩三人。其且為晤恩贊曰：「財食不貪，廉潔心也。坐臥不苟，敬慎心也。衣缽不離，持重心也。布薩垂泣，誠信心也。四心皆淨因，宜其往生矣。至於誨人，則西方淨業。與一乘圓教並施，恩其深入念佛法門者乎。」〔註202〕對於念佛往生淨土的行持，袾宏在《往生集》卷之一「總論」云：「《無量壽經》論三輩往生。其上輩者，曰捨家離俗，而作沙門，一向專念阿彌陀佛。捨家離俗，身出家也，一向專念心出家也。身心俱淨，焉得不生淨土。世有狂僧，或曰淨土往生，接引在家二眾。吾沙門，吾何屑乎是。或曰淨土往生，接引僧中鈍根。吾明教，吾明宗，吾何屑乎是。噫是惡知，遠祖而下諸大老。或弘經法，而聲震人天。或握祖印，而道彌今古。彼固昧於宗教，非沙門乎哉。又惡知淨土之外，無宗教無沙門乎哉，吾因以告夫狂者。」〔註203〕如是，止觀禪法的旨歸以及念佛往生淨土，對天台宗人是「不一不異」的行持，天台宗人禪、淨合流的趨勢是明顯的。

宋太宗雍熙三年（986）八月二十日辰時，晤恩法師端坐面向西方而化，依西域法荼毗，得舍利無數。據智圓的〈祭祖師文〉所載，晤恩「雍熙三年示滅于慈光院，既闍維之。弟子遷于他郡，靈骨寄于民舍，凡二十餘載。有沙門廣鈞、保隆者，訪而得之，留于淨住院者，又將十年。」大中祥符九年（1016），即「滅後三十一年，有法孫智圓者，得遺骨於它舍，乃鬻衣傭工刻

〔註200〕《續高僧傳》卷第十七〈隋國師智者天台山國清寺釋智顗傳〉，《大正新脩大藏經》第50冊，頁567b。
〔註201〕《佛祖統紀》卷第二十七，前引書，頁506。
〔註202〕釋袾宏《往生集》卷上〈晤恩傳〉，《卍續選輯》史傳部5，頁143下。
〔註203〕釋袾宏《往生集》卷上「總論」，《卍續選輯》史傳部5，頁151下～152上。

石爲塔，葬之於孤山瑪瑙坡。」〔註204〕。晤恩法師所居的慈光院院，是禪門寺院，所以晤恩卒後弟子們回到本師處去行化，如洪敏在靈光寺，而源清在晤恩卒前就在奉先寺演教。

而記念晤恩的塔，除了蘇州破山寺之外，在錢塘孤山亦有，據釋智圓的〈大宋高僧慈光闍梨塔記〉云：「越三年（宋眞宗天禧二年，1018），懼後世不知，乃於塔之左，勒崖以識之。」〔註205〕後智圓的〈書慈光塔〉云：「靈骨未藏三十載，我來收得葬孤山；此中起塔不在大，已有高名垂世間。」〔註206〕對於晤恩，智圓是很想念的，因其年幼出家，在文備會下爲猶子，因此慈光院有他年幼時的一些記憶在。

其在〈孤山詩三首〉之三有詩云：「仙島湖西見，湖西景有餘；春融迎曉日，秋碧礙空虛。竹蔭高僧塔（唐高僧慧琳、大宋高僧晤恩二塔存焉），雲迷處士居（處士林逋高節不仕隱居茲山）；史遷今若在，此處合藏書。」〔註207〕高僧舍利塔，碧空和竹蔭，史書與高潔呼應，能發思古之幽情，勵人之心志。

天台宗從清竦之後到宋初的發展，《釋氏稽古略》卷第四云：「丙戌雍熙三年，遼統和四年秋八月二十五日，秀水高僧晤恩端坐面西而逝。初天台宗，元自唐德宗建中三年荊溪尊者滅後五傳而至清竦。竦有二弟子，曰義寂，曰志因。（義）寂以教觀正脈傳義通，（義）通傳知禮（四明尊者）、遵式（下竺懺主），源源授受。志因傳晤恩，（晤）恩名著僧史，（晤）恩傳洪敏、源清。（源）清傳智圓（孤山法師）、慶昭。（慶）昭傳繼齊、咸潤，境觀、解行各師其說，四明知禮辭而闢之，衡嶽家世斥之爲山外宗（天台教部）。」據《釋氏稽古略》所云，義寂所得是教觀的正脈，以傳義通而出知禮，下開山家宗。而晤恩所傳的學風，被衡嶽家世（天台山家）斥之爲山外宗。

晤恩下出洪敏，洪敏有弟子長水子璿（965～1038），子璿系下有淨源（1011～1088）〔註208〕、義天（？～1101）〔註209〕師弟相承賢首之教。淨源其衣布褐，自奉甚約，其苦志千學，學解俱到，杭帥蒲公尊其道，以慧因寺易禪爲教請淨源居之，道風大振。《釋門正統》卷第八〈淨源傳〉中說：「彼宗自圭

〔註204〕釋智圓《閑居編》卷第十七〈祭祖師文〉，《卍新纂續藏經》第 56 冊，頁 890c。
〔註205〕《閑居編》卷第十五〈大宋高僧慈光闍梨塔記〉，前引書，頁 887b。
〔註206〕《閑居編》卷第四十六，頁 935a。
〔註207〕《閑居編》卷第四十，頁 924a。
〔註208〕《釋門正統》卷第八〈淨源傳〉，前引書，頁 913 下～914 上。
〔註209〕《釋門正統》卷第八〈義天傳〉，前引書，頁 901 下。

峰來，未有若斯之盛，故稱中興教主。」〔註210〕而義天亦從法智知禮系下的天竺慈辯從諫（1033～1109）處求法，得授鑪、拂傳衣，後返海東以從諫爲初祖。〔註211〕義天復寄《華嚴經》新、舊三譯凡一百七十卷於慧因寺，淨源於元祐三年（1088）十一月卒，義天念法乳遺侍僧壽介等過海致祭。〔註212〕晤恩系下依次有源清、慶昭，形成山外宗，後有山家宗與之爭勝；而晤恩系下的洪敏，有門生子璿，依次有淨源、義天，重現賢首宗風。

第三節　山外派學人與道場

　　山外派的源頭，如從五代初年算起，是從秀州靈光寺與錢塘慈光院興起的，其興發期只到宋代中葉其法緣就衰微。但講到山外派學人的道場與學風，勢必要論及慈光院與晤恩。而慈光院初時的台教師是志因，志因之學承自清竦，清竦與志因在《宋高僧傳》中無傳，僅在《釋門正統》卷第二〈清竦傳〉中列有弟子志因、義寂與覺彌；志因在清竦門下爲上首，是不用辯說的，而義寂跟志因比較之下則是後學。

　　晤恩既然跟志因學台教，但智圓提及祖師，僅說祖師晤恩，不說志因，可見志因與晤恩的門風還是有差別的，這一點是山外派內部的問題。也可以說是，山外的慈光院，到了晤恩接志因講席之後，其法門改轉了，其所演講的台教跟志因有別。至於山家派，是從義寂會下的義通門人知禮出世後產生的，這門派的傳承是從知禮、義通、義寂上溯到清竦一直接續到智者，其傳承也有可疑之處。尤其是贊寧跟義寂、志因是熟識的，對於這兩人得法於誰的問題居然不提，可見其間大有問題在。

　　依山家的史書，志因與義寂都曾在清竦門下受學，但從錢儼的〈建傳教院碑銘〉來看，義寂曾在清竦、玄廣座下修學，其是否得法於清竦是不明確的，這是山家宗內部的課題之一。《釋門正統》爲了自圓其說，把曾在清竦座下受學的志因歸類於清竦的傳法弟子，如是兩人都變成了天台宗的傳人，初時的山家史家用這種傳承來區別玄燭系下的皓端，是可以理解的。到了《佛

〔註210〕《釋門正統》卷第八〈淨源傳〉，前引書，頁913下～914上；另見《補續高僧傳》卷第二〈晉水法師傳〉，頁35上。

〔註211〕《釋門正統》卷第六〈從諫傳〉，前引書，頁854下；另見《佛祖統紀》卷第十〈法師從諫傳〉，前引書，頁396。

〔註212〕《補續高僧傳》卷第二〈晉水法師傳〉，頁35上；另見《卍新纂續藏經》第77冊。

祖統紀》，除了承繼《釋門正統》部份說法之外，把清竦會下的弟子順序改爲「門人世業者義寂、志因、覺彌」，此種做法是以義寂爲清竦座下的上首，以義寂爲嫡傳，而志因則爲旁枝。此外，山外學風走向禪、教合一的路數，而天台山的義寂與四明的義通卻回歸到傳統的教觀，這是行化上的出路問題，不然遲早都會被晤恩一系所融攝去了，如同義寂會下的宗昱系僧家。

　　就史實而言，錢塘慈光院的志因，約於後晉天福二年（937）前離開本師到天台山跟清竦受學，或許約在天福八年（943）清竦（？～889～937～？）卒後離開天台山禪林寺回到慈光院，其何時開演台教是不明的。只知其於後晉開運初（944），居錢塘慈光院，出弟子晤恩（912～986）繼踵開法，時人稱爲義虎。志因有弟子可榮（居蘇州雍熙寺）、懷贄（住南海）、義清（居錢塘）。晤恩有弟子源清（居錢塘奉先寺）、洪敏（居秀州靈光寺）、可嚴（居錢塘慈光院）、文備（居錢塘慈光院）。源清傳法弟子有智圓（居西湖孤山寺）、慶昭（居錢塘梵天寺）、慶彎（居錢塘崇福寺）、德聰（居越州開元寺）。可嚴有弟子蘊常，居錢塘廣慧寺。慶昭有弟子咸潤（居越州永福寺）、智仁（越州報恩寺）、繼齊（居溫州）。智圓弟子惟雅，後住持孤山寺。咸潤有弟子善朋，居越州永福寺。〔註213〕

　　而清竦的弟子覺彌，居錢塘龍興寺。杭州的龍興寺是禪、教、律並弘的寺院。而蘇州的龍興寺，九祖湛然及其會下元浩禪師（？～817），以及雪峰法證的弟子重巽法師都曾在此寺院行化，柳宗元（773～819）爲重巽法師的門生〔註214〕，柳宗元跟重巽法師交遊並有書信往來〔註215〕；據柳宗元的〈永州龍興寺修淨土院記〉所載，龍興寺裏面還設有淨土院，官員們常在此辦佛事。會昌法難之後，龍興寺跟台教有關係，從晚唐的覺彌開始，而由〈錢塘慈光院備法師行業記〉來看，文備從福州進入越州與杭州龍興寺學名數，其在龍興寺才聽聞到一心三觀之事，或許受到覺彌的點撥，或許覺彌當時已經圓寂，所以文備於後周廣順元年（951）到志因處參學，時義寂還在天台山修道行化，名氣還不大。

　　關於錢塘的龍興寺，晚唐時有相部律師法愼的弟子靈一（728～762）〔註216〕

〔註213〕《佛祖統紀》卷第十〈高論旁出世家〉，前引書，頁365。
〔註214〕《佛祖統紀》卷第十〈荊溪旁出世家〉，前引書，頁364。
〔註215〕釋祖琇：《隆興佛教編年通論》卷第二十二，《卍新纂續藏經》第75冊，頁217b。
〔註216〕《宋高僧傳》卷第十五〈唐餘杭宜豐寺靈一傳〉，前引書，頁799a。

與牛頭禪鶴林玄素法子徑山法欽（718～792）在此行化。〔註217〕後百丈懷海的法子靈祐（771～853）曾在此受具足戒，究大小乘經論。〔註218〕晚唐五代初年，有可周行化於此。據《宋高僧傳》卷第七〈可周傳〉云：「釋可周，俗姓傅，晉陵人也。出家于本部建元寺，循良厥性，切問于勤，友生勉之曰：『非其地，樹之不生。今豫章，經謂之江，論謂之海，胡不往請業乎。』周感其開導，挈囊達彼，遇雲表法師盛集，窮《法華》、《慈恩》大疏，日就月將，斡運深趣。昭宗初，自江西迴台、越之間，命其啟發。梁乾化二年（912），受杭州龍興寺召開演，黑白眾恒有半千，兩浙武肅王錢氏，命於天寶堂夜為冥司講經，鬼神現形扈衛，往往人睹焉。嘗有祭銅官祠神巫氏，久請不下，後附巫曰：『吾隨從大神，去西關天寶堂聽法，方迴。』武肅王聞而鄭重，貺（可）周中金、如意并缽、紫衣一副，加號精志通明焉。以天成元年（926），終于觀音院本房。初周乾寧四年（897），戾止台州松山寺，講疏闕鈔，遂依疏節成五卷，曰《評經鈔》、《音訓五帖》、《解宣律師法華序鈔》一卷，行于浙之左右，弟子相繼不絕。」〔註219〕

繼可周之後，龍興寺有雪峰義存的法子宗靖禪師在此行化。據《景德傳燈錄》卷第十九〈宗靖傳〉云：「杭州龍興宗靖禪師，台州人也。初參雪峰，密承宗印。乃自誓充飯頭，服勞逾十載，嘗於眾堂中袒一膊釘簾。雪峰睹而記曰：『汝向後住持有千僧，其中無一人衲子也。』師悔過，辭歸故鄉，住六通院。錢王命居龍興寺，有眾千餘，唯三學講誦之徒，果如雪峰所誌。周廣順初（951），年八十一，錢王請於寺之大殿，演無上乘，黑白駢擁。僧問：『如何是六通奇特之唱？』師曰：『天下舉去。』問：『如何是六通家風？』師曰：『一條布衲，一斤有餘。』僧問：『如何是學人進前一路？』師曰：『誰敢謾汝。』曰：『豈無方便？』師曰：『早是屈抑也。』問：『如何是和尚家風？』師曰：『早朝粥，齋時飯。』曰：『更請和尚道。』師曰：『老僧困。』曰：『畢竟作麼生？』師大笑而已。錢王特加禮重，屢延入府，以始住院，署六通大

〔註217〕《宋高僧傳》卷第九〈唐杭州徑山法欽傳〉，前引書，頁764c云：「（德宗貞元）六年，州牧王顏請出州治龍興寺淨院安置，婉避韓滉之廢毀山房也。八年壬申十二月示疾，說法而長逝，報齡七十九，法臘五十。德宗賜諡曰大覺，所度弟子崇惠禪師，次大祿山顏禪師、參學范陽杏山悟禪師，次清陽廣敷禪師。于時，奉葬禮者弟子實相、常覺等，以全身起塔于龍興淨院。」

〔註218〕《景德傳燈錄》卷第九〈潭州溈山靈祐禪師傳〉，前引書，頁149。

〔註219〕《宋高僧傳》卷第七〈後唐杭州龍興寺可周傳〉，前引書，頁747c。

師。顯德元年（954）甲寅季冬月示滅，壽八十四，塔于大慈山。」〔註220〕義寂於後晉天福五年（940）才到清竦與玄廣會下參學，而覺彌後到天台山禪林寺修學，或許覺彌是禪門宗靖禪師的會下學人。

宗靖之後有宗季在龍興寺行化，據《宋高僧傳》卷第七〈宗季傳〉云：「釋宗季者，俗姓俞，臨安人也。稚齒瑰偉，心志剛直。嘗天震鄰家樹，季隨僵仆。有姊尼抱就膝，視之曰此非震死且有生候。至夜未央，甦而復作，遂勸令出家。事欣平寺僧，後往衢州投巨信論師，學名數論。文義淹詳，且難詘伏，鋒芒如也。迨迴杭龍興寺召講，時僧正蘊讓，給慧縱橫兩面之敵也，與閭丘方遠先生、江東羅隱為莫逆之交也。見而申問，季作二百語詶之，讓正賞歎，遂請開講四十餘年，出弟子七八百人。漢乾祐戊申歲，疾終于本房。初季講次，遇一異人，作胡語，問西域未來之經論，一眾驚然。季眇二目，曾夜行感神光，引之常覽古師之述作。曰可俯而窺也，遂撰永新鈔釋、般若心經、暉理鈔解、上生經彌勒成佛經疏鈔、補猷鈔闕諸別行義章，可數十卷，並行于世。季道行孤僻，性情方正。寡言語，氣貌高邁，誓不趨俗舍。暨老，懇請亦罕赴白衣家。居唯屢空，衎然自任。而孜孜手不釋卷，樂道向終。至今此宗越多，弟子講導不泯焉。」〔註221〕從龍興寺的僧家來看，它可算是禪、教合流行化的寺院。

覺彌在禪、教合流的環境下，又到天台山禪林寺參學，學成之後回到錢塘龍興寺。《佛祖統紀》卷第十稱覺彌為演教覺彌，因其住錢塘龍興寺演天台教的緣故。而《宋高僧傳》的作者贊寧，也出家於杭州龍興寺。〔註222〕宋初，學百法通五教的子寧（930～1010）在此行化，有弟子梵倫、梵僎與梵仁，其法孫有思振、思授、思拱、思總。〔註223〕另有子璿（965～1038），初於嘉興僧判官洪敏（晤恩門下）處參學，天禧中到祥符寺開講《楞嚴經》，道俗聽眾

〔註220〕《景德傳燈錄》卷第十九〈杭州龍興宗靖禪師〉，前引書，頁182。

〔註221〕《宋高僧傳》卷第七〈漢杭州龍興寺宗季傳〉，前引書，頁750b。

〔註222〕《四庫提要》子部二十五譜錄類《筍譜一卷》云：「不著撰人名氏，晁公武讀書志作僧惠崇撰，陳振孫書錄解題作僧贊寧撰。案惠崇為宋初九僧之一，工於吟詠，有《句圖》一卷，又工於畫，《黃庭堅集》有題其所作〈蘆鴈圖詩〉，然不聞曾作是書。考《宋史・藝文志》亦作贊寧，則振孫說是也。贊寧，德清高氏子，出家杭州龍興寺。吳越王錢鏐（當是錢弘俶）署為兩浙僧統，宋太宗嘗召對於滋福殿，詔修《高僧傳》，咸平中加右街僧錄，至道二年卒，諡曰圓明大師。」

〔註223〕《芝園集》卷上〈杭州祥符寺通義大師塔銘〉，《卍新纂續藏經》第59冊。

近千人。〔註224〕其法子淨源，杭帥沈學士置賢首院以延之主持，其屢住泉、蘇、杭、湖、秀等州大道場，闡揚圓頓極旨。源清的法子智圓（976～1022），八歲入空門，登具於龍興寺。〔註225〕天禧初年（1017），大中祥符寺沙門遣法孫清月詣孤山智圓處，請為寺中所藏的《文殊般若經》作贊，以廣其流傳。〔註226〕晤恩一系，在文備之時就跟錢塘龍興寺拉上關係〔註227〕，到了智圓之時跟龍興寺關係更是密切。後法智知禮系下神悟處謙的法子擇瑛（1045～1099），受業於錢塘淨住院，也在杭、秀、蘇、湖諸州弘揚天台止觀與淨土，而卒於原名龍興後改名為祥符的寺院之中。〔註228〕錢塘的淨住院與龍興寺是禪、教寺院，其寺僧跟山家、山外僧家都有所往來，山家宗廣智尚賢會下處謙系的學人受山外思想的影響是必然的。

　　吳越有國之時，天台宗逐漸被僧家所重視，不少宗派的僧人前往台教師處受學，造成五代宋初之際天台宗的人才輩出。如志因與晤恩，是從他教來學習台教的，他們會下的學人也多具有天台宗以別子為宗的特質。學人到台教宗匠處學成之後，回到本師寺院開演台教，如奉先寺的源清、開化院的慶昭、永福寺的咸潤。有的僧人繼承師父的法席，如慈光院的晤恩、奉先寺的慶昭、梵天寺的咸潤。有的僧人，在舊寺教院裏開山，如慶昭建梵天寺、知禮建延慶院、遵式建靈山寺。有的僧人買山寺重建道場，如智圓建立孤山寺。

一、慈光院系

　　慈光院是山外派的發源地，其教法從後漢開運初（944）算起到宋雍熙三年（986）晤恩卒止，四十多年間主導著錢塘台教的學風，也影響到他處學人的義學發展。杭州慈光院，原名龍泉寺。越州也有龍泉寺，建於東晉成帝咸康二年

〔註224〕釋懷遠：《首楞嚴經義疏釋要鈔并序》卷第一，《卍新纂續藏經》第11冊，頁2。

〔註225〕《釋門正統》卷第五〈智圓傳〉，前引書，頁828上。

〔註226〕《閑居編》卷第九〈書文殊般若經疏後序〉，《卍新纂續藏經》第56冊。

〔註227〕據《閑居編》卷第二十二〈錢塘慈光院備法師行業記〉云：「晉天福間，卷衣入漸。初泊會稽，從柔法師傳百法論，尋講貫焉，歷數稔。復度江，詣錢唐龍興寺，訪于先達，考論大義，以求溫習，故於名數一支尤造淵極。學徒自遠方來者，周弗從其求益矣。後聞天台三觀之學，可以指南群惑，研幾心性，欽尚匪懈，誓欲傳通。時值志因法師，傳道於慈光院，遂及其門，即周廣順元年也。」

〔註228〕《觀經義疏正觀記》卷上以及《佛祖統紀》卷第十四、卷第二十五、卷第二十七，還有《釋門正統》卷第六、《淨土指歸集》卷上、《淨土聖賢錄》卷第三、《芝園集》卷上。

（336），從建寺之後直至唐初，一直暮鼓晨鐘，梵唄悠揚，未曾遭受到兵燹之劫。故虞世南在所撰《大唐龍泉寺碑》中，盛贊三寶之力佑衛此寺。中唐時，龍泉寺是律宗道場，道一律師（679～754）曾住於此。〔註229〕會昌五年（845）廢，大中五年（851）重建，咸通二年改龍泉寺。〔註230〕越州與杭州的龍泉寺，都是相部律宗曇一（692～771）行化的道場，會昌法難之前，吳郡包山的神皓（716～790）在錢塘龍泉道場依曇一出家。〔註231〕光啓三年（887），武肅王始牧杭郡，降疏請仰山慧寂的法嗣文喜禪師住於龍泉廨署，其初習四分律，於光化二年（899）卒於寺院。〔註232〕青原下五世、石雙慶諸（807～888）的法嗣敬禪師，也在杭州龍泉寺行化。〔註233〕龍泉寺後改名為慈光院，成為弘揚天台宗的道場，宋時稱為淨住院，而智圓也曾在此受業〔註234〕，後變為台、律並講的寺院，允堪曾在此講學。〔註235〕

　　慈光院一系，從志因開始。志因，生卒年不詳，可能是潙仰宗文喜禪師會下學人，到天台山清竦會下受學，後晉開運中（944～946）在慈光院講學。志因圓寂之後由晤恩接踵，晤恩弟子十有七人，居慈光院的有可嚴與文備，僅文備在《釋門正統》卷第二與《佛祖統紀》卷第十有傳在。晤恩在志因會下參學數年之後，文備於後周廣順元年（951）從越州來慈光院，每與晤恩覆述心觀，而神領意得不俟終日，由是晤恩以文備為得意之交，其謂人曰：「（文）備雖後進，與吾並驅於義解之途，諒無先後矣！」志因師既沒，文備遂北面事於晤恩〔註236〕。志因卒於何年不詳，其後晤恩繼其法席。關於

〔註229〕 李華〈杭州餘姚縣龍泉寺故大律師碑〉，《全唐文及拾遺》（二）卷第三百十九，頁 1449 中～1450 上。

〔註230〕 《嘉泰會稽志》卷第八，頁 19 上；另見《浙江通志》卷第二百三十一，頁 2131。

〔註231〕 《宋高僧傳》卷第十五〈唐吳郡包山神皓傳〉，前引書，頁 397。

〔註232〕 《景德傳燈錄》卷第十二〈杭州文喜禪師傳〉，頁 33；另見《宋高僧傳》卷第十二〈唐杭州龍泉院文喜傳〉，頁 315～316。文喜禪師卒年，《宋高僧傳》說是光化三年。兩書皆說，龍泉廨署在宋時為慈光院。

〔註233〕 《景德傳燈錄》卷第十六「潭州石雙慶諸禪師法嗣」，頁 111。

〔註234〕 《盂蘭盆經疏鈔餘義》，《卍新纂續藏經》第 21 冊，頁 558a 云：「智圓，字無外，號中庸子，俗姓徐氏，錢塘人。受業於本州淨住院，學台教於奉先源清。法師撰疏十本，以通十經。著《閑居編》六十卷，其講道訓人備如，集賢吳遵路撰行狀碑云。」

〔註235〕 釋允堪《淨心誡觀法發真鈔》卷上「序」，《卍新纂續藏經》第 59 冊，頁 518a。

〔註236〕 《閑居編》卷第二十一〈錢唐慈光院備法師行狀〉，《卍新纂續藏經》第 56 冊，頁 897b；《釋門正統》卷第三，前引書，頁 784～785。

文備，智圓的〈錢唐慈光院備法師行狀〉云：

> 法師，諱文備，字昭本，姓鄭氏，福州候官縣人也。幼事師于太平寺，敏達之性有異常童，誦《法華》、《維摩》、《圓覺》、《十六觀》、《小般若》等經，靡不精練。後唐清泰三年（936），受尸羅於本寺，堅持淨檢，苦志為學，該綜經律，雅好文儒，五經、諸子常所博覽。晉天福間（936～944），卷衣入漸，初泊會稽，從柔法師傳《百法論》，尋講貫焉，歷數稔。復度江，詣錢唐龍興寺，訪于先達，考論大義，以求溫習，故於名數一支，尤造淵極，學徒自遠方來者，罔弗從其求益矣。後聞天台三觀之學，可以指南群惑，研幾心性，欽尚匪懈，誓欲傳通。時值志因法師，傳道於慈光院，遂及其門，即周廣順元年（951）也。既而遊刃融宗，攻堅至理，孜孜然，翼翼然，不舍晝夜，其耽玩也如此。至是，法華、止觀、淨名、金光明等，凡曰一家之教，悉搜抉祕要，洞曉指歸，慧解燦然，難乎倫等。時（志）因有上首弟子晤恩師者（大宋高僧傳義解科中有傳），高節不群，清風肅物，每與法師覆述心觀，而神領意得，不俟終日，由是以為得意之交。謂人曰：『備雖後進，與吾並驅於義解之途，諒無先後矣。』（志）因師既沒，遂北面事於（晤），學無常師也。法師氣度沈靜，終日如愚，洎乎後學詢疑，同儔難問，擊蒙辨惑，旨達辭文。人或問曰：『斷佛種人，乃祖斯戒，識見若此，盍誨人於一方乎？』答曰：『師匠且眾，講授頗多，祖宗之風，未墜地也。抗跡閑居，從吾所好。』即韜其深解，隱其多能，三十餘年，坐忘一室，陶神妙觀，繼想淨方，疏遠眾流，介然自得。故時罕知其解行矣，唯懷道者默而識之。古人云：『實行潛光，高而不名，有是哉！』雍熙二年（985）秋，染微疾，忽於一日憑几，圖出圓相至于三。瞻病者勸其調養，輒止之。或有送食，問以西方信，乃書偈答云：『憶彼浮世人，問我西方信，其信早縱橫，群迷自不認。一水百千波，波波皆佛印，舉動真彌陀，誨爾常精進。』越十月十八日，厥疾漸加，侍者慶堯泣請曰：『師修安養業有年數矣，今也報齡將謝，何休徵乎？』曰：『吾先圖出圓相，乃是所見淨土之事。吾欲無言，今由汝問也。』言訖，奄然累足而逝。往生之驗，於斯見矣。享年六十，僧臘四十九。法師平時味道耽學，不以衣食繫念，於禪觀誦經之外，手寫南北宗章疏凡萬餘紙，辭藻既富，頗有著述。嘗撰《別遺骸文》，故在街僧錄

通慧大師贊寧在杭修僧史之日，深貴其文。又撰《四十八願頌》一卷、《九品圖》一卷、《十六觀經科》一卷、《圓覺經科》二卷、《禪源科》一卷、《念佛救苦喻》一篇、《四悉檀喻》一篇、《四不生喻》一篇、《文集》一卷、《詩集》一卷，詩什中有對雪感事、經曹娥廟二篇，最爲詩人所許。嘉禾沙門洪敏撰眞讚焉，某非能文者，忝爲法師之猶子，故得詢其既往，直紀事跡以備僧史云爾。景德四年閏五月六日狀。〔註237〕

文備於後周廣順元年（951）依志因受學，與晤恩是同學，時義寂還在天台山禪林寺。由贊寧的《宋高僧傳》〈晤恩傳〉以及智圓的〈錢唐慈光院備法師行狀〉推知，當文備來慈光院時晤恩在志因座下已有五年之久。文備亦善義解，但不敵志因會下的上首弟子晤恩。志因歿後，文備仍北面事晤恩，《釋門正統》〈文備傳〉上說這段歷史，「蓋學無常師，理長則就也。」而其所以未出世度眾，文備說：「宗匠頗眾，講授滿門，吾祖之風爲墜于地。抗跡閑居，從吾所好。」〔註238〕可見宋初天台宗人在吳越地區的講學頗盛，因宗匠頗多而祖風未墜於地，這是出自山家派宗鑑之筆，其說法是源自智圓的〈錢唐慈光院備法師行狀〉。而志磐的《佛祖統紀》在〈文備傳〉中，他爲了圓成中興教觀屬於法智知禮，把文備的語句改成：「講授滿門，祖風未墜，抗迹開居，從吾所好。」〔註239〕贊寧在寫《宋高僧傳》時喜好文備的文章，但卻沒爲他立傳，想必是文備在天台思想與行持上是不出於晤恩之外。而彭際清的《淨土聖賢錄》卷第三〈晤恩傳〉則提及文備，其說：「（晤）恩弟子文備，洞明觀法，一室坐忘者三十年。雍熙二年，微疾，淨土見前，累足而逝。」〔註240〕雍熙二年（985）十月十八日文備卒，景德四年（1007）閏五月六日智圓述其行業記。雍熙三年（986）八月二十五日晤恩坐亡。此後，慈光院不見天台宗宗匠出世，此寺院在晤恩卒後有走回禪、律並弘的狀態。

二、雍熙寺系

志因會下以晤恩爲上首，而文備初依志因，後以晤恩爲師，其不開講台教因此無法嗣存焉。志因會下除了海南懷贄與錢塘義清之外，另有姑蘇雍熙

〔註237〕釋智圓〈錢唐慈光院備法師行狀〉，《卍新纂續藏經》第56冊，頁897b。
〔註238〕《釋門正統》卷第五〈文備傳〉，前引書，頁832上。
〔註239〕《佛祖統紀》卷第十〈法師文備傳〉，前引書，頁370。
〔註240〕彭際清《淨土聖賢錄》卷第三〈晤恩傳〉，《卍續選輯》史傳部5，頁245上。

寺可榮。海南懷贄與錢塘義清、雍熙可榮，無傳記可考。而雍熙乃宋太宗的
年號，可想而知是雍熙年間賜的寺額。據《吳地記》「吳江縣──雍熙寺」條
下云：「雍熙寺，在縣北十步。梁天監二年（503）置，舊名流水、法水等寺，
後於雍熙中失火燒毀，遂改今名。」〔註241〕又五代末，吳越王錢弘俶曾命法
眼宗清聳了悟禪師入閩上支提山，了悟於山中建寺，宋開寶四年（971），朝
廷賜額華嚴寺，後了悟回杭州靈隱寺，由其法嗣辯隆繼席，雍熙二年（985），
朝廷賜額雍熙寺。福州的雍熙寺是法眼宗的道場，而蘇州的雍熙寺後來是弘
揚天台宗的道場。據朱長文《吳郡圖書續記》卷中〈寺院〉「雍熙寺」條下云：
「在吳縣北，故傳郡人陸氏捨宅以置，號曰流水。舊有三殿三樓，高僧清閑
所建也。雍熙中，改今額。寺之子院三，曰華嚴，曰普賢，曰泗州，皆為講
教之所。」宋神宗熙寧初（1068），有元智法師講《華嚴經》、《清涼疏鈔》於
蘇州雍熙寺〔註242〕，有遵式（1042～1103）〔註243〕從具稟受方袍，數百推為
上首，會圓照宗本禪師坐瑞光道場，乃往禮覲，深蒙印可。〔註244〕蘇州瑞光
寺圓照宗本（1020～1099）禪師，是雲門宗天衣義懷的法子〔註245〕，高麗義
天入宋時拜謁過的圓照宗本。〔註246〕由蘇州、福州這兩座雍熙寺，可以知曉

〔註241〕蘇州的雍熙寺，參見陸廣微：《吳地記》〈吳江縣──雍熙寺〉條下。

〔註242〕在蘇州雍熙寺講《華嚴經疏鈔》的元智法師，被推測為華嚴初祖杜順《法界
觀門》的注釋書《符真鈔》四卷的作者，該書收錄於高麗義天所編的《新編
諸宗教藏總錄》。

〔註243〕遵式為圓照宗本法嗣，參見《續傳燈錄》卷第十四，《大正新修大藏經》第五
十一卷；另見吉田剛（叡禮）：〈另一位遵式〉，《戒幢佛學》卷二（江蘇：蘇
州戒幢佛學研究所，2002年12月），頁476～481。自慈雲遵式圓寂後約40
年，另外一位同名的遵式活躍著即圓義禪師師道遵式（1042～1103）。清乾隆
二十五（1760）年，董世寧纂《烏青鎮志》卷三十五〈釋老〉中，有如下記
述：「遵式，字師道，長洲之顧氏。熙寧間，湖州烏墩鎮，改壽聖教院為禪剎。
大守塔坰，請師開山住持。時錢塘契嵩長老，為禪家祖圖，別其宗派，吳僧
子昉，作止訛論，力詆之。師曰：禪講二門，皆佛所建，宗旨雖殊，其揆一
也。乃作《解謗說》一篇，闢其謬旨，眾疑冰釋。少保李公端愨，錫以紫衣
留，後張公敦禮，奏賜圓義之號。師于教義洞徹，疏《僧肇論》四卷，解杜
順《法界觀》為《摭要記》四卷，以彌勒佛所頌《金剛經》為《助深記》三
卷，注《證道歌》一卷，及《三會語錄》二卷，竝傳于世。今之談《肇論》
者，以師為指南云。（鄭績〈圓義禪師塔銘〉）

〔註244〕鄭績〈圓義禪師塔銘〉登載於清代宗源瀚修、周學浚纂同治十三（1874）年
刊本《湖州府志》卷第四十八〈金石略三〉。

〔註245〕《補續高僧傳》卷第八〈圓照本禪師傳〉，頁80下～81上。

〔註246〕《釋門正統》卷第八〈義天傳〉，前引書頁902上；另見《佛祖統紀》卷第十

當時不論是天台宗或禪宗，有禪、教合流的趨勢。

　　志因會下的講學，也有覆述心觀的現象，而門下文備於志因卒後，因晤恩理長而北面事之。其他學僧是否如文備，依晤恩為師，就不得而知了。從志因系下雍熙寺的沿革史來看，此寺院為講教之所，除了台教之外，也兼講華嚴，與山外僧家的寺院一樣。可榮來自蘇州流水寺，後回到本師處行化，也是天台宗別子為宗的實例。從流水寺（雍熙寺）的沿革史，可以知曉蘇州佛法的遷流狀況。五代中葉以後，志因與晤恩的法緣很盛，姑蘇的學子前來受學，宋代神宗之後雍熙寺的僧家轉向華嚴宗與雲門宗。由志因系下學僧來自靈光寺、流水寺、太平寺等禪、教寺院來觀察，晤恩因為理長於時輩僧人，成為志因會下的上首弟子，而繼師講席，又被錢塘僧家謂為義虎，其氣勢之盛乃能下開山外宗學派。

三、靈光寺系

　　五代宋初之時，秀州的靈光寺是禪、教合一的寺院，皓端在此行化二十餘年，其會下出晤恩；後晤恩在慈光院講訓，靈光寺僧洪敏前去參學，洪敏會下出子璿，華嚴宗由是復興。靈光寺，始建於東晉成帝咸康六年（340），尚書徐熙捨宅為寺，寺中井夜間光，故稱靈光井，寺賜額為靈光寺。吳越國文穆王時（932～941）立山門，掘得一石龜，介甲分明，尾長繞身，實為珍奇，遂更名靈龜寺。宋大中祥符年間御賜為精嚴寺，朝廷因之賜給部牒，頒發龍藏，詔命加意護持。靈光寺自古為嘉興佛教僧綱司，統籌嘉禾眾寺。在唐代，靈光寺戒律森嚴，僧人閉門精進，高僧輩出。唐高宗龍朔年間（約661），西域僧人泗州大聖僧伽（628～710），曾卓錫靈光寺。其見當地百姓用木椿或編網等製成柵欄，置於河中以捕魚為生，其苦諭宜別圖生計更漁為稼，在他的感召下改業者頗眾〔註247〕，唐詩人李白有《僧伽歌》〔註248〕頌其功德。

　　靈光寺有吳越國王安奉的佛國金塔，有十二間石屋置放石經，有著名佛像木紋觀音，寺旁有深澗稱百丈溝，有高台名五台山，都早已不存在。〔註249〕

四〈僧統義天傳〉，前引書，頁405。

〔註247〕《神僧傳》卷第七〈僧伽傳〉，《大正新修大藏經》第五十卷，頁992a～992b。

〔註248〕《全唐詩》卷一百六十六。

〔註249〕據《吳地記》云：「嘉興縣，本號長水縣，在郡南一百四十三里。周敬王十年置，在谷口湖。秦始皇二十六年重移，改由拳縣。黃龍三年，嘉禾野生，改禾興縣。吳赤烏五年，避吳王太子名，改嘉興縣。前有晉妓錢唐蘇小小墓，

靈光寺，自會昌法難前有僧人道標（740～823），於永泰初年（765）在此寺依顎律師受具。﹝註250﹞後律師法相（753～841）在此弘化，其通《法華經》與毗尼諸部，爲吳邑開元寺臨壇大德，後兼該寺綱管，以會昌元年卒，景福二年重葬。其有弟子，清潚與清高。據《宋高僧傳》卷第十六〈法相傳〉云：「（清）高弟子公靜。（公）靜弟子行蘊。（行）蘊弟子仁表。（仁）表弟子玄呆。（玄）呆本清白之僧也。同鴻啓重修靈光一寺。爲兵革殘毀之後也。呆公啓公後偕隱天台習禪觀。相次終于山。焚之皆獲舍利焉。」﹝註251﹞靈光寺不僅有律宗諸部的傳承在，且有禪法的蹤跡。據《宋高僧傳》卷第三十〈棲隱傳〉下附〈寶安傳〉云：「釋寶安，俗姓夏，姑蘇常熟人也。風神爽拔，性行淑均。壯年家務所嬰，誓思脫屣，及進具之後，專習定門洞達眞訣。而不衣絲縷，惟專分衛，寢則芻靯。安昔遊五臺，嗟南人之不識，遂率道俗同模，築五臺之制於靈光寺，今且存焉。事畢，無疾而終，受生一百有十八歲，法臘七十八。由身不壞，門徒布漆之別院供養，至會昌毀寺遂焚之。」﹝註252﹞

　　會昌法難之後，有以禪默爲務的貞幹，曾遊化於靈光寺。據《宋高僧傳》卷第二十七〈貞幹傳〉云：「俗姓武氏，雲中人也。神宇高邈，以禪默爲務，曳錫踽步，南訪靈跡。及至故障，有崑山寺者，林泉秀茂，則宋支曇諦嘗考室于此，味道崇化二十餘載，基蹟存焉。至元嘉中，創成大伽藍。屬武宗廢教，其寺屛除。（貞）幹至止於茲，與范陽盧君襲、同興弘覺法師，第二生名跡，寺成進士姚扶有詩。幹後遊今秀州長水，見靈光寺邑民欲樹巨殿，時盧令移邑字民，欣然相遇。幹悉先知，或云：『得他心宿命之明焉。』遂請（貞）幹首唱，而惡偃室之囂，寓殿基後，編苫爲淺室而居，四方檀信弗召自臻。又與僧令恭、君道等，累歲方成今殿，其最高廣海內罕比。事畢挈弊，囊振舊錫歸北，莫知其終。」﹝註253﹞

東五里有天心池。東二里有會稽太守朱買臣墳。西五百步有晉兵部尚書徐恬宅，捨爲靈光寺。」

﹝註250﹞《宋高僧傳》卷第十五〈唐杭州靈隱山道標傳〉，《高僧傳三集》，頁401。

﹝註251﹞《宋高僧傳》卷第十六〈唐吳郡嘉禾靈光寺法相傳〉，前引書，頁420～421。

﹝註252﹞《宋高僧傳》卷第三十〈唐洪州開元寺棲隱傳附寶安傳〉，前引書，頁800。《新修科分六學僧傳》卷第二十〈唐寶安傳〉云：「姓夏氏，姑蘇常熟人。薙髮，隸居嘉禾靈光寺。進具之後，專習定門。遊五臺，見祥光勝跡，不易具述。獨以南方之人，有終身未嘗一造其地者，而曾莫之識，則敬慕之心，何從而生。因爲聘善工，模寫以歸，廣其傳。後無疾而終，壽百有十八，臘七十八。」

﹝註253﹞《宋高僧傳》卷第二十七〈唐吳郡嘉禾貞幹傳〉，前引書，頁372。

　　靈光寺與四分律、禪法脫離不了關係，除了法相與寶安、貞幹之外，另有道標〔註254〕與皓端〔註255〕。皓端（890～961），九歲（898）就捨家入靈光精舍，皓端入靈光精舍之時是法相的弟子爲其師重修塔之後五年，當時法相下的傳承是清高、公靜、行蘊、仁表、玄杲，可能到了漢、晉之際（約936年左右）玄杲與鴻啓重修靈光寺，後由皓端主靈光寺二十餘年（約940～961），而玄杲則與鴻啓相偕隱於天台山習禪觀，靈光寺系下僧家與天台山系的台教也是深具關係的。皓端有弟子八十餘人，其得意門生當屬晤恩，如是居錢塘慈光院的晤恩與天台山系、靈光寺系關係非淺，蘇州、秀州、杭州、明州都有其師友。

　　晤恩的弟子洪敏，居靈光寺，而靈光寺是皓端出家之處，也是後來皓端行化之所，晤恩曾在此跟皓端多年，後才依志因受學。因爲無洪敏傳，我們難以知曉洪敏之前是否如文備也參學過志因，乃至於曾在皓端之下受學，其居止的靈光寺，是禪教、禪律並行的道場。洪敏會下的得意門生，是長水子璿（965～1038）。子璿，秀州人，在南山普門寺出家，「自落髮誦《楞嚴經》不輟，從洪敏法師講動、靜二相，了然不生有省。」其謂洪敏說：「敲空擊木，尙落筌蹄；舉目揚眉，已成儗議。去此二旨，方契斯旨。」洪敏拊而證之。子璿後參臨濟會下瑯瑯慧覺，欲拜慧覺爲師，慧覺曰：「汝宗不振久矣，宜屬志扶持，報佛恩德，勿以殊宗爲介也。」子璿如其教，後住長水。〔註256〕其因受教於秀州靈光寺的洪敏法師，故以長水標號。宋眞宗天禧中（1017～1021），天台僧正崇教大師慧思奏請入山演講《楞嚴經》，敕賜紫衣。仁宗天聖中（1023～1032），錢塘府主胡侍朗請於祥符寺開講，有眾千人，薦賜徽號曰楞嚴大師。後受保壽院慶南大師之請，制《首楞嚴經義疏》，長水沙門懷遠在《首楞嚴經義疏釋要鈔》卷第一云：「其（長水大師子璿）九旬稟筆，一疏告成。宇內僧英、朝中卿彥，彌不欽奉而耽閱者也。」後因流通久而鈔闕，其門弟子請懷遠爲義疏製鈔以扶疏。〔註257〕

〔註254〕《新修科分六學僧傳》卷第二十〈道標傳〉云：「永泰初，依顗律師，受具於靈光寺。」
〔註255〕《新修科分六學僧傳》卷第二十〈宋皓端傳〉云：「嘉禾張氏子，九歲捨家，隸靈光精舍，習經法。年弱冠，抵四明阿育王寺，受具足戒于希覺律師。由是於南山部義，通明無壅。」
〔註256〕《補續高僧傳》卷第二〈長水法師傳〉（台北：新文豐出版公司，民國64年7月），頁29上。
〔註257〕釋懷遠《首楞嚴經義疏釋要鈔并序》卷第一，《卍新纂續藏經》第11冊，頁

由上述可見，晤恩所受的薰習是多門的。洪敏曾著有《不二門別行本》
〔註258〕，宗鑑的《釋門正統》卷第二〈知禮傳〉云：

> 初景德間，《光明玄義》有廣、略二本抗行于世。時慈光（晤）恩師
> 製《發揮記》解釋略本，乃謂：「廣本有十法觀心等文，蓋後人擅添。」
> 遂以四失評之。又其弟子（源）清、（洪）敏二師，共搆難詞，輔成
> 其義，欲廢廣本。寶山（胥）信〔註259〕致書請師辨折，師曰：「夫
> 評是議非，近於諍競，非我志也。矧二公，乃吾宗先達焉，可率爾
> 拒之。」（胥）信重請曰：『法鼓競鳴，何先何後。」師遜讓不獲。
> 遂有《扶宗釋難》之作，力救廣本十法觀心等文，及斥不解發軔揀
> 境之非，觀成歷法之失。〔註260〕

知禮與慶昭問難之時，洪敏當已謝世，然其與慈光晤恩、奉先源清的著作仍
留傳到景德年間（1004～1007），成爲山外派觀行的宗本。《佛祖統紀》卷第
八〈知禮傳〉上云：

> 初是《光明玄》有廣、略二本，並行於世。景德前，錢唐（晤）恩
> 師製《發揮記》專解略本，謂：「十種三法純談法性，不須更立觀心，
> 廣本有之者後人擅加耳。」慈光門人奉先（源）清、靈光（洪）敏，
> 共造難辭二十條，輔成其義。時寶山善信致書法智（知禮）請評之
> （慈雲有寄石壁善信上人詩，有曾同結社之句，據此則知俱師寶雲）
> 師巫辭之曰：「夫評是議，非近於諍競。矧二公，吾宗先達，其可率
> 爾。」（善）信復請曰：「法鼓競鳴，何先何後。」師於是始作《扶

1～2。

〔註258〕釋源清《法華十妙不二門示珠指》卷末《卍新纂續藏經》第56冊（台北：中
華電子佛典協會版，2005年8月），頁22。

〔註259〕《釋難扶宗記》云有胥山善信，《佛祖統紀》卷第十「寶雲旁出世家」載寶雲
寺義通的弟子錢塘善信法師。《釋門正統》所說的寶山信當與寶雲善信、胥山
善信是同一人，因爲他曾住過寶雲寺與胥山，《釋門正統》省略成寶山信；或
許善信也到過宗昱系錢塘寶山懷慶之處。關於胥山，《史記》云：吳王既殺子
胥，吳人爲立祠于江上，號曰胥山。《水經注》引虞氏曰：「松江北去吳國五十
里，江側有丞、胥二山，山各有廟。」胥山在浙江嘉興縣西南十三里，相傳伍
子胥伐越經此因名。至於吳忠偉在〈狹義的山家山外之爭〉一文中說：「胥山
善信，不知何許人也，但從他與知禮的通信中可以看出與知禮關係密切。」善
信也到過秀州，可能去參訪過靈光寺，了解皓端與晤恩這一系的天台教法，因
爲他跟知禮是同師承的關係，明白山外學人的狀況之後乃催促知禮出面發難。

〔註260〕《釋門正統》卷第二〈知禮傳〉，前引書，頁765。

宗記》，大明廣本附法觀心之義，謂：「（晤）恩師之廢觀心，是爲有
教而無觀。」〔註261〕

知禮批判晤恩一系，「有教而無觀」，這如同天台宗人批判華嚴宗人一樣的犀
利，由是可知晤恩一系在禪法上受到禪教與華嚴思想中真心觀的影響，早就
引起遵守傳統觀行者的矚目，只是當時天台系尚未有宗匠與義虎出世，所以
沒有爆發開來。五代到宋初，天台宗志因系下的宗匠當屬晤恩與其弟子奉先
源清，法緣之盛從後晉開運初（944）到宋眞宗咸平二年（999）源清卒止約
有五十六年之久；其間天台系雖有優秀人才，如天台螺溪義寂與弟子慧光宗
昱以及寶雲義通，但難以跟宗匠且多、講風滿門、不墜祖風的錢塘系相匹敵；
此外義寂會下的大弟子宗昱系，也有禪、教融合的趨勢。至於台教與賢首之
關係，錢謙益在《楞嚴經疏解蒙鈔》卷末五錄卷三「義解第五」〈秀州長水子
璿講師〉文中云：

　　宋景濂撰《華嚴法師古庭學公塔銘》，載其升堂示眾曰：「吾蚤通法
　　華，雖累入法華三昧，然長水（子）璿問道於瑯琊（慧）覺，又從
　　靈光（洪）敏傳華嚴教。靈光（洪敏），天台之人也。古人爲法如此，
　　吾徒可專守一門乎？」〔註262〕靈光（洪）敏者，慈光（晤）恩公之
　　弟子，台家以其別宗華嚴，斥爲山外者也。《五燈》諸錄，皆云依（洪）
　　敏學《楞嚴》，古庭云：『問道瑯琊（慧覺），又從靈光（洪敏）傳《華
　　嚴》。唯章衡《長水塔院記》云：「從洪敏法師學賢首教觀，而於《楞
　　嚴》尤明隱賾。」其敘長水傳教次第，最爲有據。瑯琊曰：『汝宗不
　　振久矣，宜勵志扶持，勿以殊宗爲介。』言汝宗者，正指賢首本宗。
　　二宗師之，職此故也。靈光（洪敏），台師也，通賢宗以輔教。慧覺，
　　禪師也，勗長水（子璿）以扶宗。然則台家後人，謂學《華嚴》、唯
　　識者爲它宗，立有教無觀，訶斥賢首，寧非擔板之見乎。」〔註263〕

該書卷首之一〈古今疏解品目〉且云：「眞際崇節法師撰《刪補疏》，攜李靈
光洪敏法師撰《證眞鈔》（二師疏鈔，未見全文，略見義海諸錄）。長水疏主、
楞嚴大師子璿撰《義疏註經》十卷長水初依靈光（洪）敏師，學賢首教觀，

〔註261〕《佛祖統紀》卷第八〈十七祖法智尊者知禮傳〉，前引書，頁348。
〔註262〕宋濂著、袾宏輯《宋文憲公護法錄》卷第二〈華嚴法師古庭學公塔銘〉，《嘉
　　　　　興大藏經》（台北：新文豐出版社）第21冊，頁621b。
〔註263〕錢謙益《楞嚴經疏解蒙鈔》卷第十《卷末五錄》卷三，《卍新纂續藏經》第
　　　　　13冊，頁504a。

尤精於《楞嚴》，已而得悟於琅琊（慧覺），受扶宗之付囑，乃依賢首五教、馬鳴五重，詳定館陶科判，採集（惟）愨、（弘）沇、（洪）敏、（崇）節諸家之解，釋通此經，勒定一家。是中修治止觀，參合天台，揀辨心識，圓收宗鏡，理該教觀，又通經論，性相審諦，悟解詳明。裴相之贊圭山云：『文廣理一，語簡義圓，以方長水，良無愧焉。』今茲鈔略，奉爲準繩，期於研照智燈，刊落枝蔓。紫柏有言：『長水疏經，爲百代心宗之祖。』卓哉斯言，即寂音義學之詞，亦可以息喙矣。」〔註264〕

　　古今疏解，只惟愨、慧振、弘沇三家，長水子璿解奢摩他三法，其大意與一心三觀相應，因此諸師的疏解，下開孤山之解經。〔註265〕而元朝皇慶元年（1312）刊行的桐州《楞嚴集註》中，有引用洪敏的《證眞鈔》、孤山與子璿的文章。〔註266〕晤恩一系，實是通賢宗以輔教，卻被山家派學人因門戶之見而貶低爲山外宗。

　　靈光寺，是秀州佛教的重鎮，宋初此州尚無禪居，有僧慶暹（979～1054）納戒於靈光寺，學《楞嚴》、《圓覺》於講師，後遊方參禪十年返秀州，更資聖精舍爲禪居。〔註267〕靈光寺後改名爲精嚴寺，寺有佛之舍利，據〈秀州精嚴寺行道舍利述〉云：

> 道必有所驗，非驗孰見乎道之至哉不邪。佛之舍利，蓋其道之驗也。
> （中略）若此行道之舍利，晝夜振之而不息者，天下未始見也。捧其塔敬之，則金鐸益轉，若與人意而相應異乎。美哉，至神之物，不必大也，至道之驗，不必多也。考其始致，則曰得之於吳越，故國師（德）韶公蓋得乎梁之岳陽王蕭察之所傳者也。既而，錢氏之先王内於金鐸，以小銅塔而緘之，貯諸靈光寺（今寺之舊名）殆百年矣。（德）韶公至人也，號其舍利，一曰行道，一曰入定。入定者，祕而不可見。行道者，益塔而張之。是豈不以後世僧不軌道而俗薄寡信，將亦有所勸而發之者乎？故述其意，命吾徒以揚之。」〔註268〕

吳越國忠懿王錢弘俶、國師德韶，與靈光寺關係密切，晤恩的弟子洪敏且爲僧判官，由此可見晤恩系下亦深受錢王與國師德韶的仰重，後來晤恩的法孫

〔註264〕《卍新纂續藏經》第13冊，頁504a。
〔註265〕《卍新纂續藏經》第13冊，頁503c。
〔註266〕《楞嚴集註》，《卍新纂續藏經》第11冊。
〔註267〕釋契嵩《鐔津文集》卷第十三〈秀州資聖禪院故暹禪師影堂記〉。
〔註268〕《鐔津文集》卷第十三〈秀州精嚴寺行道舍利述〉。

慶昭且到德韶法子行靖、行紹（約 957～1036）的行道處石壁山保勝寺去講學，且有終老之意。〔註 269〕德韶的法子龍冊曉榮禪師（920～990），且卒於靈光寺。據《景德傳燈錄》卷第二十六〈杭州龍冊寺第五世住曉榮禪師傳〉云：

> 杭州龍冊寺第五世住曉榮禪師，溫州白鹿人也。姓鄧氏，幼依瑞鹿寺出家登戒。聞天台（德韶）國師盛化，遂入山參禮受心法。初住杭州富陽淨福院，後住龍冊寺，二處皆聚徒開法。僧問：「祖祖相傳未審和尚傳阿誰。」師曰：「汝還識得祖未？」僧慧文問：「如何是真實沙門？」師曰：「汝是慧文。」問：「如何是般若大神珠？」師曰：「般若大神珠，分形萬億軀；塵塵彰妙體，刹刹盡毘盧。」問：「日用事如何？」師曰：「一念周沙界，日用萬般通；湛然常寂滅，常轉自家風。」師一日坐妙善臺，受大眾小參。有僧問：「向上事即不問，如何是妙善臺中的的意？」師曰：「若到諸方分明舉似。」曰：「恁麼即雲有出山勢，水無投澗聲。」師乃叱之。師淳化元年（990）庚寅八月二十九日，於秀州靈光寺淨土院歸寂。預告門人致書辭同道，壽七十一，臘五十六。〔註 270〕

靈光寺內有淨土院，顯見靈光寺在五代宋初，是律、台、淨並弘的寺院，且與禪師往來，宋初晤恩的法子洪敏講師在此寺院為子璿講《楞嚴經》大義。

行靖與行紹依永明延壽出家，曾到螺溪參學台教大義。宋仁宗景祐年間，契嵩遊石壁，行紹的法子簡長以其師之塔誌見託。〔註 271〕由此可見，吳越有國時到知禮出世問難（1000）前，天台宗各流派間關係和諧，靈光寺為秀州佛教重鎮，而石壁寺是禪、教並講的寺院，許多學人前來參訪，因時代風氣使然，連後來知禮的延慶院也不免受到禪教的影響。宋仁宗慶曆、皇祐以後，允堪（1005～1061）先後依律建戒壇於杭州大昭慶寺、蘇州開元寺、秀州精嚴寺，歲歲度僧祝延聖壽。〔註 272〕精嚴寺到了南宋淳熙五年（1178），郡守韓彥質議請於朝，變律為禪，改為十方禪刹。并籍寺中所有僧眾，從中選舉一道行高深之士作為住持。最後，經眾僧推舉第十六輩弟子中年紀未到五十的永祚景壽來主持。永祚以身作則，贏得大眾的信任，於是「化荊棘為道場，

〔註 269〕《釋門正統》卷第五〈慶昭傳〉，前引書，頁 832 下。
〔註 270〕《景德傳燈錄》卷第二十六〈杭州龍冊寺第五世住曉榮禪師傳〉，頁 138。
〔註 271〕《鐔津文集》卷第十三〈杭州石壁山保勝寺故紹大德塔表〉。
〔註 272〕釋覺岸《釋氏稽古略》卷四〈嘉祐六年──會正記〉條下。

關市井爲佛地，易土木爲佛像，改喧鬧爲清靜的禪。」〔註273〕到元代兵燹過後，淪沒乃廢。明洪武年間，精嚴寺一度定爲天台講寺，後來仍復爲精嚴禪寺。

四、奉先寺系

晤恩（912～986）卒後十八年間，山外宗的宗匠是錢塘奉先寺的源清。源清在晤恩卒前數年就在奉先寺演教，宋太平興國八年（983）慶昭前來參學，咸平二年（999）源清卒，後慶昭嗣講不墜父風。源清所居住的杭州奉先寺，原是法眼宗的道場。關於杭州奉先寺，據《景德傳燈錄》卷第二十六與《五燈會元》卷第十〈法瑰傳〉所云，法瑰是法眼文益（889～958）的弟子，住杭州奉先寺。〔註274〕另據《景德傳燈錄》卷第二十六〈杭州奉先寺清昱禪師傳〉云：「杭州奉先寺清昱禪師，永嘉人也。得法於天台國師（德韶），吳越忠懿王召入問道，命軍使薛溫於西湖建大伽藍曰奉先，建大佛寶閣，延請師居之演暢宗旨，署圓通妙覺禪師。僧問：『如何是西來意？』師曰：『高聲舉似大眾。』師開寶中（968～976）示滅于本寺。」〔註275〕後來晤恩的弟子源清在奉先寺開講（？～983～999），或許源清曾是清昱的弟子、德韶的法孫，所以清昱卒後學台教的源清能在此禪寺開講台教，但這或許也是其禪講與台教思想受到質疑的地方。山外派跟法眼宗走得很近，而且源清、慶昭、咸潤都曾在禪寺開講台教，這對山家派來說是不可思議的現象，但對法眼宗來說這是禪、教合流的現象。後來他們遭到山家派批判，居禪寺講台教應該也是一項主要的因素，但知禮卻不提此問題，只談教義之分歧，可能也涉及到天台宗的面子問題。因爲五代到宋初的天台宗學人，大多來自其他宗派的學僧，天台宗因爲有這些學僧到處巡禮、參學與出世行化，有的僧家成爲一代宗匠，此宗派乃逐漸興起，台教興起之後回過頭來判釋宗教說己宗不依他教，那豈不矛盾。由奉先寺從法眼宗的道場，轉變成宣講台教的寺院來看，可以窺見法眼宗的法緣被山外宗融攝的現象。

〔註273〕李培等修、黃洪憲等纂《萬曆秀水縣志》，《中國方志叢書》第 57 號（台北：成文出版社，1985 年）引王希呂《精嚴寺記》。

〔註274〕《景德傳燈錄》卷第二十六〈杭州奉先寺法明普照禪師法瑰傳〉，前引書，頁 125；另見《五燈會元》卷第十〈杭州奉先寺法瑰法明普照禪師傳〉，前引書，頁 229 下。

〔註275〕《景德傳燈錄》卷第二十六〈杭州奉先寺清昱禪師傳〉，頁 135。

晤恩的弟子文備早卒，而洪敏爲僧判官，會下沒出台教宗匠，因此晤恩之後，天台巨匠爲錢塘奉先寺源清；而源清的著作，有《法華十妙不二門示珠指》兩卷（雍熙三年）〔註276〕、《法華龍女成佛權實義》一卷（太平興國二年十月）〔註277〕。其於至道年，贈日本國天台座主阿闍梨僧正大和尚東陽覺慶座主《法華示珠指》二卷、《龍女成佛義》一卷、《十六觀經記》二卷、《佛國莊嚴論》一卷、《心印銘》一章。此外，日本天台山東塔院沙門覺運，還分得源清的《觀無量壽經疏》、《顯要記》下卷，而說源清的義學是：「文義備矣，理趣明矣。」其「卷舒鑽仰，慕道欣義。」摘錄疑慮，重求幽玄，而著《顯要記破文》。至於源清的《顯要記》上卷，有僧都慧心破之。源清之友鴻羽的《佛國論》也送到日本，除了慧心問難之外，還有靜照寺的法橋也爲文難之。〔註278〕日本台教僧家之所以問難源清的義學著作，是因爲他們所學的是會昌法難之前的天台教觀，他們看到台教中人講真心觀是不能適應的，這是違背他們所傳習的。如果他們承認山外思想，勢必他們要放棄山門，重新到中國來學習新的道法。守舊的日僧沒有放棄古老的習氣，所以要批判山外之學是可想而知的，後來山家知禮出世論學，就跟他們的教觀習氣有會通之處，對於知禮的新義學，他們在問難後也肯虛心受學。

依據《佛祖統紀》卷第二十五「山家教典志第十一」，志磐把奉先源清的《發揮記》、《示珠指》與孤山智圓的著作，列入山家教典之中〔註279〕，「序」文且說：「智者高座以縱辯，章安直筆以載書，所謂以文字廣第一義諦，是猶託之空言，不如載之行事之深切著明也。荊谿有云：『文即門也。』即文以通其理，豈非門乎。至若後世發揮祖道，粲然有述，雖各出義章，互形廢立，所以歸宗之誠，則無乎不同也。今故並陳篇目，以貽好古者之求。」〔註280〕可見晤恩、源清、慶昭與智圓之學，山家宗不得不承認他們也是山家之學，說他們是山外宗只是四明之學者貶之之辭耳，志磐在《佛祖統紀》卷第十〈法師慶昭傳〉已經明言，後世不察一直以義寂、義通、法智之學爲正統，而以晤恩、源清、慶昭與智圓爲旁出。

《釋門正統》與《佛祖統紀》無源清傳，可能是爲了彰顯義寂、義通、

〔註276〕《卍新纂續藏經》第 56 冊 No.943。

〔註277〕《卍新纂續藏經》第 56 冊 No.926。

〔註278〕〈議宋國新書考〉，《卍新纂續藏經》第 56 冊，頁 12。

〔註279〕《佛祖統紀》卷第二十五，前引書，頁 479～480。

〔註280〕《佛祖統紀》卷第二十五，前引書，頁 476。

知禮一系的正統地位，而故意忽略源清的地位，這也無可厚非。然智圓跟源清兩年，其爲祖師作〈大宋高僧慈光闍梨塔記〉及〈祭祖師文〉，爲文備作〈錢唐慈光院備法師行狀〉，爲慶昭作〈故梵天寺昭闍梨行業記〉，唯獨無其師源清的行業記或塔記，這也讓人覺得奇怪的事。

　　源清的生平不詳，《佛祖統紀》卷第二十五「山家教典志第十一」在〈孤山〉條下云：「孤山，年二十一，始學於奉先清師。及二年，奉先亡，遂往孤山杜門養病，年四十七而化。於二十四年，著書百二十卷，勤矣。」〔註281〕其說法，是取采自《釋門正統》卷第五〈智圓傳〉，然《釋門正統》卷第五〈慶昭傳〉卻說，慶昭（963～1017），年二十一（983）服勤於源清處，凡十七年（983～999），源清謝世後，遂嗣講席。但慶昭在此不久，就遷住石壁寺去了。〔註282〕根據上述的史料推論，源清早就在晤恩會下修學，在晤恩圓寂之前的雍熙三年孟夏之月於錢塘湖之陰講《法華玄義》解座，當時是夏安居，對而不得即入文句。時有二三道侶齎來《不二門別行本》至，說是書訛謬多矣，源清在《法華十妙不二門示珠指》卷末云：

> 幸爲辨惑焉。余因校據本宗，聊以消諸生聞已。恐有失墜，請編錄之。余索非筆削之流，尤憨環碩之學，但以宿發聞之於師（晤恩），遂允所求。書之於紙，其科分節逗，即用攜李（洪）敏師舊本，不復別出。庶一句一偈，成贊佛乘，若見若聞，同期佛慧耳。筆既絕矣，歲亦暮。〔註283〕

宋太宗雍熙三年（986）夏安居，源清爲學生開講《法華玄義》，學侶攜來《不二門別行本》，其根據本宗旨意校之以消諸生見聞，但恐其說失墜乃請示師父晤恩（時 75 歲），獲得允許乃成書。由其說詞，乃舊本是晤恩的另一弟子洪敏所造的。再證之於《釋難扶宗記》所云：「《金光明玄義》，早歲聞浙陽慈光（晤）恩師，專守《略本》，非觀心等義，謂後人擅添。受其旨者，則有奉先（源）清、靈光（洪）敏，皆廣搆難詞，形乎篇卷。」〔註284〕如是，晤恩與弟子源清，皆曾撰《發揮記》，洪敏以及源清對《法華十妙不二門》皆有研究，甚至出書流傳。當源清撰成《法華十妙不二門示珠指》時，晤恩已卒。根據

〔註281〕《佛祖統紀》卷第二十五，前引書，頁 479～480。

〔註282〕《釋門正統》卷第五〈慶昭傳〉，前引書，頁 832。

〔註283〕《卍新纂續藏經》第 56 冊 No.926（台北：中華電子佛典協會版，2005 年 8 月），頁 22。

〔註284〕《四明仁岳異說叢書》，《卍新纂續藏經》第 56 冊，頁 848a。

《釋門正統》卷第五〈慶昭傳〉推算，源清圓寂於宋眞宗咸平二年（999），其法席由慶昭繼承，次年就發生了後世所謂的山家、山外宗之爭。後來慶昭徙居石壁山，此後奉先寺不見宗匠出世。

至於奉先源清的生平不詳，其卒年卻是可考的，一般學者以《釋門正統》卷第五〈智圓傳〉說是至道三年（997），其實該是咸平二年（999）。其卒年除了有《釋門正統》卷第五〈慶昭傳〉可以考證之外，智圓在〈觀經疏刊正記序〉也說：「予稟受法師奉先尊者（諱源清），撰記二卷，解此經疏曰《顯要者》，學者盛傳之。師嘗患未盡也，而更事補削，其功未就，無何山頹梁壞，一十七載於茲矣。予竊追念往事，黯然感懷，遂考文責實刊而正之，義門之壅者闢之，觀道之莽者芟之。非苟見異於前人，蓋欲成其先志爾。厥或來者，舍而不由，非予罪也。時大宋大中祥符八年（1015）龍集乙卯二月朔於西湖崇福寺講院序。」〔註285〕源清所居的奉先寺，是法眼宗清昱的道場，清昱卒於宋開寶中（968～976），之後慶昭在此寺跟源清十七年（983～999），智圓則來學二年（998～999）。源清卒後，慶昭嗣講，但畢竟不是本宗的寺院，他後來遷住的石壁寺也是德韶法子行紹的寺院，所以旋轉回開化院（舊名大和寺、六和寺）講學。而開化院，原是法眼宗的寺院，是德韶門下行明禪師住持之地。〔註286〕因爲是本師的寺院，慶昭可以安住講學。

晤恩卒後，門人四散，各回本師處行化，如洪敏回到秀州靈光寺，源清在杭州奉先寺，可榮在蘇州長水寺，但彼此間有信息相通，尤其是在新文義問世之後，靠文本的流通而互相切磋各自的見地。慈光晤恩之後，山外派的法緣，轉移到杭州奉先寺的源清身上，源清在錢塘講學很盛，其義學受到時人與日本台教人士所矚目。因其說，跟日本所傳的台教不同，所以其文義受到日僧的論難，但由此可以見到其在宋初之時法緣之盛。贊寧在《宋高僧傳》〈晤恩傳〉上說晤恩：「通《法華》、《光明經》、《止觀論》，咸洞玄微。尋施覆述出，弟子互相角立。」其或許是說志因會下，或說晤恩會下的弟子，互相角立而各領風騷的訊息；不論贊寧指的是上述那一種情況，都是合乎歷史的實情。源清會下出慶昭與智圓兩大宗匠，其卒後慶昭繼源清在奉先寺開講，但不久慶昭就離開奉先寺，奉先寺可能又回到以禪宗爲主的寺院。

〔註285〕《閑居編》卷第四，《卍新纂續藏經》第 56 冊，頁 874b。
〔註286〕《景德傳燈錄》卷第二十六〈杭州開化寺傳法大師行明傳〉，頁 139。

五、梵天寺系

梵天寺原為法眼宗淨土院道場，從宋景德元年（1004）四月慶昭在此開山，從此山外派有了自己建立的道場，不用僅藉助台教宗匠或本師的寺院開講，也能安心辦道。宋真宗咸平二年（999）源清卒，慶昭繼席演法，但不知是何原因他不久就遷住石壁寺去，這或許寺院內部有爭執存在，這如同義寂在天台山禪林寺的處境一樣，當往別處行化，佛教寺院內存在著住持與法座、門派與廟產問題，佛門對此問題都加以隱諱不提。慶昭離開杭州奉先寺，先到石壁寺，再次轉移到開化院，最後得在梵天寺開山興教，而成為繼源清之後山外派的宗主。但從奉先寺到石壁寺，從石壁寺轉移到開化院，之後在梵天寺開山，其間的歷史以及慶昭的心路歷程，被掩蓋了讓後人難以明了個中實情。但此段歷史，不是跟寺院內部有關係，就是跟山家、山外兩家的諍論有極大的關連性。在此，先談梵天寺，再談石壁寺與開化院。

晤恩（912～986）會下的學人雖有十七人，以文備、源清、洪敏較有名氣，當中以源清為宋太宗雍熙三年（986）到真宗咸平二年（999）間天台宗山外學派的宗匠，與日本的天台宗互通訊息與問難。其間，天台山螺溪傳教院的義寂卒於雍熙四年（987）〔註287〕，明州寶雲院的義通卒於端拱元年（988）〔註288〕，義通會下的知禮歷主乾符寺（淳化二年，991）以及保恩院（至道二年，996）〔註289〕，而遵式於淳化元年（990）居寶雲院說法，兩人於淳化年間聲望日隆，他們聚合著天台山僧家與寶雲院的同參們共結盟友，因此逐漸能與錢塘系的慶昭爭勝。

關於慶昭，其生於宋太祖乾德元年（963），隔年義寂從法華道場遷住螺溪傳教院。因源清之聲名以及地緣上的便利，慶昭於太平興國八年（983）依源清受學，服侍源清十七年（983～999），咸平元年（998）智圓也前來受學，此後智圓與慶昭關係良好。關於慶昭，智圓在〈故梵天寺昭闍梨行業記〉云：

> 古君子有德善可稱者，子孫必銘之金石，而明著于後世焉。於戲，
> 有梵天闍梨者，釋氏中有德善可稱者，與滅後四年，門人曰從政，
> 大懼師之徽猷，埋沒走孤山之下，亟謁潛夫，以論譔為請者半載于

〔註287〕《宋高僧傳》卷第七〈宋天台山螺溪傳教院義寂傳〉，前引書，頁181。
〔註288〕《釋門正統》卷第二〈義通傳〉，前引書，頁762上。
〔註289〕《佛祖統紀》卷第八〈十七祖法智尊者知禮傳〉，前引書，頁 347。《釋門正統》卷第二〈知禮傳〉說淳化中主承天寺，至道間遷住保恩院。

兹矣。吾嘉其忠，乃為述之曰：「闍梨，諱慶昭，字子文，姓胡氏，錢唐人也。妙齡厭俗。遯入空門，事師于開化院。年十三歲，受具品於會稽開元寺，善由凤殖，行無緇磷。及年二十一，嘗誦《法華經》，一日恥乎，口道其言，而心晦其旨，倏然有學焉之志。而聞天台教法，會同一性，主盟群宗，是時有大法師，諱源清者，傳此道於同郡奉先寺。遂北面事之，服勤左右者，凡十七年。茂名峻業，穎拔儕輩。奉先捐代（咸平二年，999），而闍梨嗣之，講道誨人，有父師之風，故後進歸之者眾矣。未幾徙居石壁山，陶然林下，有終焉之。圖粵郡城之南，有梵天寺，寺有上方即故禪師巖公棲真之所也。邲倚青嶂，下瞰澄江，雖密邇區中，而超然事外。寺主沙門，曰遇明者，心欣頓宗且慕高義，遂以上方為講院，虔請居之，以傳授來學，既辭不得命，乃由石壁而戾止梵天焉，即景德元年四月（1004）也。真風既揚，遠邇從化，化緣斯既，我報亦終。既而遘疾彌留，以天禧元年（1017）四月二十六日，歸寂于所居寺，壽五十五，僧臘四十一。門人孺慕，奉全身葬于大慈山崇教院之右，禮也。祕丞張公君房為錢唐日，重其道，因命工琢石為塔以識之，闍梨所講法華、止觀及諸部經論，共百餘周，傳業弟子，自咸潤而下凡九十七人。初闍梨之居梵天也，嘗夢異人語之曰：「住此十三載矣！」至終而驗。噫，雖夢寐偶然，豈不或信。闍梨，性厚重，不尚夸耀。講誦之外，端居靜室，宴如也。不結託以譽，而名亦傳於後。無財食以聚眾，而徒亦僅千百。不誑誕以駭世，世或歸其仁。君子謂：「絕此三病，得此三利。」求之叔世，為難能乎！雖欲勿稱，識者其舍諸？吾執野史筆江湖間，纖善微惡往往跡諸簡牘，以勸以懲。況闍梨之行業，偉異者邪。既答門人之請，而亦假之以為訓焉。

時天禧四年（1020）龍集庚申夏五月五日記。〔註290〕

由慶昭的傳記中，可以看出一些歷史事實。依據山家宗學人宗鑑的說法，慶昭係聽聞到源清的教法，說源清使「天台教法，會同一性，抗折諸宗」。慶昭乃於宋太平興國八年（983）到咸平二年（999）間，在奉先源清處受學十七年。晤恩卒於雍熙三年（986）八月，可見晤恩卒前五年源清因「會同一性而抗折諸宗」名聞於世，使得許多學人前來參學。

〔註290〕《閑居編》卷第十五，《卍新纂續藏經》第 56 冊，頁 888a。

奉先源清於咸平二年（999）卒，時慶昭三十七歲繼源清講席，有父師之風。至於當時山家宗的情況，知禮（960～1028）於時潛心修懺，隔年與遵式修懺求雨有感，聲名大播於朝野；宋眞宗咸平六年（1003），日本國師遣僧人來問難。〔註291〕由日本國天台山源信禪師問難於知禮這件事情來看，可以窺見當時天台宗的法緣已從錢塘系轉移到四明的知禮身上，慶昭在講學上雖不墜父風，在義學上尙不似知禮之善於辨宗，而日本國所接緒的教法跟山家宗貼近。知禮在延慶院，一邊課徒，一邊發表教義以抗折山外學人；而慶昭，在禪講上不墜師道，但乏義學著作，只有回應知禮問難的文書在。其平日，「講誦之外，端居靜室晏如也。」所以日僧對其義學是無從著墨的。吳忠偉在〈狹義的山家山外之爭〉文中說：

> 於四明系而言，寶雲（義通）逝（988）後，知禮傾力於山家教學，乃本系統當之無愧的領袖。而對於錢塘系來說，晤恩之後的天台巨匠爲奉先源清，但也已於997（當是辛於999）年去世，故執掌門戶的是源清大弟子梵天慶昭。（中略）不過與知禮（960～1028）相比，慶昭（963～1017）雖與之年歲相當，在義學造詣上卻仍難以匹敵，這一點很容易從雙方的爭論中看出。知禮的觀點明確，理論體系一以貫之，而慶昭則是不斷地作自我辯解，限於前後矛盾之地。〔註292〕

慶昭會下，學徒頗多，其以禪修見長，於義學似不如知禮之得力。知禮從山外門外論山外義學之失，頗有強詞奪理之勢與自圓其說之能，這方面是慶昭所不爲的，所以智圓在行業記上說慶昭是：「性重厚，不尙誇耀。」宋咸平六年（1003）到景德元年（1004），對山家與山外派來說，是件大事。從咸平三年（1003）起，山家延慶院因爲有日僧前來問難，其聲勢也爲之大振。而從景德元年（1004）四月起，慶昭在梵天寺開山，山外學派的大本營成立，會下聚集了繼齊與咸潤等英才，還有師弟智圓也前來助陣，山家、山外分庭抗衡的態勢形成了。所以，從宋眞宗景德元年起，明州延慶院、杭州梵天寺成爲當時天台宗的兩大重鎮，也是兩家宗主揚舉門風的道場，天台宗的禪講情況以及義學的發展，也逐漸爲時人所認知。

兩家從咸平三年到景德四年（1000～1007），雙方展開了爲期七年的諍

〔註291〕《四明尊者教行錄》卷第一〈尊者年譜〉，《大正藏新修大藏經》第四十六卷，頁857中。
〔註292〕潘桂明、吳忠偉《中國天台宗通史》，頁435～436。

論，據《釋門正統》卷第五上說：

> （晤）恩師製《發揮記》解釋略本，乃謂廣本是後人擅增，遂以四
> 失評之。弟子奉先（源）清、靈光（洪）敏共搆難詞，輔成師義，
> 欲廢廣本。法智（知禮）撰《扶宗釋難》力救廣本，十種觀心等文
> 謂（源）清、（洪）敏二公不解發軫揀境之非，觀成歷法之失。而師
> 與孤山既預（源）清門列，亦撰《辨訛駮釋》難之，非救《發揮》
> 之得。如是反覆，各至于五，綿歷七年。永嘉（繼）忠攅結前後十
> 番之文，號《十義書》。自茲二家觀法不同，各開戶牖，枝派永異。
> 今山家號（源）清、（慶）昭之學爲山外宗，故天台之道自師數傳之
> 後，厥嗣漫息，而中興教觀遂屬於法智（知禮）焉。〔註293〕

這是站在山家宗的立場來分析論戰的情形，由文義上來看山家宗人有自我期許的意味在，所說的不盡合於歷史事實。關於知禮與慶昭的論難，山家派在〈十義書〉「序」上說錢塘師「五番墮負、四番轉計」，似是勝方在四明知禮。〔註294〕吳忠偉說：「當然，這只是勝利者的一面之辭，山外派的不堪一擊很可能被過份誇大了！」〔註295〕由《釋門正統》〈慶昭傳〉與《法智遺編觀心二百問》、〈錢塘昭座主上四明法師書〉等資料來看，這是兩家觀法不同而雙方都想進一步瞭解對方的觀點，但卻各言其所解。其論戰的結果，是知禮又將往返書信結集成《十義書》，知禮於景德四年（1007）遣弟子本如馳書錢塘問難，有會稽什師〔註296〕助之辯論，時孤山智圓在慶昭座端，觀兩公論辯如面敵必重席，乃謂：「義龍安肯伏鹿。」乃請出太守勸止諍論。〔註297〕同年五月，慶昭遣人由明州國寧寺轉給知禮《答十義書》一軸，知禮因此於六月將所撰《觀心二百問》，問義於浙揚講主慶昭，冀望其「依數標章覽文爲答」。〔註298〕收到知禮的信件之後，慶昭向知禮致上敬意，也表明兩家觀點之不同。據〈錢唐昭講主上四明法師書〉云：

> 錢唐法門比丘（慶昭）致書于四明講主（知）禮上人。夫天台之道，
> 祖乎龍樹，宗乎南嶽。自陳隋逮皇朝，逾四百載。龍樹至于荊溪九

〔註293〕《釋門正統》卷第五〈慶昭傳〉，前引書，頁832下～833上。
〔註294〕《四明十義書》〈十義書序〉，前引書，頁831下。
〔註295〕潘桂明、吳忠偉《中國天台宗通史》，頁427。
〔註296〕《佛祖統紀》卷第二十二把會稽什師列入「未詳承嗣」，無傳記。
〔註297〕《四明十義書》〈十義書序〉，前引書，頁831下～832上。
〔註298〕釋繼宗《法智遺編觀心二百問》，《大正新修大藏經》第四十六卷，頁824上。

世矣，荊溪至于吾輩十世矣，其間英彥間出，講說相望，代不乏賢，學者既庶，得其門者或寡焉。（愚）曩歲嘗聞足下，洞四教之大體，造三觀之淵源，極如說行，唯日不足，誠謂得其門矣。求之於今，無以加也，恨不得一日而見矣。（愚）比覽足下《觀心義》狀三軸，果見其解深，而理奧學博而意幽，抑又文辭粲然，才華煥發，求之兼才，又難能也。其所構義，雖與愚不同，然亦各言其所解，顯其所承，斯何傷乎。嘗靜而思之，知之者，謂愚與足下，苦心為法之至也。不知者，以為好諍求譽之至也。又有不知厥臧厥否，而鉗口不言之者。今時乃爾，後世知之者，其何若哉。先知足下造《指要鈔》，解《十不二門》，為一理之康莊，辨二家之得失。二年前雖許垂示，未睹斯文，翹望之切，如飢渴矣。或苟無食言，必具簡惠然而來，博我圓解，約我圓行，豈獨（愚）之幸，亦杭之學徒幸矣。又見吾足下，誨人無倦之至焉。不宣，錢唐法門比丘（慶昭）上曰。

〔註 299〕

從慶昭回知禮書信中，我們得知錢塘法門與四明法門是不同調的。根據慶昭的說辭，從「荊溪至于吾輩十世矣，其間英彥間出，講說相望，代不乏賢，學者既庶，得其門者或寡焉。」〔註 300〕在晤恩一系看來，從晚唐到宋初天台宗人是「英彥間出」、「講說相望」、「代不乏賢」、「祖風未墜」，但他們是得其門者，所以繼祖以說道法；但在山家知禮系來看，晚唐到宋初這個階段卻是「微言墜地者多矣」〔註 301〕，而台教命脈在義通會下的知禮與遵式。〔註 302〕他們只說晤恩，重拾「談妙遺音」，列其在「荷負扶持傳」中，這與贊寧《宋高僧傳》中所說的正好是顛倒，贊寧只說荷負扶持台宗以義寂最力。慶昭在回答知禮書信中表示，知禮的構義，「雖與愚不同，然亦各言其所解，顯其所承，斯何傷乎。」而知禮的立場，是顯煥本宗，卻勸說慶昭莫違自心，「今逢正道，須改迷宗。」不然，定遭惡報。〔註 303〕兩家師承不同，一來自義通，

〔註 299〕釋宗曉編《四明尊者教行錄》卷第五，《大正新修大藏經》第四十六卷，頁903 中～903 下。

〔註 300〕《四明尊者教行錄》卷第五，前引書，頁 903 中。

〔註 301〕《釋門正統》卷第五〈智圓傳〉，前引書，頁 828 上。

〔註 302〕《釋門正統》卷第二〈義通傳〉，前引書，頁 763 上云：「當是時，台道既微，賴師持之，授法智、慈雲起家焉，此所謂台宗之命脈也。」

〔註 303〕《四明十義書》卷下，前引書，頁 856 上。

一來自晤恩，在解行上是不同調的，但他們都受到禪法的影響〔註304〕；真心觀與妄心觀殊途而同歸，但山家宗人說扶宗之外也力爭己家是正宗，此後二家觀法不同，各開戶牖，枝派永異。

慶昭從咸平二年（999）到天禧元年（1017）卒時，十八年間歷經奉先寺、石壁山保勝寺、開化院與梵天寺講席。慶昭卒後，由咸潤繼其梵天寺講席，宋仁宗天聖三年（1025）咸潤徙居會稽永福寺〔註305〕，其主梵天寺有十九年之久。咸潤居梵天講次，其曾與淨覺仁岳論戰。據《佛祖統紀》卷二十一〈仁岳傳〉云：

> 時（慶）昭師略《光明玄》，不用觀心。師輔四明（知禮）撰問疑書以徵之，四明製《妙宗》并《消伏三用》，（咸）潤師作指瑕以為難，師述《止疑抉膜》以正之。四明談別理隨緣，（繼）齊師作《指濫》以為非，師作十難以扶之，所以贊四明為有力。〔註306〕

仁岳回咸潤書云：

> 中秋後七日，四明山客（仁岳），再奉書于錢塘梵天闍梨潤公（講次）。前者盛制《指瑕》之外，復有《籤疑》數紙，亦斥予師《釋請觀音疏中消伏三用》也。師鄙其謬說，委諸侍者，用充脂燭。予竊閱以詳之，因籤以解之，所有疑情，皆為此息。即用止疑二字，目彼此兩文，使消伏之義區以別矣。次《抉膜書》寄去，惟加察是幸。予師釋三種毒害云，事毒在欲界，此約果報故受事名；行毒從色界，盡別教教道，以不即理故；別受行名，理毒唯圓，以談即故也。〔註307〕

後仁岳又馳書云：

〔註304〕釋知禮亦如山外宗使用禪教，參見《釋門正統》卷第六〈本如傳〉云：「嘗請益經王義，法智曰：『為我作三年監院，卻向汝道辦事訖。』又問，法智大喝。師豁悟，有頌曰：『處處逢歸路，時時達故鄉；本來成現事，何必待思量。』」《佛祖統紀》卷第十二〈法師本如傳〉云：「嘗請益經正義，法智曰：『為我作知事三年，卻向汝道。』暨事畢，復以為請，法智屬聲一喝，復呼云：『本如！』師豁然有悟。」天台宗的教學，至宋初也運用禪教以悟入本心。

〔註305〕《釋門正統》卷第五〈咸潤傳〉，前引書，頁833下；《佛祖統紀》卷第十〈法師咸潤傳〉，前引書，頁372。

〔註306〕《佛祖統紀》卷二十一〈法師仁岳傳〉，前引書，頁437。

〔註307〕《四明仁岳異說叢書》卷第六繼忠集〈附法智遺編止疑書〉，《卍新纂續藏經》第56冊，頁852c。

中秋既望，四明山客（仁岳），謹致書于錢塘梵天闍梨潤公（講次）。予釋氏中，一疲鈍之士也。幸以好學之志，造延慶門下，習山家教觀，十有餘稔，雖未能宣昭祖訓，空洞佛理，而於一言一行，載聞載思，庶緣了之種，不敗亡也。嘗念荊谿絕筆所存，未釋章句，諸師以文字申之，殊途異論，亦已久矣。然而毛嬙西子，非毀之而陋也，嫫母倭傀，非譽之而美也；故述作之語，邪正之道，乃天下之公器。苟非深識宗本，謬辯否臧不能言，而言之，俾躬自瘁。近睹闍梨撰，以《指瑕》投予所稟法師，蓋拒《妙宗鈔》文，解十六觀疏之義也，建言虛誕，立理疏僻。法師覽之，喟然曰：「夫夏蟲不可以語其冰，曲士不可以語其道，莊子之誠也。諒彼未生圓宗名字之解，安可議其是非乎。儻識者觀之，孰不謂其起穢，而自臭焉。」吾不欲報之矣，予因對曰：『雖智者不惑，柰何彼以狂悖之說，誑諸新學。苟不詆訶，往往連類，執迷流遁忘返，亦教門之弊也。小子不敏，敢援筆以復之，令彼聞之，足以自誠。」師曰：「然子可示之。」予於是驟書數千言，致闍梨之右。先引《妙宗》之義，次列《指瑕》之文，後一一解之，俾真僞兩分也。且《指瑕》所謂《妙宗》，猶良玉在掌，瑕彰於外，童子指之。今謂童子，病眼之過，非良玉之咎。故輒取金錍、抉膜之語，用標其辭，蓋取一家教觀之錍，抉闍梨心眼無明之膜，庶無罪焉。（中略）然其觀心之說，豈唯闍梨不解。自奉先而降以至孤山，其猶病諸何者，如刊正記，判十六觀，的非義例，三種所攝，且義例自云。夫三觀者，義唯三種，則知一家所明三觀，無不攝盡，豈觀經疏，自是一家三觀耶。又孤山指觀經觀佛相好，同般舟三昧，是則般舟三昧，亦非義例三種明矣。荊谿立義，若爲疏脫，應知妙宗，判屬約行，深契圓宗。切須三復思量，不可一期戲論，儻更姦詐，朋彼邪說，曲作道理，誹謗妙宗。譬如癡賊，棄捨珍寶，擔負草木矣。〔註308〕

慶昭在世時，已分座於咸潤，除了源清會下的智圓之外，咸潤儼然是山外派的一大宗匠。關於慶昭主梵天寺事，《釋門正統》卷第五〈慶昭傳〉上說：「屬城南有梵天上方，乃（紹）巖禪師棲真之所。主僧遇明捨爲講院，請師開山，

〔註308〕《四明仁岳異說叢書》卷第七繼忠集〈附法智遺編抉膜書〉，《卍新纂續藏經》第 56 冊，頁 858a～864c。

景德元年（1004）四月也。」〔註309〕梵天寺原名南眞身寶塔寺，位於今杭州市上城區鳳凰山東麓。据載，唐天祐元年（904），吳越國錢鏐爲迎阿育王寺釋迦舍利塔，在杭州建塔珍藏。後此塔毀於火，北宋乾德二年（964），吳越國王錢弘俶重建寺廟，第二年建經幢於寺門，寺中有藏經。宋治平中（1064～1067），爲消除寺院屢遭火災的禍害，改名爲梵天寺。〔註310〕從五代到宋初，住此眞身寶塔寺的僧人有令因、景霄、紹巖、常泰。據《履園叢話》九〈碑帖──吳越僧統慧因普光大師塔銘〉云：「是碑在臨安功臣山下淨度寺桑園中。碑載普光號令因，爲武肅王第十九子，幼通禪理，梁乾化三年（913）出家，住安國羅漢寺，時年十三。梁授法相大師，封安國羅漢寺主，加兩浙僧統。龍德三年，改授吳越僧統，賜號慧因普光大師。寶大元年（924）八月十三日夜，集眾諷經，乃爲遺章，申辭王父，圓寂於眞身寶塔寺，時年二十有四。王命歸窆於錦裡功臣山南，營建塔院。」〔註311〕令因卒後，有律師景霄於天成二年（927）受武肅王之命赴北塔寺臨壇，後命住南眞身寶塔寺終焉。〔註312〕其著有《簡正記》二十卷，後吳越眞身寺傳律沙門靖安於丁巳歲（957）重修一部《簡正記》一十七卷，永冀流通。〔註313〕法眼文益的弟子紹巖（899～971），忠懿王召其於杭州南塔寺，造上方淨院以居之〔註314〕，錢王命其開法，署了空大智常照禪師，以開寶四年（971）七月卒。〔註315〕義寂卒後，杭州內眞身寶塔寺講經論光仁文德大師（常泰）攀和都僧錄高唱寄螺溪淨光大師伏惟采覽，詩曰：「幸聞智者教重興，講外金經晝夜聲；文似南山行道處，足間應有鬼神擎。（師與徒眾常誦《金光明經》晝夜經聲不絕）。」〔註316〕可見台教與法眼宗，保持良好關係，紹巖的弟子願齊也是義寂的法子。

　　吳越版籍入宋之後，法眼宗逐漸沒落，其法緣部份被天台宗所融攝去

〔註309〕《釋門正統》卷第五〈慶昭傳〉，前引書，頁832下。
〔註310〕《咸淳臨安志》卷第七十六，頁7；《浙江通志》卷第二百二十七，頁1。
〔註311〕錢泳：《履園叢話》〈叢話九──碑帖〉；阮元：《兩浙金石志》卷第四〈吳越僧統慧因普光大師塔銘〉，《石刻史料新編第九冊》（台北：新文豐出版公司，民國66年），頁5上～9上。
〔註312〕《宋高僧傳》卷第十六〈後唐杭州眞身寶塔寺景霄傳〉，前引書，頁428。
〔註313〕《四分律鈔簡正記》卷第十七，《卍新纂續藏經》第43冊，頁473c。
〔註314〕《宋高僧傳》卷第二十三〈宋杭州眞身寶塔寺紹巖傳〉，前引書，頁642。
〔註315〕《景德傳燈錄》卷第二十五〈宋杭州眞身寶塔寺紹巖禪師傳〉，頁114。
〔註316〕《螺溪振祖集》〈光仁文德大師詩〉，《卍新纂續藏經》第56冊，頁783c。

了。景德元年（1004）四月，梵天上方主僧遇明捨淨土院爲講院，請慶昭開山。〔註317〕梵天上方，在智圓的著作中又稱南塔上方，事見〈闡義鈔序〉。〔註318〕孤山智圓與慶昭、咸潤師徒，也多所往來。智圓有〈和聰上人悼梵天闍梨〉詩云：「講院悲風動素帷，搖松難更見吾師；塵生舊榻休開卷，月上秋軒罷賦詩。眞法自將傳後學，清名誰爲勒豐碑；橫經弟子懷高跡，共指龍華作後期。」〔註319〕又有〈梵天寺〉兩首，其一梵天寺二首，其一：「路上中峰勢屈盤，塵埃蹤跡到終難；秋杉影射經窗冷，夜浪聲搖睡榻寒。雲過閑軒香篆潤，日移幽砌蘚痕乾，吟餘靜立憑欄久；極目長江水渺漫。」其二：「梵宇清盧遠俗喧，登臨時得爽吟魂；卷簾高雪明稽嶺，上閣秋濤出海門。群木冷陰連古塔，疏鐘寒韻徹江村；城中泉石詩中景，閑對文公盡日論。」〔註320〕〈南塔寺上方〉詩云：「絕頂深棲萬慮平，路盤危石雨苔青；江涵迥漢供閑望，雪映幽窗卷舊經。磬擊曉霜禪乍起，枕搖秋浪夢初醒；爲鄰自有忘機者，月下時時扣竹扃。」〔註321〕又〈憶南塔上方因寄慶昭師〉詩云：「杉竹森森一徑通，六年高院寄幽蹤；涼移峭壁秋深月，冷映長江雪後峰。吟次夏雲晴影薄，講殘春樹翠陰濃；四時嘉景眞堪愛，曾伴支公數倚節。」〔註322〕〈寄題梵天聖果二寺兼簡昭梧二上人〉其序云梵天、聖果二刹，相望而高軒，虛閣盡得江山之勝。暨因誦謝宣城，「天際識歸舟，雲中辯江樹」之句，頗類彼景。乃以爲韻，成詩十章，用寄梵天昭師、聖果梧師二開士，雖不足發揮騷雅，庶寫乎相懷之心爾。其詩云：「江色杳無極，渺渺接遙天，歸帆帶夕陽。去鳥沈寒煙，幽景不同觀，遐想成斯篇。樓閣聳岩嶢，參差極雲際，高窗曉色先。晚景餘霞麗，寥寥群動息，冥心遠塵世。冷淡杳難群，幽趣唯吾識，高情薄雲漢。清談潤金石，不學浮世人，奔名競雕飾。性靜百慮忘，

〔註317〕《釋門正統》卷第五〈慶昭傳〉，前引書，頁832。

〔註318〕《閑居編》卷第十〈闡義鈔序〉云：「此請《觀音經疏》，疏自智者演說，章安記錄，古來人師無聞贊述。既傳授道息，後學往往有不知其名者，知其名而未嘗披其卷者。於乎，斯文之未喪也，一線爾。吾不肖而實痛焉，吾如默默則何以傳後，遂因疾間輒約文敷義，筆之爲鈔，凡二卷。庶申明於大旨，開發於童蒙也。既成，乃作序以言其由，復作闡義之名以名之。皇宋三葉登封之明年，歲次己酉孟夏哉，生明於南塔上方病中序。」

〔註319〕《閑居編》卷第四十，《卍新纂續藏經》第56冊，頁924b。

〔註320〕《閑居編》卷第四十一，前引書第56冊，頁925c。

〔註321〕《閑居編》卷第四十一，前引書第56冊，頁929a。

〔註322〕《閑居編》卷第四十一，前引書第56冊，頁926b。

軒閑萬象歸，空江答夜鐘。高嶠留殘暉；幽砌絕塵蹤，孤雲自依依。顧惡如探湯，觸物類虛舟，他人莫己知。此道本吾求，獨坐時相懷，斜陽照危樓。崔嵬高山側，觸石生片雲，自將風雨期。不與塵土群，杳杳遊太虛，對此幾思君。高跡將誰親，幽棲白雲中，閑階吐蒼苔。古木生清風，時將西竺書，講義訓來蒙。靜躁各所好，是非安能辨，聲利如我仇。雲泉若相勉，寂寂深林中，芳蘭自堪擎。群峰聳危碧，倒影沈空江，清景生晚晴。冷色涵虛窗，消搖縱吟賞，能使吾心降。海日照吟軒，江風動庭樹，此景樂閑情。何人識高趣，登樓獨南望，杳杳空煙霧。」〔註323〕〈梵天寺閑居書事〉詩云：「松杉圍靜室，蹤跡遠人群；抱疾添華髮，看山羨白雲。苔痕經雨長，蟬韻帶風聞；獨坐無來客，西軒日又曛。」〔註324〕〈次韻訓梵天闍梨〉詩云：「數峰殘雪對閑門，世態悠悠莫可論；靜室禪餘忽相憶，劃灰孤坐到黃昏。」另有〈溪居即事寄梵天闍梨〉詩云：「松竹森森獨掩扉，塵中誰復愛忘機；蒼苔滿砌無人到，猶感幽禽夜夜歸。」〔註325〕〈寄梵天上方政姪〉詩云：「一講更無事，翛然自不群；閑情江上月，孤跡檻前雲。徑冷秋苔合，杉寒宿鳥分；濤聲且暮近，應向出禪聞。」〔註326〕慶昭卒後，智圓於大中祥符二年（1009）孟夏於病中作〈闡義鈔序〉〔註327〕，於文中可以看出他對師兄慶昭的思慕之情是很深的。

　　梵天寺的住持，初時是師徒制。蘇軾曾兩次主政杭州，爲梵天寺的常客，其初見僧守銓有詩〈題梵天寺〉云：「落日寒蟬鳴，獨歸林下寺。松扉夜未掩，片月隨行履。唯聞犬吠聲，又入青夢去。」其和詩作〈梵天寺見僧守詮清婉可愛次韻〉云：「但聞煙外鍾，不見煙中寺。幽人行未已，草露濕芒屨。惟應山頭月，夜夜照來去。」在〈梵天寺題名〉云：「余十五年前，杖藜芒履，往來南北山。此間魚鳥皆相識，況諸道人乎！再至惘然，皆晚生相對，但有愴恨。子瞻書。元祐四年（1089）十月十七日，與曹晦之、晁子莊、徐得之、王元直、秦少章同來，時主僧皆出，庭戶寂然，徙倚久之。東坡書。」其又作〈寒食與器之游南塔寺寂照堂〉〔註328〕，蘇軾見當時的寺主，承襲有七代

〔註323〕《閑居編》卷第四十二，《卍新纂續藏經》第56冊，頁927b。
〔註324〕《閑居編》卷第四十三，前引書第56冊，頁926b。
〔註325〕《閑居編》卷第四十五，前引書第56冊，頁932c。
〔註326〕《閑居編》卷第四十七，前引書第56冊，頁937b。
〔註327〕《閑居編》卷第十，前引書第56冊，頁881b。
〔註328〕《蘇軾詩集》卷四十五〈寒食與器之游南塔寺寂照堂〉，頁2446。

之久，乃由官府出榜聘請十方高僧參與競爭。梵天寺與孤山智圓關係密切，智圓卒後，其遺著《閑居編》也被後來梵天寺僧家所珍視。梵天寺的浩肱說：

> 自乾興元年（1022）二月十九日，大法師諱智圓，字無外，號中庸子，歸寂于錢唐西湖孤山瑪瑙院。平昔所著述《閑居編》，至今嘉祐，不墜于地者，猶一線耳。吳待制（遵路）撰法師行狀，云《閑居編》六十卷，雖目其言，終不能見其全集。今開之本，訪諸學校及遍搜，求得四十八卷，〈病課集〉仍在編外。今恐遺墜，遂將添入，總成五十一卷。有求之未盡者，俟後人以續之。（浩肱）孤陋寡學，不能考校謬誤，且貴乎先賢博達之文，存其本而免失墜耳。又得信士搖君，大有因聞法師之清名、賦性雅，尚欣然願施財。及導同人刻版模印以廣斯文。時聖宋嘉祐五年（1060）歲次庚子八月既望於錢唐梵天寺十方講院了空大師（浩肱）字（仲輔）記」〔註329〕

梵天寺從慶昭開山之後，寺主為師徒相傳，到了第七代後轉變為十方寺院。但由智圓的《閑居編》得以在梵天寺刻版印刷流傳來看，山外派的教法在宋仁宗末年尚存在於世間。

六、石壁寺系

自從佛教在中國流傳以來，佛教的寺院成為香客、名士與學人的參遊之處，尤其是名寺古剎更能獲得雅士、道人的青睞。錢塘的石壁寺，雖不如國清寺、禪林寺、梵天寺之享有盛名，但也是後起的出名道場，而逐漸成為禪客參遊的好去處。石壁寺的僧家行靖與行紹，原為法眼宗的門徒，可能德韶、延壽師徒為了弘揚天台宗而派門人到義寂會下修學。此後，石壁寺變成講說台教的名寺。石壁寺的僧家，跟晤恩會下的學人也多所往來，對於山家、山外之爭，此寺院僧家看似是站在中立、旁觀的立場，但也是僧家們互通訊息的場所。由行靖與行紹的行實上看，他們也是天台宗以別子為宗的典範之一，而他們對諸宗的包容性大。

慶昭離開奉先寺之後，曾到過開化寺與石壁寺，擔任講席，這在《釋門正統》卷第五〈繼齊傳〉與〈咸潤傳〉以及《閑居編》卷第十五〈故梵天寺昭闍梨行業記〉中得見。但《閑居編》卷第十五〈故梵天寺昭闍梨行業記〉

中，則說「由石壁而戾止梵天」〔註330〕，而《釋門正統》〈咸潤傳〉卻云，景德元年（1004）四月慶昭赴梵天寺而由咸潤代其開化寺講座。由是推論，源清卒（咸平二年，999）後，慶昭繼講座不久乃徙居石壁山，後又在開化寺擔任講座，而以開化寺爲主，因爲此寺院是他初出家的處所，其本師在此。杭州石壁寺，是法眼宗與台教並弘的道場，跟德韶、延壽與義寂有所關係。據釋契嵩《鐔津文集》卷第十三〈杭州石壁山保勝寺故紹大德塔表〉云：

石壁寺，去杭越三十里。走龍山而西，窅然入幽谷，有溪流岩石之美。雖其氣象清淑，而世未始知之。自（行）紹大德與其兄行靖法師居之，而其名方播，亦地以人而著也。大德諱行紹，杭之錢塘人也，本姓沈氏。初其母夢得異僧舍利吞之，因而有娠，及生其性淳美，不類孺子，不喜肉食，嗜聞佛事。方十二歲，趨智覺禪師延壽求爲其徒，父母從之。及得戒通練律部。當是時韶國師居天台山，其道大振，大德乃攝衣從之，國師見且器之。即使往學三觀法於螺溪義寂法師，因與其兄行靖皆事寂法師，講求大義。居未幾，而所學已就還杭，即葺其舊寺，尋亦讓其寺與靖法師以會講眾。（行）靖法師與大德皆師智覺（延壽）出家，而大德爲法兄，（行）靖師爲俗兄，（行）靖法師以素德自發。先此六十年，雖吳中宿學名僧。皆推其高人。當時故爲學者所歸。及（行）靖法師遷講他寺。而大德復往居石壁，其前後五十年，守其山林之操，未始苟游於鄉墅閭里。處身修潔，識者稱其清約。一旦示感輕疾，至其三日之夕，囑累其徒，始眾會茶，授器已即坐盡。至是，其壽已八十歲，僧臘六十八歲。垂二十年，余始來石壁，會其弟子簡長，因聞其風。（簡）長亦介潔能守其先範，遂與其同學之弟簡微，固以大德塔誌見託。吾嘗謂之曰：『教所謂人生難遇者數端，而善知識尤難。』世書曰：『善人吾不得而見之矣，得見有常者斯可矣，賢善誠難其會也。』若師出家於（延）壽公，學法於寂公，見知於國師（德）韶公。（德）韶公，不測人也，奇節異德，道行藹然。而（延）壽、（義）寂二公，亦吾徒之有道者也，天下豈可多得。若師皆遇而親炙之，假令得一見之，已甚善也，況因人而得法邪。若此，師之美多矣。』復兄弟於靖師，同其務學親道，栖養於山林，又平生之美可書也。其塔在

〔註330〕《閑居編》卷第十六，前引書第56冊，頁888a。

寺之西圃，故筆而表之。是歲皇祐癸巳（1053）三月之十一日也。」
〔註331〕雲門宗的契嵩（1007〜1072）有〈入石壁山〉詩云：「身似
浮雲年似流，人間擾攘只宜休；老來已習青蘿子，隱去應追白道猷。
直入亂山寧計路，定看落葉始知秋；他時谷口人相遇，莫問裁詩謝
五侯。」〔註332〕

就石壁寺在台教師承上來說，是屬於山家義寂系的，然不僅禪宗與石壁寺有
所往來，奉先源清會下的慶昭與智圓都與石壁寺有所關連，智圓有〈懷石壁
舊居兼簡紹上人〉詩云：「壁立岩巒照冽泉，幾思幽景歎流年；歸棲自合同仙
跡，深隱誰云有洞天。脩竹寒聲風乍動，古潭秋影月初圓；伊余亦擬依支遁，
枕石眠雲碧嶂前。」〔註333〕〈題石壁山紹上人觀風亭〉詩云：「界江千萬山，
石壁惟清幽；中有忘機人，超然樂巖丘。創亭號觀風，嘉景自成收；群峰呈
晚碧，長溪瀉寒流。視聽足怡情，萬事安能求；嘗言徂暑天，登時疑清秋。
雲容既冷淡，松韻還颼飀；擾擾九衢塵，誰知高靜游。」〔註334〕〈懷石壁山
寺〉詩云：「梵宮藏積翠，往歲屢遊遨；月上寒溪靜，雲收峭壁高。幽階封藥
草，古樹宿猿猱；終待攜瓶錫，閑棲解鬱陶。」〔註335〕〈將入石壁山作〉詩
云：「慧遠風流廬岳隱，支公高尚沃洲栖；閑思石壁堪長往，擬躡浮雲上石梯。」
〔註336〕〈病中懷石壁行紹上人〉詩云：「石壁春歸去，孤山秋未來；夜深扶病
坐，明月照蒼苔。」〔註337〕〈遊石壁寺〉詩云：「寺幽稱絕境，荷策自登臨；
翠岳千峰險，寒松一徑陰。清香秋殿冷，疏磬古廊深；靜立忘歸興，殘陽鳥
忽吟。」〔註338〕智圓常遊石壁寺，不僅因為慶昭曾在此講學，也因為與行紹
有交情之故。

慶昭居石壁寺時（約999年之後），繼齊也跟著前來受學。關於繼齊，在
《佛祖統紀》有名無傳，其與知禮問難事見〈法智傳〉。其生平，據《釋門正
統》卷第五云：「繼齊，字希中。貌壯而氣清，志高而辭正，永嘉之翹楚也。

〔註331〕《鐔津文集》卷第十三〈杭州石壁山保勝寺故紹大德塔表〉，《大正新脩大藏
　　　　經》第五十二卷，頁717b。
〔註332〕《鐔津文集》卷第十七，《大正新脩大藏經》第五十二卷，頁741b。
〔註333〕《閑居編》卷第四十一，《卍新纂續藏經》第56冊，頁925b。
〔註334〕《閑居編》卷第四十五，前引書第56冊，頁933b。
〔註335〕《閑居編》卷第四十七，前引書第56冊，頁937a。
〔註336〕《閑居編》卷第四十七，前引書第56冊，頁938a。
〔註337〕《閑居編》卷第四十九，前引書第56冊，頁943b。
〔註338〕《閑居編》卷第五十一，前引書第56冊，頁949b。

初學止觀法門於奉先（源）清，又習淨名大義於石壁（慶）昭。又與孤山（智）圓為忘年友，孤山嘗為師作〈字說〉，美其學行。時法智製《不二門指要鈔》，立別理隨緣之義。師謂之濫說，與嘉禾（子）玄、天台（元）穎並形辭藻，互相攻擊。爾後十門折難既出，則師與夫二家之文俱湮，汲無聞矣。」〔註339〕其與法智知禮的問難，《佛祖統紀》卷第八〈法智傳〉云：「景德元年（1004），撰《十不二門指要鈔》，成立別理真如有隨緣義。永嘉繼齊立《指濫》以難之（梵天昭師門人），謂不變隨緣，是今家圓教之理，別理豈有隨緣。師乃垂二十問以袪其蔽，天台元穎復立《徵決》以代齊師之答，而嘉禾子玄亦立《隨緣撲》以助（繼）齊、（元）穎。時仁岳居座下述法智（知禮）義，立十門折難總破三師。」〔註340〕仁岳云：「予所稟四明法師，嘗於《指要鈔》中，立別教真如有隨緣義，山家學徒，罔不傳習。時有永嘉繼齊（立指濫）、嘉禾子玄（立隨緣撲）、天台元穎（立隨緣徵決），洎當途繼祖之者。廣構篇章，難茲名義。予因遍覽審彼否臧，而皆昧偏圓之詮，亂權實之理，豈唯矯誣先覺，抑亦蒙蔽後昆，矧此諍論，容可緘默。由是採其謬說，考以正言，建立十門，析破諸難。」〔註341〕後四明山家則謂：「淨覺（仁岳）禦務之功，居多。」然知禮會下的仁岳，因與山外派諍論，以及跟智圓的交遊，而受到山外派思想的影響，後來引發仁岳與知禮間的論戰。仁岳投向慈雲遵式之後，又遷住石壁寺。〔註342〕

　　石壁寺在山家、山外兩家未論戰之前，因為其師承跟法眼宗的國師與天台宗山家義寂有關，是禪、教合流的寺院，所以此寺院是天台宗僧家們喜歡參遊、講學之處，如義通會下的善信與源清會下的慶昭都曾住此寺院。山家與山外兩家思想的異同，可能部份在此寺院引發，兩家學人爭執己見的場所也可能在此地發生。慶昭離開奉先寺後，本想終老石壁山而不果，因為講學的緣故引發了兩家的論戰。在石壁山時，慶昭得法子繼齊跟隨。之後，慶昭離開石壁寺，回到本師的開化院講學，得上首弟子咸潤，並分座給他開講。有了慶昭、智圓、繼齊與咸潤諸宗匠，天台宗山外宗派的氣勢就形成了。

〔註339〕《釋門正統》卷第五〈繼齊傳〉，前引書，頁833。
〔註340〕《佛祖統紀》卷第八〈十七祖法智尊者知禮傳〉，前引書，頁347。
〔註341〕釋仁岳述、釋繼忠集〈附法智遺編別理隨緣十門析難書（并序）〉，《卍新纂續藏經》第56冊，頁839a。
〔註342〕《佛祖統紀》卷第二十一〈法師仁岳傳〉，前引書，頁347。

七、開化寺系

從五代之初到宋代中葉，天台宗的山外宗及其祖師出自禪宗寺院的居多，僧人學成之後，又回到本師處講學，且與禪、教、律、淨並重的寺院或僧家往來，或受請去講學。宋真宗咸平三年到景德元年間（1000～1004），慶昭、咸潤在開化寺行化，此寺院的僧人從法眼宗轉向研習天台宗的教法，天台宗以別子為宗的現象在此寺院得見。景德四年（1007），咸潤被越州淄素迎回其本師等慈寺宣演淨教。〔註343〕此後，山外派在開化寺的佛法情狀就不明了，但繼咸潤之後住持的僧家也多是具有禪、教合流的趨勢。

源清的弟子慶昭（963～1017），幼於開化寺出家，十三歲受具，二十歲跟奉先寺源清學台教。其出家師父，或許就是依延壽披剃的行明禪師（？～1001），行明於永明延壽（904～975）卒後，初住能仁寺，後受錢王延請至大和寺（尋改名六和寺）住持。杭州開化寺的前身是六和寺，六和塔位於西湖之南，錢塘江畔月輪山上，始建于北宋開寶三年（970），是吳越王錢弘俶應延壽、贊寧兩和尚之說，以鎮塘江洶湧江潮而建立的，取佛教的六種規約（戒和同修，見和同解，身和同住，利和同均，口和無爭，意和同悅）而命名。〔註344〕塔高九級，五十餘丈，內藏佛舍利。寺成之後，由德韶的法子行明大師住持。據《景德傳燈錄》卷第二十六〈杭州開化寺傳法大師行明傳〉云：

> 杭州開化寺傳法大師行明，本州人也，姓于氏。少投明州雪竇山智
> 覺（延壽）禪師披剃，及智覺遷住永明大道場，有徒二千，王臣欽

〔註343〕《釋門正統》卷第五〈咸潤傳〉，前引書，頁833下。

〔註344〕依據潛說友的《咸淳臨安志》和《淨慈寺志》、《武林梵志》、《大明一統志》等書，我們可以知道延壽曾建立六和塔。例如《武林梵志》記載，「六和塔，在月輪峰傍，宋開寶三年，智覺禪師建。（中略）智覺禪師乃即錢氏南果園建塔，以鎮江潮。高九級，五十餘丈。」（《中國佛寺史志彙刊》第1輯第7冊，頁154）。又在《靈隱寺志》卷第六〈治潮皆靈隱僧論〉（同前書第1輯第23冊）及《十國春秋》卷第八十九〈僧贊寧傳〉中都記載，贊寧和延壽禪師一起建塔及寺以鎮錢塘潮。這也就是說，六和塔的完工是延壽和贊寧兩人努力的成果。因此，六和塔和延壽有所關聯，勿庸置疑。日本學者石井修道氏說：「六和塔（中略），這座塔和延壽有關係，初建者被認為是延壽。」（《永明延壽傳》，《駒澤大學佛教學研究會年報》3，頁79下註25，1969年）。釋智學〈永明延壽傳記研究〉（台北：法光佛教文化研究所《法光學壇》第5期，2001年）云：「這座六和塔到了宋太宗太平興國年間，更名為開化寺，由延壽的弟子傳法行明負責住持。此外，對於這座六和塔的建設時期，雖有異說，但本文擬略而不談。」應是吳越忠懿王建大和寺，請德韶的法子行明住持，後此寺更名為六和寺，太宗時改為慈恩開化教寺。

仰，法化彌盛。師自天台（德韶）受記，迴永明，翼贊本師，海眾
傾仰。開寶八年，智覺歸寂，師遂住能仁寺。忠懿王又建大和寺（尋
改名六和寺，後太宗皇帝賜號開化），延請住持二處，皆聚徒說法。
僧問：『如何是開化門中流出方便？』師曰：『日日潮音兩度聞。』
問：『如何是無盡燈？』師曰：『謝闍梨照燭。』太宗皇帝賜紫衣師
號，咸平四年（1001）四月六日示滅。〔註345〕

這座六和塔到了宋太宗太平興國年間，更名為慈恩開化教寺，仍由延壽的弟子、德韶的法子行明禪師負責住持。慶昭於奉先寺開講不久，去石壁山，後可能因本師示寂而回開化寺，因此留在開化寺講學。智圓有〈遊開化寺〉詩云：「地絕纖塵萬籟清，當門幽致畫難成；黛粧峰岫高低影，練卷波濤旦暮聲。侵竹古廊秋蘚合，倚雲禪閣夜燈明；上方別有幽棲處，樹石參差稱野情。」〔註346〕與雲門僧關係密切的蘇軾曾遊六和寺，作〈六和寺沖師閘山溪為水軒〉〔註347〕。六和寺在錢塘江畔有六和塔，為送往迎來止步之處，故蘇軾另有〈送張職方吉甫赴閩漕六和寺中作〉。契嵩有〈書南山六和寺〉詩云：「青蔥玉樹接溪岑，臺閣凌虛地布金；行到白雲重疊處，水聲松韻淡人心。」〔註348〕

慶昭在開化寺時，有咸潤前來受學。據《釋門正統》卷第五云：「咸潤，字巨源，鄭姓，越之上虞人。七歲事等慈子明師進具，精貫毗尼，後遊台嶺，讀智者三觀書有省。詣錢唐開化昭輪下，博究《淨名》、《法華》、《涅槃》、《楞嚴》之義。（慶）昭乃分座而處，謂可任法器。（慶）昭赴梵天，俾師代之。景德四年（1007），上虞宰裴奐洎里中緇素迎還等慈，宣衍淨教。天禧初（1017），徙舍郡之隆教。昭示寂，授以爐拂嗣宅梵天，講說四辨，遠近宗仰。」〔註349〕後徙住越州永福寺，聲名大播。開化寺原本就是禪、教合一的寺院，咸潤之後有擇梧律師遷住於此，使得禪、台、律更加融合。擇梧與智圓關係良好，據智圓的〈大宋錢唐律德梧公講堂題名序〉云：

錢唐保寧寺律德（擇）梧公，始學終南，刪補於同郡處雲師。既睹
其奧，乃杜門覆述凡十五年，後由故僧正通教大師曰慶贊者請之，
因住昭慶寺，始以訓物為務，即咸平四年（1001）也。既而法席宏

〔註345〕《景德傳燈錄》卷第二十六〈杭州開化寺傳法大師行明傳〉，頁139。
〔註346〕《閑居編》卷第四十一，《卍新纂續藏經》第56冊，頁926a。
〔註347〕《蘇軾詩集》卷第八〈六和寺沖師閘山溪為水軒〉，頁394。
〔註348〕《鐔津文集》卷第十七，《大正新修大藏經》第五十二卷，頁741c。
〔註349〕《釋門正統》卷第五〈咸潤傳〉，前引書，頁833下。

張,來學遝臻,以戒律繩之。以威儀檢之,而動靜咸秩。其次還保
寧,又其次遷開化。自開化而再還保寧,由保寧移聖果,洎今在兜
率訓物如昭慶。(中略) 公名擇梧,字元羽,錢唐人也。立性直方,
發言正淳,行甚高,名甚揚,雖學經論通書史,而專以戒律為己任,
且欲示後學以復之之路,知發軔於律學也。故於律學,既能言之,
又能行之,而頹綱顛表自我強而樹之,故吳越之僧北面而事者,不
知紀極。其後學,有濟濟蹌蹌動不逾閑者,人必知其由公門而出也,
故從而讚之者,多矣。既而危言忤眾,所為不與時合,故從而毀之
者又倍焉。雖讚之毀之喧喧然,而公之道且不易乎,世不為讚毀而
進退高下也。議者謂公,中心隘窄,不容於物,其有失乎於後學不
可以訓也。對曰:『夫三無失者,唯種覺大聖人耳。』初心之賢,欲
寡其過而不能也。故李唐在浙東律匠,有清江、盧受者,高行不群,
有名于天下。而清江,病乎褊躁。盧受,病乎狷急。傳高僧者,其
舍諸乎?噫,公之剛訐,亦江、受之比也,何傷於高行耶,後學者
姑務其長,而遺其短也。知人者,豈以小眚掩大德乎?(中略) 惟
公能從規諫,則於人無剛訐之過,有盡善之譽也。人受規誡,則於
公無求備之辜,有尊賢之義也,中庸之道,於是乎在公。以我序題
名者,其有意乎?若乃六遷黌校,升堂之子既列名矣,其後來者請
續而書之,所以揚戒律之風,俾不肖者跂及。於戲,行佛道趣大方
者,其斯人謂與。大宋三葉聖君在宥之十九載 (1016) 青龍丙辰夏
四月闕望於錢唐瑪瑙院講堂序。」〔註350〕

後來成為智圓好友的兜率擇梧,其初學南山律,參雲門宗的徑山惟琳得悟,
其喜躍而拜曰:「不聞師誨,爭解知非。今當持而不持,持無作戒,更不消著
心力也。」辭行回至丈室,屏去舊習,獨一禪床,講倡之外默坐而已。俄一
夕召明靜法師至曰:「擇梧得徑山打破情執,至今無一點事在胸中,今夜欲入
無聲三昧去也。」由是寂然,竟爾長寢。〔註351〕慶昭、咸潤、擇梧先後行化
於開化寺,三人都與智圓交遊密切。而兜率院,為太平興國元年 (976) 忠懿
王所建,大中祥符九年 (1016) 四月,擇梧於聖果寺遷住兜率寺後,也常與

〔註350〕《閑居編》卷第三十〈大宋錢唐律德梧公講堂題名序〉,《卍新纂續藏經》第
56 冊,頁 911a。
〔註351〕《人天寶鑑》〈兜率梧律師〉,《卍新纂續藏經》第 87 冊,頁 2b。

孤山智圓多所往來，智圓曾爲其作〈錢唐兜率院界相牓序〉。〔註352〕由開化寺的住持與講學情形看來，此寺院也屬於禪、教、律兼行的場所，到北宋末年亦然。徽宗崇寧三年（1104）有白雲祖師清覺在六和塔開化寺後紫雲庵居住，道俗請就正濟寺講《華嚴經》，時當毀教，清覺著《證宗論三教》、編〈十地歌〉。〔註353〕

八、孤山瑪瑙院系

　　奉先源清有弟子慶昭、慶巒、德聰與智圓（976～1022）。慶昭的同學慶巒，後居杭州崇福寺，而德聰則居越州開元寺。源清門下除了慶昭繼師法席之外，以智圓最爲傑出。智圓出家於錢塘龍興寺，龍興寺是禪、教、律並弘的寺院，清竦門下覺彌曾在此寺院演教。晤恩系下到了智圓出世，其於大中祥符九年（1016）於錢塘開山之後，方又與龍興寺關係密切。智圓於孤山寺開山，行化七年之後，於乾興元年（1022）二月卒。

　　源清卒（999）後，智圓初居杭州崇福寺，其在《閑居編》卷第十二〈目錄序〉云：「予自濫預講科，於先聖之道，雖不能窮微睹奧，而志圖訓誘。於是備覽史籍，博尋經疏，其有墜地而絕傳者，他說而不韙者，皆筆記而發揮之，以貽後學。始景德三年（1006）丙午歲至今大中祥符七年（1014）甲寅歲，於講授、抱疾之外，輒述科記章鈔，凡得三十部、七十一卷。竊慮散失，因次而錄之，藏於篋笥，或後有所述，隨更編續，所冀示諸子孫，詎敢聞於達識也。時陽秋三十有九，其年仲春既望於錢唐崇福寺方丈序。」〔註354〕大中祥符九年（1016）三月，智圓買地建寺院，四月始居孤山瑪瑙院講學。其在〈孤山瑪瑙院界相牓序〉云：

> 大中祥符九年龍集丙辰夏四月五日，吾始卜居斯院，將以天台三觀
> 之學于來蒙原夫。能仁設教，雖漸頓異轍，大小殊唱，至于垂戒律
> 以齊身口指，定慧以袪心惑，俾沿淺以究深，自凡以躋聖，其揆一
> 也。吾不佞，嘗從事於斯矣，矧聖階之未升，身口之未淳，戒律之
> 事可一日而廢耶。於戲，無則禽異則貉，以吾學聖人之道，期以自

〔註352〕《閑居編》卷第三十四〈錢唐兜率院界相牓序〉，《卍新纂續藏經》第56冊，頁915a。
〔註353〕《釋氏稽古略》卷第四，《大正新修大藏經》第四十九卷，頁886a。
〔註354〕《閑居編》卷第十二〈目錄序〉，《卍新纂續藏經》第56冊，頁883b。

正，安敢蔑而棄之耶。世有自云達觀而哸戒律者，不亦惑哉。茲院
建立已久，而地猶自然，吾友擇梧師履道直躬，能以戒律爲己任，
且知吾志爲，因與其徒凡九人詣吾居，集眾旅席以毗尼準（句）作
法結爲，然後攝食、護衣、安居、說戒，各得其所，既而戒律外撿
定慧，內修令正法久住，何莫由斯道也。其界畔之是非，標相之物
類牓，示顯處以告來者。〔註355〕

其寺院附近還有一座孤山禪寺，又名永福寺，宋時稱爲廣化寺，寺中有石壁
《法華經》。〔註356〕智圓買地開山，請擇梧律師爲之結界安居，以利講學；後
又買地擴建，宋眞宗天禧三年（1019）再度請擇梧律師結界。其在〈瑪瑙院
重結大界記〉云：

有宋大中祥符九年春三月二十有九日，中庸子買山養疾，得孤山夕
陽之坡，曰瑪瑙者。坡有佛屋，亦以瑪瑙爲名，諏于耆臺，考諸版
籍，乃知後唐天成二年（927）青龍丁亥武肅王建之也，奕世僧居。
曠日持久，房廊雖周，而大界不結。遂迓請於友人明律者曰擇梧師，
梧師然之。越四月三日，集僧秉法結其大界爲。厥後來學既眾，堂
室迫隘，門人曰浩才始帥信氏以寬棟宇，繇是新搆者復在自然之地
矣。梧師復以其徒五人，爲解舊而結新廣其標相爲。自是，亭臺、
堂閣、泉石、華竹，悉在作法之中矣。夫然則豈但行禪講道、陶養
天眞而已哉，抑又受說安恣之事悉得而行諸，且無違於佛之制也。
是時，天禧三年（1019）四月二十一日也。〔註357〕

其所居孤山瑪瑙院，其院始建於後晉開運三年（946），吳越有國時曾修建過，
宋治平二年（1065）名爲瑪瑙寶勝院。〔註358〕寺院在西湖孤山瑪瑙坡創建，

〔註355〕《

並於南宋紹興二十一年（1151）遷建到現址，原址改爲延祥觀。〔註359〕目前
此寺院位於西湖北岸的北山街葛嶺路，依山而築，粉牆黛瓦，掩映在蓊鬱的
古樹中。智圓在〈孤山迹〉云：

> 錢唐郡西三數里，有孤山者，既卑且狹，但不與眾山連接，孤然處
> 湖中，似不阿附於眾山，有自得之狀。由是，群目流眄，眾賢樂遊，
> 好奇者往往來居之，有終焉之圖。故有浮圖居者，五焉，隱人居者，
> 一焉。遂古賢達好之，亦不下於今，至若白樂天、元微之、張祐、
> 許渾輩，或文於碑，或詩於寺，所以斯山爲錢唐勝概，而天下知名
> 也。雖崇峰疊嶂，連連繞湖，比之斯山，如有羞色。噫，山以卑狹，
> 不附於眾峰，而皆悅之士。有居下位，不附媚於權要，不託附於形
> 勢者，雖包仁抱義，聳出倫類，眾必睚眥之，凌侮之，由是名不能
> 顯，道不見用。嗚呼，山以孤，故見好，士以孤，故見惡，山乎？
> 士乎？人之好惡，何相遼乎？遷好山之心，以好士可也。〔註360〕

其居孤山碼腦院，有祖師之風骨，不同於法智與慈雲系學人，其與知禮論戰，
也逐漸樹立了山外宗的思想體系。關於智圓的生平，其在〈中庸子傳中〉云：

> 初中庸子之生也，始言則知孝悌父母，頗異之，而不群於庸豎戲。
> 嘗以草木濡水，畫石以習文字，採花布以爲徒，自爲講訓之狀。唯
> 言孝父母、睦兄弟而已，酷有邁俗志，父母不能違，因捨爲佛徒。
> 年八歲，遂登具於錢唐龍興寺，今大中祥符寺也。十五，微知騷雅，
> 好爲唐律詩。二十一，將從師受周孔書，宗其道學，爲文以訓世，
> 會寢疾，因自訟曰：「汝浮圖子，髮既祝矣，形且毀矣，而不習釋氏，
> 志慕儒學，忘本背義，又豈稱周孔之旨乎？汝姑習釋，後學儒爲副，
> 汝其圖。」之時，源清法師傳智者三觀之法于奉先，予負笈而造焉。
> 在青衿之列者，凡三年。會師亡，既而離群索居，衣或殫，糧或罄，

寺僧惰慢，不克如前。」張岱：〈瑪瑙寺長鳴鐘〉詩云：「女媧鍊石如煉銅，
鑄出梵王千斛鐘。僕夫泉清洗刷早，半是頑銅半瑪瑙。錘金琢玉昆吾刀，盤
旋鐘紐走蒲牢。十萬八千《法華》字，《金剛般若》居其次。貝葉靈文滿背腹，
一聲撞破蓮花獄。萬鬼桁楊暫脫離，不愁漏盡啼荒雞。晝夜百刻三千杵，菩
薩慈悲淚如雨。森羅殿前免刑戮，惡鬼猙獰齊退役。一擊淵淵大地驚，青蓮
字字有潮音。特爲眾生解冤結，共聽毗盧廣長舌。敢言佛說盡荒唐，勞我闍
黎日夜忙。安得成湯開一面，吉網羅鉗都不見。」

〔註359〕《釋門正統》卷第五〈智圓傳〉，前引書，頁831下。
〔註360〕《閑居編》卷第十六，前引書第56冊，頁889a。

因之以疾病，而孳孳然，研考經論，探索義觀，得之於心，而不尚夸耀人，或謂之愚且訥。予聞之曰：「學道，貴達本息心也，若炫其能，矜其解，欲他之買者，吾不如行商坐賈也。」嘗歎天台宗教，自荊溪師沒，其微言奧旨墜地而不振者多矣，雖行而說者，違道背義亦眾矣。於是，留意於筆削，且有扶持之志。凡形百餘萬言，以廣其道。或謂曰：「荊溪既沒，解不在子乎？唯名之與行比荊溪，猶塗漢之相遠耶？」予應曰：「解即未也，名之與行，然哉然哉！」予著述人或非之，門人以告予，予曰：「文中子有言，智者非之，吾當飾辭往謝。愚者非之，吾將奈何？且吾將扶聖道以潛潤於人也。苟吾言之是，後世必有如吾者好之。如其非也，灰滅不旋踵矣。」噫！吾之道，豈止與狺狺者爭勝哉。無賴輩，或背毀予，既而革面而來，予待之盡禮。人問其故，答曰：「賓象天主象地，待不以禮，是違天也。違天不祥，且彼謗我也，果實乎，果虛乎，果實也。吾將改之，彼迺訓我也是吾師也，何怒之有。果虛也，吾可笑以爲樂，又何怨之，況毀讚之言，如谷響邪。」〔註 361〕

智圓對於師說與傳習的觀念，是不同於四明學人的，他很反對刻板的道與義、傳統的解與行，又不喜與那些狺狺者爭勝，所以閒來爲文以舒發己見。

其跟源清受學的年歲，《釋門正統》以及《佛組統紀》都說二十一歲時從源清二年。據智圓的《閑居編》第四〈觀經疏刊正記序〉〔註 362〕所言，其二十一歲從奉先寺源清受學〔註 363〕，二年後源清（999）卒，乃四處參學，因極

〔註 361〕《閑居編》卷第十九，前引書第 56 冊，頁 895a。

〔註 362〕《閑居編》卷第四〈觀經疏刊正記序〉云：「予稟受法師奉先尊者（諱源清），撰記二卷，解此經疏，曰顯要者，學者盛傳之。師嘗患未盡善也，而更事補削，其功未就，無何山頹梁壞，一十七載於茲矣。予竊追念往事，黯然感懷，遂考文責實，刊而正之，義門之壅者闢之，觀道之茶者芟之，非苟見異於前人，蓋欲成其先志爾。厥或來者舍而不由，非予罪也時。大宋大中祥符八年（1015）龍集乙卯二月朔於西湖崇福寺講院序。」

〔註 363〕吳遵路在〈《閑居編》序〉云：「世姓徐氏，名智圓，字無外，自號中庸子，錢唐人也。年八歲受具於本郡龍興寺，二十一歲傳天台三觀於源清法師。上人神宇清明，道韻凝粹德，貫幽顯學，該內外。開卷游目必沿波而討源，屬筆綴辭率勸善而懲惡，蔑聞可擇之。行不覿非聖之書，克己爲仁，無亡於終食。服膺講道，靡舍於寸陰。仰止高山，溫其如玉，至性樂善，蓋稟於天姿妙。歲能文，匪由於師授，尤好靜默。專務隱居，屏去塵游，杜絕人事處，方丈之室，晏如覆杆。玩一卷之書，嗒然隱几，陶陶乎，不知物我之爲異也。道風所偃，學者

其辛苦乃成病夫。智圓在〈記夢〉文云：

> 吾十有三年秋八月，臥于俗舍，一夕夢吾佛於龍王宮夏安居，吾獲侍焉。其謂龍宮者，堂閣不至高顯，如世之民舍，但廣闊耳。欂櫨簡素，無山藻之文，軒窗虛疏，無髹彤之飾。佛之狀貌，豐滿長姝，而紫黑色服，青黑袈裟，止一老沙門耳。別食訖，而說法，吾但見撼口而竟無所聞。夏滿出海，王族送之于岸，吾從行曠野，莫別其方向，極目漫漫然，行未幾，有物狀如世畫神鬼者，再拜吾佛，累名衣爲座，請訓以道法。佛喻之既，而持一象以獻，佛乘象行矣，吾從焉入松門，三數里遙見分歧。一里餘，有一小佛廟，丹其門宇，粉其牆壁，有二人盛服立于門之左右，如迎侯之狀。佛下象，以轡勒授于吾，吾受之繫于樹。佛點頭哂之，如謂我知意也。忽然夢覺，至且詣先君言之。先君喟然歎曰：「我以爾嬰孩時多病，故令爾出家，將令爾友儒讀書，爲本干祿於明朝，以光我族。爾之夢，其久爲釋氏子，傳道之徵乎。無爲他人言之，此夢吉也。」吾心竊疑焉。苟夢佛，蓋爲金輝之相，而反同僧形耶。後八年（997），學天台三觀于奉先法師（源濟）。其同門人先進者，爲吾說四教，且曰三藏教、佛老比丘像也。吾心驚喜久之，自謂：「昔所夢者，其釋迦乎？斷不疑也。」後十年，恨涅槃至典、章安微言不傳于世者二百餘齡，時抱疾於水心寺，討尋經義焉，至第十五卷說如來降曠野鬼神，乃知昔夢此經之徵也。曰：「吾於涅槃，其有緣乎？」贊述，至後七年，於崇福寺首事筆削，復夢二沙門盤桓于門，吾遙望而默識之，心自謂：「此觀音龍樹也。」驟出迎之，觀音入門而右，龍樹入門而左，吾肩隨之，行數步忽自思云：「迎而拜之，是禮也。」遂趨而進，拜訖。叙云：「觀音則慈覆法界，龍樹實吾宗祖師，唯願智慧增明，罪根清淨。」言訖，再拜。觀音垂訓久之，但不能省記。龍樹唯云：「汝見古人（有名夢覺忘之）鑄劍乎？但欲有益不欲有損。」於是夢覺，

如歸，巾卷盈門，緇黃匝序，暫聆更僕之論頓釋疑。聞克終函文之儀，皆成法器，鐘鳴善應谷，答忘疲斯。又利物之勝緣，誨之人能事也。若義其耽味，寶乘揣摩，秘典演一音之遺旨，恢四蹄之眞詮，揭慧日以揚光發揮。大事引慈雲，而布潤覆露，群方垂裕，荃蹄動盈籤軸。旁涉莊老，兼通儒墨，至於論譔多所憲章。詠情靈悠揚，風雅小文短札，初不經心，遺言放辭咸有奇致。師早嬰病瘵，常居疲繭，伏枕方榻，罕事筆精，授簡門人，多出口占。」

撰《涅槃三德指歸》二十卷、《發源機要》兩卷、科十一卷、《百非
鈔》一卷、《分經圖》一卷、《注疏主贊》一卷。不三年而絕筆，復
講演傳授之。噫，非能仁之護念乎，二聖之冥加乎，不然豈吾之吵
劣克荷斯文乎。〔註364〕

晤恩未卒之前，源清（諱源濟）已在奉先寺講學，晤恩卒後其儼然是一派宗師，所以同門學人亦有在其會下者，智圓也跟這些先輩修學。源清卒後，智圓幾經波折，宋眞宗大中祥符九年（1016）在孤山碼瑙坡開山，襲舊寺名爲瑪瑙院。《釋門正統》卷第五〈智圓傳〉上說：

會（源）清去世，離群索居。嘗歎天台宗教，自荊溪（湛然）沒後，
其微言墜地者多矣。於是留意撰述，且有扶持之志，遂往西湖之孤
山。其山崛起湖心，杳在塵外。水湛琉璃之色，波揚碼瑙之名（時
改賜寶勝院）。後人尊其教，因以爲號。又於其中樹亭，名曰養素，
亦名文會。錦繡薰風，望月疊翠，玉峰負暄，大概多爲夜講設也。
訓不失宗，學者成市。凡大師之說，荊溪所未記者，悉能記之，莫
非祖述龍猛、憲章文思，以三觀之旨。會同群經，幾百萬言，以廣
其道。蓋世之學天台者，未睹堂奧，即首問天台以何爲宗。或答云
法性，或答云性具。獨師作〈法華十不二門正義〉，序云原夫一家宗
趣，道傳三觀，悟自法華，故恢張龍猛之宗，解釋鷲峰之典云云。
蓋聖人設教，意在修行。四教開合，不出三觀。則師論宗旨，度越
諸師矣。又皆明吾佛之教，以見孔老二家。談其性命，與夫報應之
說，皆未臻其極。〔註365〕

其一生概況，《佛祖統紀》則說：

居西湖孤山，學者如市。杜門樂道，與處士林通爲鄰友。王欽若出
撫錢唐，慈雲遣使邀師，同往迓之。師笑謂使人曰：「錢唐境上，且
駐卻一僧。」師早癯瘵疾，故又號病夫。講道吟哦，未嘗少倦。預
戒門人曰：「吾歿後，毋厚葬以罪我，毋建塔以誣我，毋謁有位求銘
以虛美我，宜以陶器二合而瘞，立石志名字年月而已。」及亡，門
人如所戒，斂以陶器，鑿所居巖以藏之，不屋而壇，時乾興元年（1022）
二月也，得年四十有七。後十五年，積雨山頹。門人開視陶器，肉

〔註364〕《閑居編》卷第十六，前引書第56冊，頁9889c。
〔註365〕《釋門正統》卷第五〈智圓傳〉，前引書，頁828。

身不壞，爪髮俱長，脣微開露，齒若珂玉。乃更襲新衣，屑眾香散其上，而重瘞之（重音仲再也）。崇寧三年，賜謚法慧大師。」其著作頗多，如撰述《文殊般若經疏》、《遺教經疏》各二卷（淨覺撰助宣記）、《般若心經疏》、《瑞應經疏》、《四十二章經注》、《不思議法門經疏》、《無量義經疏》（玉慧覺撰雜珠記）、《普賢行法經疏》、《彌陀經疏》各一卷、《首楞嚴經疏》十卷。世號十本疏主，又撰《闡義鈔》三卷（釋請觀音經疏）、《索隱記》四卷（釋光明句）、《刊正記》二卷（釋觀經疏）、《表微記》一卷（釋光明玄）、《垂裕記》十卷（釋淨名略疏）、《發源機要記》二卷（釋涅槃玄）、《百非鈔》一卷（釋涅槃疏金剛身品百非之義）、《三德指歸》二十卷（釋涅槃疏）、《顯性錄》四卷（釋金錍）、《摭華鈔》二卷（釋圭峰蘭盆疏）、《西資鈔》一卷（釋自造彌陀疏）、《詒謀鈔》一卷（釋自造心經疏）、《谷響鈔》五卷（釋自造楞嚴疏）、《析重鈔》一卷（釋自造文殊般若疏，大論云析重令輕）、《正義》一卷（釋十不二門）。《閒居編》五十一卷（雜著詩文），皆假道適情為法行化之，旁贊云嘗謂楞嚴一經，劇談常住真心，的示一乘修證，為最後垂範之典；門人有以撰疏為請，曰：「此經解者已二三家，學者未安其說，師胡不以三觀四教約文申義以啓後人。」師從之，研覈大義，以為智者三止之說，與經懸契。淨覺（仁岳）謂：「其得經之深，非諸師所可及也。」〔註366〕

知禮會下的仁岳，後來也受到智圓的影響，其從知禮處叛出之後，「於《楞嚴》用意尤至」〔註367〕，被稱為後山外派宗匠。對於孤山智圓與淨覺仁岳的著作，錢謙益在《大佛頂首楞嚴經疏解蒙鈔》卷首〈一古今疏解品目〉文中說：「孤山法慧法師智圓經疏十卷、《谷響鈔》十卷（釋自撰楞嚴疏）、吳興淨覺法師《仁岳集解》十卷（集崇福已下諸解，而附己說為私謂）、《熏聞記》五卷（釋自造集解）。（自智者大師，遙禮楞嚴入滅遺記。於是孤山圓師，首先奮筆，思應肉身比丘之讖，用三止三觀貼釋此經。吳興岳師，力扶孤山，張皇其說。自時厥後，講席師承，咸以台觀部屬楞嚴，無餘說矣。今按孤山教義分明，文詞富有，十部疏主，宜其擅名。然其分配三止，則觀網未圓，錯解三摩，則義門未確。春前夏滿剋定說經，則時教未審，蓋亦山外一家之言，非此經

〔註366〕《佛祖統紀》卷第十〈法師智圓傳〉，前引書，頁371。
〔註367〕《佛祖統紀》卷第二十一〈法師仁岳傳〉，前引書，頁437。

通義也。吳興分衛得悟，若拓虛空，詞辨從橫，穿穴經論，妨難側出結彈繁興，方諸古人，良多新解，未免自尊己德，下視先賢，未能善自他宗，抑亦招建立過。當其雪謗扶宗，已無上古。豈知靈芝開口，更有後人。此病於今正煩，未能縷指）。」〔註368〕山家宗自尊己見，排斥他教，也可以從知禮叛出的仁岳身上得見，仁岳後來釋懷，但後世的山家學人還是不忘此種習氣，直讓佛門與學人煩心。智圓是一位有所爲、有所不爲的病夫，其在〈病夫傳〉云：

> 病夫者，以其猒猒常病，故以爲號。嘗杜門窮居，簞食瓢飲，不交世俗，每精別方書，調品藥石，以自醫病。少間則討論群籍，以自娛。或議一事，著一文，必宗於道，本於仁，懲乎惡，勸乎善。嘗謂三教之大，其不可遺也。行五常，正三綱，得人倫之大體，儒有焉。絕聖棄智，守雌保弱，道有焉自。因克果，反妄歸真，俾千變萬態，復乎心性，釋有焉。吾心其病乎，三教其藥乎，矧病之有三，藥可廢邪。吾道其鼎乎三教，其足乎，欲鼎之不覆足，可折邪。爲儒者或以多愛，見罪攻異爲謗病夫，且不易乎，世不變其說也。時或登山臨水，搜吟寫望天天如也，申申也，不以體中 羸耗爲苦，寂寥自得以矯時態。雖富貴權豪而托病不附，雖大名厚利而托病不苟，雖清商流徵而托病不聽。雖膏梁甘旨而托病不嗜由者，不爲權所動，不爲名所役，不爲音所聾，不爲味所爽，不爲人所忌，不爲俗所混，而全生之用、見素之道，盡蘊於病中矣，病之時義大矣哉。嘗作《病賦》，以言其道。」其對於治病的看法，其在〈病賦〉序文中說：「吾嘗患脾病，語久食飽，輒氣喘汗流，耳鳴目眩，不堪其苦也。且夫聖如仲尼，達若伯陽，累乎有形，亦未能逃斯患也。然雖凡聖賢愚之所共有（句），達與不達中心高下，如塗漢焉。是知悵然不樂，爲病所困者，下愚也。泰然無悶，以道自持者，上智也。矧吾稟金方之訓，學至眞之法，豈可以小疾煎熬，而忘於道乎。」抑又嘗聞諸天台云：「夫治病有四焉，謂藥治、假想治、咒術治、第一義治。」吾不敏，庶幾上智之道，而以理觀爲專治，蓋第一義之謂也，因作賦以導其志云。〔註369〕

〔註368〕錢謙益《大佛頂首楞嚴經疏解蒙鈔》卷首〈古今疏解品目〉，前引書，頁504a。
〔註369〕《閑居編》卷第三十四，前引書第56冊，頁915c。

其不因久染病痛，而忘卻天台理觀爲治病第一義，講學、課徒之外，其爲文作詩以及著述不曾間斷。智圓談到師承，除了源清之外，其也師法古人玄旨，在〈對友人問〉文中云：

> 友人問吾曰：『子於天台之學，勞其筋骨，苦其思慮，孳孳然有扶樹心。然於涅槃，不聞師授，而撰記且講以傳後學，眾以是疑。傳不習乎不知其可也？』對曰：「噫，有是疑乎？有是疑也，吾有說焉。」（中略）以是觀之，異代相師矣，代異、人異、辭異而道同也，不聞周公面授於孔子，孔子面授於孟軻也，在吾釋氏亦然也。文殊一性宗，不聞面授於龍樹也。龍樹三觀義，不聞面授於惠文也，而天下咸云龍樹師於文殊，慧文師於龍樹矣。龍樹、慧文之道，至南岳、天台而張大之，引而伸之，後章安宗其道，撰《涅槃疏》，年將二百，至荊溪治定之，然後得盡善矣。吾於《涅槃》，尋疏而自得微旨者。吾師荊溪也。誰云無師授耶？若以面授則可傳道者，荀卿面授於李斯，而相秦始也，焚書坑儒，亡名師而面授於元嵩而佞。周武也，滅釋毀佛，豈面授能傳道哉？吾以得古人之旨、行古人之道爲傳授，不以目其人耳、其聲不知其所以美者爲傳授也。〔註370〕

其師法先祖作義疏以進後學之外，並立智者、荊溪大師碑及序文以彰善德，以及顯揚尊賢重道之心。〔註371〕立講堂儀式〔註372〕，樹講院條約〔註373〕，以擊蒙勸學。其以得古人之旨、行古人之道爲傳授，其對於自己與孤山瑪瑙院的未來，他的付囑是別的，其在〈遺囑〉文中說：

> 吾嘗念沒後殘軀方囑汝輩，棄之中野流之長川，以飲蜚走鱗介類，諒汝輩必不能遵。方囑以闍維而斫伐燒，所皆密邇塔廟，則有臭氣熏穢之咎。始欲土葬，復慮惑陰陽家流向背吉凶之說，抑又妨墾耕之地，費信施之財，皆吾心所不欲也。乃預鑿土窟，藏陶器，一以爲歸全之具。吾沒後，不須剃頭，不須澡洗，宜歛以浴衣，不得停留。即時以錢若衣，雇淨人舁送窟所，内陶器中窟戶，用磚石三兩重甃之。不得報俗眷及朋友門人，不得發遺書，不得變服號咷人，

〔註370〕《閑居編》卷第十六，前引書第 56 冊，頁 890b。
〔註371〕《閑居編》卷第十二〈書智者大師碑後序〉，前引書第 56 冊，頁 882c；《閑居編》卷第十二〈書荊溪大師碑後序〉，前引書第 56 冊，頁 883a。
〔註372〕《閑居編》卷第十二〈講堂擊蒙集序〉，前引書第 56 冊，頁 883a。
〔註373〕《閑居編》卷第十二〈講院條約序〉，前引書第 56 冊，頁 883b。

或慰之感容掩泣而已。此亦不壞世諦也。不得率眾人錢，以供喪事，所有衣缽什物一毫以上，準律分之。臥蹋、臥具、書廚及內外典籍，除他人者，悉與如理。其瑪瑙院，乃爲政、思齊、浩才者或經始之，或佐成之，仰現前僧同付與三子。其或他行，則召來付之，任彼施爲。或別請宗師，或昆弟共住，或承襲講演，或易作禪居，或更爲律院，苟無害於人，有益於道，則無不可。若乃立身行道之事，息心達本之旨，吾述之翰墨不鮮矣，此無復言矣。其所囑後事，遵吾行之，則吾法門眷屬，世世與師俱生，共揚妙道。厥或不遵，則魔之黨，非吾徒也。世人或怪汝所行而見責，當出此牘，以示之。天禧己未（三年，1019）季春朔手寫于版懸諸講堂之左。〔註374〕

其自作傳記以抒己懷，〈中庸子傳下〉云：「吾非傲也。予多抱疾，嘗自稱病夫，著病夫傳，雖羸耗臞瘠而不倦，講道以誨人。三藏典誥，洎周孔荀孟楊雄王通之書，往往行披坐擁。撰自箴、七箴，勒石於座右，以自誡。居于孤山之陽，草屋竹床，怡然自得。且曰：『與其奢也，寧儉。』吾從事於斯矣，予嘗謂門人曰：『吾沒後，無厚葬以罪我。無擇地建塔，以誣我。無謁有位求銘記，以虛美我。汝宜以陶器二合而瘞之，立石標前志其年月名字而已。』予聞人之有善未及稱之，若病之未瘳。見人之不善未及諫之，亦若病之未瘳。客有談不合理者，則默而不答。」〔註375〕其年四十一歲，就想到卒後之事，而先作遺囑，臨寂前也先作祭文。其重觀心自懺，所以爲湖州德清覺華寺淨土懺院作記。〔註376〕智圓於孤山建亭夜講，而亭有多名，用途非一。其云：

吾以夜講名之，而亭利於吾實非一用也，則夜講之名包乎眾美矣。其或忘機默坐，可以養浩然之氣，則曰養素亭。以文會友，則曰文會亭。春觀卉木，則曰錦繡亭。炎夏追涼，則曰薰風亭。秋蟾靜照，則曰望月亭。晴山對峙，則曰疊翠亭。望殘雪，則曰玉峰亭。曝愛日，則曰負喧亭。偶思之，得其異名七八矣。亭如助吾，更有善其用者，則嘉名殊號，當更立之也。庶來者知其名之多，而同出於一亭也。亦猶心性一也，觸類而變，則種種法生；種種法生，則種種名立。心性豈異乎，法亦心也，心亦名也。胡爲乎體哉，亡焉照焉，

〔註374〕《閑居編》卷第三十四，前引書第 56 冊，頁 915b。

〔註375〕《閑居編》卷第十九〈中庸子傳下〉，前引書第 56 冊，頁 895b。

〔註376〕《閑居編》卷第十九〈湖州德清覺華淨土懺院記〉，前引書第 56 冊，頁 900c。

生佛同貫，自他一揆，佛之理於斯可見矣。若斯之益，非亭之韞邪。

其有達吾釋氏之者，登斯亭，辨斯名，則知吾志焉。〔註377〕

其並與名士、禪門、律師多所往來。如雲門宗的徑山惟琳的法嗣兜率擇梧〔註378〕，與智圓時相往來〔註379〕，智圓且與其為自己開山的寺院以及諸山作結界的法事，如大中祥符九年孤山瑪瑙院成立時的結界〔註380〕，另有衢州寧海軍真覺院〔註381〕、錢塘法濟院〔註382〕。擇梧曾贈智圓竹丈，其有〈謝擇梧律師惠竹杖〉詩云：「剪自幽巖側，高僧忽見遺；看雲欹盡日，書雪握多時。節冷蟲微蠹，根閑蘚暗滋；舊山泉石在，歸去賴扶持。」〔註383〕除了擇梧之外，有律僧庶幾來訪，兩人成文字交，智圓有〈送庶幾序〉文，智圓自言顧其廬者不是巨儒就是名僧。〔註384〕此外，其有詩寄贈諒〔註385〕、清義〔註386〕、

〔註377〕《閑居編》卷第十六〈夜講亭述〉，前引書第56冊，頁888b～889a。

〔註378〕關於兜率擇梧，《續傳燈錄》卷第十三有載，為雲門宗徑山惟琳的法嗣，但無錄。《人天寶鑑》則云：「兜率梧律師從學普寧律師，持己精嚴，日中一食，禮誦不輟。後住兜率，嘗問道徑山（惟或作維）琳禪師。琳見其著心持戒，不通理道，因戲謂曰：『公被律縛，無氣急乎？』梧曰：『根識暗鈍，不得不縛，望師憫而示之。』琳舉婆修盤頭，嘗一食不臥，六時禮佛，清淨無染，為眾所歸。二十祖闍夜多將欲度之，問其徒曰：『此頭陀精修梵行，可得佛乎？』其徒曰：『精進如此，何故不可？』夜多曰：『汝師與道遠矣，縱經塵劫皆虛妄之本。』其徒不勝憤，謂夜多曰：『尊者蘊何德行而譏我師？』夜多曰：『我不求道，亦不顛倒。我不禮佛，亦不輕慢。我不長坐，亦不懈怠。我不一食，亦不雜食。我不知足，亦不貪慾。心無所之，名之曰道。』婆修聞已，獲無漏智。琳遂厲聲喝一喝云：『直饒與麼，猶是鈍漢。』梧於言下，心意豁然。喜躍而拜曰：『不聞師誨，爭解知非。今當持而不持，持無作戒更不消著心力也。』辭行回至丈室，屏去舊習，獨一禪床，講倡之外默坐而已。俄一夕召明靜法師至曰：『擇梧得徑山打破情執，至今無一點事在。胸中今夜欲入無聲三昧去也。』由是寂然竟爾長寢。（通行錄）」（《卍新纂續藏經》第87冊，頁2b）蘇軾與惟琳為道友，而惟琳會下的擇梧則與智圓為至交。

〔註379〕關於智圓與擇梧的往來，參見《閑居編》卷第六〈南山大師贊後序〉，前引書第56冊，頁878c；《閑居編》卷第九〈律鈔義苑後序〉，前引書第56冊，頁879b；《閑居編》卷第十五〈錢唐律德梧公門人覆講記〉，前引書第56冊，頁887b。

〔註380〕《閑居編》卷第十三〈孤山瑪瑙院界相牓序〉，《卍新纂續藏經》第56冊，頁884b；《閑居編》卷第十三〈瑪瑙院重結大界記〉，前引書第56冊，頁885b。

〔註381〕《閑居編》卷第十三〈寧海軍真覺界相序〉，前引書第56冊，頁884c。

〔註382〕《閑居編》卷第十三〈法濟院結界記〉，前引書第56冊，頁885c。法濟院本為德韶法子慶祥的禪居，後由門人齊政襲之。

〔註383〕《閑居編》卷第四十三〈謝擇梧律師惠竹杖〉，前引書第56冊，頁929a。

〔註384〕《閑居編》卷第二十九〈送庶幾序〉，前引書第56冊，頁908c。

子正〔註387〕、元羽律師〔註388〕。其喜與律師交遊，其在〈招元羽律師〉詩云：
「去年相訪宿吾廬，露滴蒼苔夜話遲；湖水晚來清不極，今秋又是月圓時。」
其並與禪講之餘的僧人有文藝之交，如錢唐聞聰〔註389〕、湘川德圓、虞江咸
潤、雲溪清用、山陰智仁。〔註390〕智仁來自越州，到錢塘學天台之道於慶昭
後欲返故鄉，智圓有〈送智仁歸越序〉文。〔註391〕

　　時有天台山國清寺為台教與律宗兼行的寺院，有光迴律師請智圓撰文，
其在〈天台國清寺重結大界序〉文云：「天台也，長于眾山，國清也，甲于諸
剎巖穴，窈窕則儼靈之所宅。樓臺輪奐，則佛事之攸歸。先是陳隋間，有聖
人焉曰智者大師，演道於茲山，而遺囑建此寺也。是故，寺有聖人之遺風焉，
苾芻之徒能稟佛化，靜則服其禪悅，動則遵乎律範。由是，海內之淨眾，咸
稱國清之威儀焉。然則律範之大者，其在乎受說安恣歟，行斯四者非作法之
地不可也。以是觀之，則知結界之事，復大於說受安恣矣。真毗尼之權輿，
伽藍之先容也。吾君建皇極而居大寶，用真宗而毗大政，夷狄輯睦，黎元樂
康，乃眷斯山，乃葺斯寺堂廡，革故壇場鼎新。由是四方之界，洎乎戒場之
界，而標準俱易矣。故律師某勇於為法，遂集眾旅席而解舊結新焉，即某年
某月某日也。自是，戒律彝章用之靡聞，住持規矩婉而可觀，嚮所謂有聖人
之遺風者豈誣哉。錫紫沙門曰光迴綱領，來學為律宗主，忽振錫浙右，款關
林下，且謂：『蒙學天台之道，以知其山，由山以知其寺，重法尊祖，必無吝
於辭也。』乃以序引為請，蒙因諾焉。適值蒙有幽憂之疾，方且治之，而於
操染未暇，三載于茲矣。今客有告游天台者，遂撰其辭以寄之塞迴公之請也。
是時，天禧五年（1021）倉龍辛酉春正月十三日於瑪瑙坡疊翠亭序。」〔註392〕
智圓亦與天台長吉師交遊，而以夏雲秋濤待長吉上人，其在〈送天台長吉序〉
云：「夫天之生人，故有如夏雲秋濤者，人之立言，亦有如夏雲秋濤者。且君
子以端身履道為奇，非素隱行怪也。以勇仁敦義為壯，非瞋目治難也。及其
言也，以溫柔敦厚為奇，非炳炳琅琅也，以諷上伏下微有旨而為壯，非狂懷

〔註385〕《閒居編》卷第四十一〈夏日寄諒律師〉，前引書第56冊，頁924c。
〔註386〕《閒居編》卷第四十一〈贈清義律師〉，前引書第56冊，頁926a。
〔註387〕《閒居編》卷第四十一〈寄贈子正律師〉，前引書第56冊，頁926b。
〔註388〕《閒居編》卷第四十五〈招元羽律師〉，前引書第56冊，頁934b。
〔註389〕《閒居編》卷第二十九〈錢唐聞聰師詩集序〉，前引書第56冊，頁909a。
〔註390〕《閒居編》卷第二十九〈聯句照湖詩序〉，前引書第56冊，頁909b。
〔註391〕《閒居編》卷第二十九〈送智仁歸越序〉，前引書第56冊，頁909c。
〔註392〕《閒居編》卷第三十一〈天台國清寺重結大界序〉，前引書第56冊，頁911b。

訕時也。吾所以觀夏雲之奇、秋濤之壯焉，思得其人而交之，思得其辭而觀之。」
〔註393〕其又與錢塘昭慶寺白蓮社主圓淨大師省常（959～1020）的上首弟子盧
白爲至交〔註394〕，而撰寫〈故錢唐白蓮社主碑文〉。〔註395〕其並與詩僧松江重
佑〔註396〕、西湖崇遠上人〔註397〕、保暹〔註398〕交遊，並與行簡〔註399〕、辯
才〔註400〕、仲微〔註401〕、明師〔註402〕、聞聰〔註403〕、文照大師〔註404〕、
元敏〔註405〕、子璿〔註406〕、正言〔註407〕、子文〔註408〕、曦照上人〔註409〕、
守能〔註410〕、矗上人〔註411〕、郝逸人〔註412〕、夷中（繼齊）〔註413〕、清曉

〔註393〕《閑居編》卷第三十一〈送天台長吉序〉，前引書第 56 冊，頁 912c。
〔註394〕《閑居編》卷第十三〈法濟院結界記〉云：「盧白上人屢款吾關道政之事，冀
　　　　吾有述焉，因爲記之。」
〔註395〕《閑居編》卷第三十三〈故錢唐白蓮社主碑文（有序）〉，前引書第 56 冊，頁
　　　　913c。
〔註396〕《閑居編》卷第三十三〈松江重祐和李白姑熟十詠詩序〉，前引書第 56 冊，
　　　　頁 914b。
〔註397〕《閑居編》卷第三十三〈遠上人湖居詩序〉，前引書第 56 冊，頁 914c。
〔註398〕《閑居編》卷第三十三〈贈詩僧保暹師〉，前引書第 56 冊，頁 922c；《閑居
　　　　編》卷第四十四〈贈詩僧保暹師〉，前引書第 56 冊，頁 930a。其後有〈懷保
　　　　暹師〉詩，參見《閑居編》卷第四十四，前引書第 56 冊，頁 931b。
〔註399〕《閑居編》卷第四十〈答行簡上人書〉，前引書第 56 冊，頁 923c；《閑居編》
　　　　卷第四十二〈贈簡上人〉，前引書第 56 冊，頁 928c；《閑居編》卷第四十五
　　　　〈訕簡上人見寄〉，前引書第 56 冊，頁 934b。
〔註400〕《閑居編》卷第四十一〈贈辯才大師〉，前引書第 56 冊，頁 925a；《閑居編》
　　　　卷第五十一〈孤山閑居次韻訕辯才大師〉，前引書第 56 冊，頁 945b。
〔註401〕《閑居編》卷第四十〈和辯才訪仲微上人不遇〉，前引書第 56 冊，頁 924b。
〔註402〕《閑居編》卷第四十〈次韻訕明上人〉，前引書第 56 冊，頁 924b。
〔註403〕《閑居編》卷第四十〈和聰上人悼梵天闍梨〉，前引書第 56 冊，頁 924b；《閑
　　　　居編》卷第四十一〈次韻訕聞聰上人春日書懷見寄〉，前引書第 56 冊，頁 925a；
　　　　《閑居編》卷第四十四〈贈聞聰師〉，前引書，第 56 冊，頁 930b；《閑居編》
　　　　卷第四十四〈春晚言懷寄聰上人〉，前引書第 56 冊，頁 931a。
〔註404〕《閑居編》卷第四十一〈寄文照大師〉，前引書第 56 冊，頁 925a。
〔註405〕《閑居編》卷第四十一〈春日閑居即事寄元敏上人〉，前引書第 56 冊，頁 925b；
　　　　《閑居編》卷第四十五〈予近卜居孤山之下友人元敏以四絕見嘲遂依韻和
　　　　訕〉，前引書第 56 冊，頁 933a。。
〔註406〕《閑居編》卷第四十一〈春日湖居書事寄子璿師〉，前引書第 56 冊，頁 925c
　　　　～926a。
〔註407〕《閑居編》卷第四十一〈訕正言上人〉，前引書第 56 冊，頁 926a。
〔註408〕《閑居編》卷第四十一〈次韻訕子文師〉，前引書第 56 冊，頁 926a。
〔註409〕《閑居編》卷第四十一〈寄曦照上人〉，前引書第 56 冊，頁 926b。
〔註410〕《閑居編》卷第四十二〈贈守能師〉，前引書第 56 冊，頁 928b。後有〈寄天

師〔註414〕、德聰〔註415〕、宣密大師〔註416〕、遇貞〔註417〕、省常、咸潤〔註418〕、體元〔註419〕、悅上人〔註420〕、邦上人〔註421〕等有詩文往來，其在〈贈白蓮社主圓淨大師〉詩云：「社客盡卿相，草堂雲樹間；景分廬岳秀，人類遠公閑。夜定開明月，秋吟對暮山；唯應謝康樂，時得扣松關。」〔註422〕有僧贈其蒲扇，其作〈謝僧惠蒲扇〉云：「結蒲爲扇狀何奇，助我淳風世罕知；林下靜搖來客笑，竹床茆屋恰相宜。」〔註423〕有仁上人贈茶來，其作〈謝仁上人惠茶〉詩云：「寄我山茶號雨前，齋餘閑試僕夫泉（予止山居有之）；睡魔遣得雖相感，翻引詩魔來眼前。」〔註424〕其有自嘲詩，名之爲〈嘲寫眞〉，其詩云：「泡幻吾身元是妄，丹青汝影豈爲眞；吾身汝影俱無實，相伴茆堂作兩人。」〔註425〕其有〈戒後學〉詩云：「對食須思稼穡勞，爲僧安用事雄豪；剃頭本意求成佛，不爲齋筵坐位高。」〔註426〕另由〈贈廣上人〉詩句，可明其心志，其詩云：「魏闕林泉趣本同，隨緣來往興何窮；閑宵訪我茆堂宿，湖水無波月照空。」〔註427〕山外宗到智圓雖勤於講學，但其詩作雖說是講學之

台守能上人〉詩，參見《閑居編》卷第四十五，前引書第 56 冊，頁 933b；另有〈寄天台能上人〉，《閑居編》卷第四十五，前引書第 56 冊，頁 934c。

〔註411〕《閑居編》卷第四十二〈送麑上人歸道場山〉，前引書第 56 冊，頁 928b。

〔註412〕《閑居編》卷第四十二〈贈郝逸人〉，前引書第 56 冊，頁 929a。

〔註413〕《閑居編》卷第四十三〈贈夷中師〉，前引書第 56 冊，頁 929b。

〔註414〕《閑居編》卷第四十三〈贈清曉師〉，前引書第 56 冊，頁 929c。清曉或是義通會下學人。

〔註415〕《閑居編》卷第四十三〈寄德聰師〉，前引書第 56 冊，頁 929c。越州開元寺德聰，爲源清的法子。

〔註416〕《閑居編》卷第四十四〈贈宣密大師不出院〉，前引書第 56 冊，頁 931b。

〔註417〕《閑居編》卷第四十四〈送遇貞師歸四明山〉，前引書第 56 冊，頁 931c。

〔註418〕《閑居編》卷第五十一〈寄咸潤上人〉詩云：「流俗不知處，深棲趣轉幽；閑房扃翠嶺，遠信隔滄洲。定起花殘砌，詩成雪滿樓；相懷未能去，南北路悠悠。」

〔註419〕《閑居編》卷第五十〈病中感體元上人見訪〉與〈寄瑞應經疏及注陰符經與體元上人〉，前引書第 56 冊，頁 944c。

〔註420〕《閑居編》卷第五十一〈送悅上人歸仙巖〉，前引書第 56 冊，頁 946a。

〔註421〕《閑居編》卷第五十一〈贈邦上人〉，前引書第 56 冊，頁 946c。

〔註422〕《閑居編》卷第四十四〈贈白蓮社主圓淨大師〉，前引書第 56 冊，頁 930c。

〔註423〕《閑居編》卷第四十五〈謝僧惠蒲扇〉，前引書第 56 冊，頁 934b。

〔註424〕《閑居編》卷第四十五〈謝仁上人惠茶〉，前引書第 56 冊，頁 934b。

〔註425〕《閑居編》卷第四十五〈嘲寫眞〉，前引書第 56 冊，頁 935a。

〔註426〕《閑居編》卷第四十五〈誡後學〉，前引書第 56 冊，頁 935b。

〔註427〕《閑居編》卷第四十五〈贈廣上人〉，前引書第 56 冊，頁 935c。

餘與病暇之作，觀其詩境與禪僧所謂禪餘之說無有差別。

跟智圓有關的寺院，除了石壁寺〔註428〕與梵天寺之外，有大慈山崇法寺〔註429〕、湖州武康龍山蘭若〔註430〕、西湖崇福寺講院〔註431〕、錢塘大中祥符寺〔註432〕、錢唐孤山智果院〔註433〕、天台山國清寺、杭州法慧院〔註434〕、錢塘昭慶寺〔註435〕、錢塘西湖水心寺〔註436〕、錢塘聖果寺〔註437〕越州開元寺、〔註438〕、道場山寺〔註439〕、杭州淨慈寺〔註440〕、龍山院〔註441〕、乾元寺〔註442〕、靜慮院〔註443〕，而淨慈寺是禪、淨合一的道場，參天衣義懷的宗本法師曾住於此。智圓好與處士、道士與名士、高僧交遊，其有〈古人與今人〉詩以明志云：「古人與今人，祿仕一何異。古人貴行道，今人貴有位。古人貴及親，今人貴悅意。古人同白日，光明溢天地。今人如履險，動足易顛

〔註428〕《閑居編》卷第四十一〈懷石壁舊居兼簡紹上人〉，前引書第 56 冊，頁 925b。

〔註429〕《閑居編》卷第三〈涅槃玄義發源機要記序〉，前引書第 56 冊，頁 873b；智圓曾作〈涅槃經疏三德指歸序〉。

〔註430〕《閑居編》卷第三〈維摩經略疏垂裕記序〉，前引書第 56 冊，頁 874a。

〔註431〕《閑居編》卷第四〈觀經疏刊正記序〉，前引書第 56 冊，頁 874b；《閑居編》卷第六〈涅槃百非鈔序〉，前引書，第 56 冊，頁 875b；《閑居編》卷第六〈涅槃經疏三德指歸序〉，前引書第 56 冊，頁 875c；《閑居編》卷第六〈南山大師贊後序〉，前引書第 56 冊，頁 878c；《閑居編》卷第十二〈目錄序〉，前引書第 56 冊，頁 883b；《閑居編》卷第三十三〈松江重祐和李白姑熟十詠詩序〉，前引書第五 56 冊，頁 914b。。

〔註432〕《閑居編》卷第九〈書文殊般若經疏後序〉，前引書第 56 冊，頁 878c。

〔註433〕《閑居編》卷第三十一〈錢唐孤山智果院結大界序〉，前引書第 56 冊，頁 911a。

〔註434〕《閑居編》卷第三十一〈杭州法慧院結大界記〉，前引書第 56 冊，頁 911c。

〔註435〕《閑居編》卷第三十三〈故錢唐白蓮社主碑文（有序）〉，前引書第 56 冊，頁 913c。

〔註436〕《閑居編》卷第三十八〈送惟鳳師歸四明〉，前引書第 56 冊，頁 920b。

〔註437〕《閑居編》卷第四十二〈寄題梵天聖果二寺兼簡昭梧二上人（并序）〉，前引書第 56 冊，頁 927a～927b。時慶昭在梵天寺，而擇梧住聖果寺，智圓稱兩人為開士。

〔註438〕《閑居編》卷第四十三〈寄德聰師〉，前引書第 56 冊，頁 929c。

〔註439〕《閑居編》卷第四十四〈宿道場山寺〉，前引書第 56 冊，頁 931b；《閑居編》卷第四十五〈出道場山途中作〉，前引書第 56 冊，頁 932b。

〔註440〕《閑居編》卷第四十五〈寄淨慈寺悟眞師〉，前引書第 56 冊，頁 932c。

〔註441〕其與龍山院行簡、奉蟾有所往來，《閑居編》卷第五十一〈憶龍山院兼簡蟾上人〉詩云：「幽景遠囂俗，重來興未窮；鐘聲翠微裏，刹影碧溪中。地冷庭松瘦，門閒野徑通；幾因深夜話，密雪下寒空。」

〔註442〕《閑居編》卷第五十一有〈舟次遊乾元寺〉詩。

〔註443〕《閑居編》卷第五十一〈題靜慮院〉詩云：「下瞰諸峰頂，雲泉絕四鄰；暫遊非俗客，深隱屬閑人。石磴秋苔滑，蘿龕夜月新；終期結幽侶，來此謝紅塵。」

墜。古道如可行，斯言不遐棄。」〔註444〕其有〈誡後學〉詩云：「對食須思稼穡勞，爲僧安用事雄豪；剃頭本意求成佛，不爲齋筵坐位高。」〔註445〕在智圓的詩文中，得以窺見從上所傳的祖風時刻不能或忘。錢王霸業不復在〔註446〕，思歸淨土是其所願行止〔註447〕。

智圓離開奉先寺之後，於大中祥符六年（1013）爲大慈山崇法寺任方丈，隔年（1014）又爲錢塘崇福寺的方丈，大中祥符九年（1016）始在孤山開山。孤山的夜講亭，由門人浩才董其事以成，時在宋天禧二年（1018）春正月。〔註448〕其門人則有惟雅，智圓口占、其筆之於紙，爲阿彌陀經疏作西資鈔一卷，時天禧五年（1021）十一月。〔註449〕秀州華亭興聖院的志筠、子華，亦是智圓之徒，其院請律僧結界後，汎舟來錢唐乞師爲序之冠其牓〔註450〕。乾興元年（1022）正月五日，智圓有疾弗瘳乃口占〈生死無好惡論〉，命門人雲卿者筆之。〔註451〕除了浩才等之外，其門人尚有爲政、思齊，其在天禧三年（1019）的〈遺囑〉文中云：「其瑪瑙院，乃爲政、思齊、浩才者，或經始之，或佐成之，仰現前僧同付與三子。其或他行，則召來付之，任彼施爲。或別請宗師，或昆弟共住，或承襲講演，或易作禪居，或更爲律院，苟無害於人，有益於道則無不可。」〔註452〕智圓以乾興元年卒（1022），享年四十七，崇寧三年（1104）賜謚法慧大師。李詠史曰：「通經十疏辨河傾，絕筆彌陀淨業成；陶器墳中收幻質，昭然精爽定西征。」南宋高宗紹興二十一年（1151），朝廷將寺所改爲延祥觀以奉四聖香火，遂移額山北並遷師塔。〔註453〕

〔註444〕《閑居編》卷第四十八〈古人與今人〉，前引書第56冊，頁941b。

〔註445〕《閑居編》卷第四十六〈誡後學〉，前引書第56冊，頁935b。

〔註446〕《閑居編》卷第四十六〈浙江晚望〉詩云：「景象依依滿目前，倚節閑望思淒然；隔雲清磬山傍寺，照水孤燈渡口舡。蕩漾落潮平占岸，參差歸雁沒遙天；錢王霸業今何在，牢落荒城積野煙。」其《閑居編》卷第四十九有〈武肅廟〉詩云：「土德衰微後，忠誠道不群；誓功陳帶礪，霸業擬桓文。妙略奸雄慴，英聲四海聞；山旁遺廟在，牢落閉深雲。」

〔註447〕《閑居編》卷第四十七〈寄雪竇長老〉詩云：「絕頂久潛隱，心閑道更真；山深林下雪，堂靜晝無人。雲抱看經石，禽接入定身；敢言他世約，安養願相親。（師求淨土予志頗同故云爾）」

〔註448〕《閑居編》卷第十六〈夜講亭述〉，前引書第56冊，頁889a。

〔註449〕《閑居編》卷第六〈阿彌陀經疏西資鈔序〉，前引書第56冊，頁879a。

〔註450〕《閑居編》卷第十三〈華亭興聖院界相牓序〉，前引書第56冊，頁884c。

〔註451〕《閑居編》卷第十八〈生死無好惡論〉，前引書第56冊，頁893b。

〔註452〕《閑居編》卷第三十四〈遺囑〉，前引書第56冊，頁915b。

〔註453〕《釋門正統》卷第五〈智圓傳〉，前引書，頁831。

　　孤山瑪瑙院在智圓卒後，曾爲法智（知禮）與慈雲（遵式）法子的道場，如慧才（998～1083）在治平初（1064）之前曾到孤山領衆。其出世講訓，正值教門異論誼動，其未嘗有所臧否〔註454〕，山家宗學人住持山外派寺院，理當謹愼。據《釋門正統》〈慧才傳〉云：「天台教門異論尤多，師資相戾，喧動江浙。惟師循循講訓，善否短長，未嘗形齒高而不介，和而不流。往來錢塘逾四十年，養高任緣，四事自饒，非福慧兼備者耶？」〔註455〕後南屏下三世、慈辯從諫的弟子宗敏於宋哲宗元符中（1098～1100）從杭之菩提院遷住孤山，樞密蔣之奇時來謁問《楞嚴》大旨。〔註456〕從山家宗敏住孤山、通《楞嚴》，可以知曉山外派學風對於山家學人是有影響力的。

　　孤山寶勝院到了南宋初年，其景象已甚荒涼，而《閑居編》也因歲久亡版。瑪瑙住山節菴元敬說：「《閒居編》，孤山雜著也，歲久亡版。夷齊居士章氏，樂善好施，崇孤山之行，而貴孤山之文，慨然作偈、捐金貳阡緡，命工重刊于西湖瑪瑙。然是編，特孤山緒餘耳，其扶掖宗教，詮釋群經，有十疏別行於世云。」又曰：「元敬濫尸祖席，起廢興墜，乃其職也。始來此山，荒涼特甚。首創塔亭，且新祖像，又思遺文湮沒，募緣重刊得檀越施錢（中略）。積兩年，（中略）甫克就緒。經始於淳祐戊申（1188），訖工於寶祐癸丑（1253）。吁，力微難成，遲遲若此。此編之行，蓋欲彰祖道，而播餘芳，資微潤而續餘燄耳。墨工食之外，以其所得爲殿宇塔亭僧閣諸處燈油之助，收贖之士仗此亦可以發自己靈光，眞所謂一舉而兩得矣。後之住此山者，當體此意，毋忽焉。」〔註457〕山外宗派的法緣，在五代之時以秀州的靈光寺與錢塘的慈光院爲主軸，到了宋初之後轉移到錢塘的奉先寺、開化寺、梵天寺以及錢塘的孤山寶勝院、越州的等慈院、隆教院、永福院等處行化，法緣之盛到宋仁宗景祐年間（1034～1038）咸潤卒後就不見了。

九、越州等慈、隆教、永福院系

　　梵天慶昭的門人有千百，傳業弟子九十七人，以咸潤爲上首，其他傑出者有溫州永嘉繼齊與越州報恩寺智仁，在《閑居編》內得見智圓與咸潤、繼

〔註454〕《佛祖統紀》卷第十二〈法師慧才傳〉，前引書，頁390。
〔註455〕《釋門正統》卷第六〈慧才傳〉，前引書，頁849下～850上。
〔註456〕《佛祖統紀》卷第十四〈法師宗敏傳〉，前引書，頁404。
〔註457〕《閑居編》卷第五十一，前引書第56冊，頁948a。

齊與智仁交遊的情景。智仁無傳，而永嘉繼齊在《釋門正統》卷第五有傳記在，說繼齊初學止觀於奉先寺源清，又習淨名於石壁寺慶昭，與孤山的智圓爲忘年友，智圓嘗爲其作字，說其學行之美。〔註458〕而繼齊，字希中，智圓有〈送希中遊雪〉詩云：「日暮蟬鳴急，臨流動別吟；片帆衝晚照，歸鳥入遙林。月色寒溪靜，鐘聲岳寺深；蘋洲逢舊識，應得話無心。」〔註459〕山外派僧人聲名顯揚之後，常回到本師的寺院講學，奉先源清、開化慶昭、等慈咸潤等就是實例。關於慶昭的上首弟子咸潤，據《釋門正統》卷第五〈咸潤傳〉云：

> 咸潤，字巨源，鄭姓，越之上虞人。七歲事等慈（寺）子明，師進具精貫毗尼。後遊台嶺，讀智者三觀書有省。詣錢唐開化（慶）昭輪下，博究《淨名》、《法華》、《涅槃》、《楞嚴》之義。（慶）昭乃分座而處，謂可任法器。（慶）昭赴梵天，俾師代之。景德四年（1007），上虞宰裴奐洎里中緇素迎還等慈（院），宣衍淨教。天禧初（1017），徙舍郡之隆教（院）。（慶）昭示寂，授以爐拂，嗣宅梵天（寺），講說四辨，遠近宗仰。天聖三年（1025），徙住永福（院）。於是越之文雅忠公洎其徒奇玉入京，譽師道素，且云：「踞猊床，揮塵柄，時漸三紀五舍，百講業成，名立。」乃請李淑撰〈傳教弟子題名記〉，刻石示後，略曰師最初傳教，曰善朋，以下斷以天聖終祀。凡若干人，編名左次。後得度者，緒而表之，抑儒門著錄之一端也。〔註460〕

咸潤依慶昭受學之後，慶昭敬其夙成，分座給他，從此講學三十六年，歷經錢塘開化寺、梵天寺以及越州的等慈院、隆教院、永福院等五處，期間居等慈寺十一年（景德四年到天禧元年，1007～1017），居龍教院與梵天寺九年（天禧元年到天聖三年，1017～1025），則其在開化院及永福院開講約十六年。慶昭接奉先源清的講席，約在源清卒時的咸平二年（999），慶昭在開化院開講的年代不詳，但其在奉先寺不久即徙居石壁山，或許由此回到開化院禪講，其事當在咸平三年（1000）之後。慶昭分座於咸潤則在咸平三年至景德元年（1000～1004）之間，如以咸平三年算起到景德四年（1004），其在開化院五年，咸潤一生禪講三十六年，扣掉在開化院五年、等慈寺十一年、隆教院與

〔註458〕《釋門正統》卷第五〈繼齊傳〉，前引書，頁833上；另見《閑居編》卷第二十七〈敘繼齊師字〉，前引書第56冊，頁906a。
〔註459〕《閑居編》卷第五十一，前引書第56冊，頁946c。
〔註460〕《釋門正統》卷第五〈咸潤傳〉，前引書，頁833下。

梵天寺九年，其在永福院有十一年之久，則其卒年當在宋仁宗景祐二年（1035）
左右。其在等慈院時，曾與道友在雲門院論道談詩，後以詩句示智圓清賞，
智圓在〈聯句照湖詩序〉云：「古之為詩辭句，無所羈束，意既盡矣。辭亦終
焉，故無邪之理，明麗則之。文著洎齊梁，而下限以偶對聲律，逮于李唐，
拘忌彌甚，故有辭有餘而理不足，理可觀而辭無取，兼美之難，不其然乎，
有以見古之詩也，易今之詩也難。大中祥符三祀（1010）春二月，湘川德圓、
虞江咸潤、雪溪清用、山陰智仁皆禪講達觀之士也，會于雲門精舍，論道之
餘，歷覽遐曠，俯察勝異。且曰：『靈越照湖，天下嘉致，方外勝遊，既清景
在目，而無題詠詩，人恥之吾亦恥之。』於是，操觚染翰，神發思勇，聯成
五言八韻唐律詩一章。而格調清卓，辭意平淡，兼美之難，其實有焉。感歎
之深，則有菱花在，何處千古碧沉沉。寫狀之極，則有潤汎春游、棹晴分晚
過禽。言其廣，則有冷光通禹穴、寒色遶山陰。語其用，則有有象難逃影、
無人不洗心。其布義感物，有如此。噫，彼四道人，皆禪講之餘，力一時文
學耳，而能有是題、有是句者，其可尚矣。爾歲予抱疾餘杭，不預斯會，彼
道人輩遣（清）介渡江，以其篇示於我，三復耽味，仰之彌高故為序之。」
〔註461〕山外派的僧家在禪講之餘，相聚於名寺雅境談玄論詩。

　　至於越州的隆教院，據《會稽志》卷第七所載，隆教院舊名無礙浴院，
宋太平興國元年（976）觀察史錢像所建，大中祥符元年（1008）改是名。而
等慈院，原名天長院，後晉天福二年（937）僧道山所建，大中祥符元年（1008）
改是名。至於天福院，本名光明院，後晉天福四年（939）吳越國錢文穆王建，
大中祥符元年（1008）改是名。據《佛祖統紀》卷第十〈咸潤傳〉云：「（咸
潤）七歲事等慈子明，進受具戒精究毗尼。因入天台讀智者三觀文有所省，
遂詣錢唐開化（慶）昭師學。博通《法華》、《淨名》、《涅槃》、《楞嚴》之旨，
（慶）昭師敬其夙成，俾之分座。及昭師赴梵天，復令自代。景德四年（1007），
上虞宰裴煥與里中緇素，迎還等慈宣演大教。天禧初（1017），徙講郡之隆教，
述籤疑以三種消伏，俱約圓論，為淨覺所破。（慶）昭師示寂，復授以爐拂，
嗣居梵天，講演無虛日。天聖三年（1025），徙居會稽永福，聚徒五百，日遣
眾行化，以供二時，嘗造普賢像，率眾行道，大士放光證明，時人尊之曰懺
主，謂可亞慈雲（遵式）也。」〔註462〕宋仁宗之時，山外派除了越州的咸潤

〔註461〕《閒居編》卷第二十九〈聯句照湖詩序〉，前引書第56冊，頁909b。
〔註462〕《佛祖統紀》卷第十〈法師咸潤傳〉，前引書，頁372。

較爲出色之外，無義學大師出世，其法運很快地被法智知禮與慈雲遵式會下，以及淨覺仁岳系下的台教人士所取代了。

第四節　晤恩的歷史地位

　　中晚唐之時，天台宗是衰微的，因爲有湛然的出世，天台宗看似有中興的氣象，日僧且來巡禮、參學。當時的國清寺、佛隴、修禪寺，成爲學人喜歡往來參遊之處。會昌法難之後，國清寺成爲禪、教道場，而禪林寺成爲台教的重鎮，其於宋大中祥符元年改爲大慈寺。天台山的台教，在晚唐之後是不如秀州與錢塘的台家來得興發，所以禪林寺的師匠們很想要物色一位傑出的僧家來，他們看重的是義寂，而義寂初時可能也不想擔負這個重責而逃避，但卻被錢王挽留在法華道場中。然義寂跟皓端、志因或皓端相較之下，是不如他們的氣勢，但其人持重、謙卑又好學、會念誦、持咒是可取的。天台山僧家找義寂來發揚衡嶽世家的傳統，是找對人的，但佛法這種東西也不是一時就能顯揚，其興發是其因緣、有其條件的。

　　晚唐之後，所興發起來的台教跟會昌法難之前很不一樣，因爲當時的僧家對於《華嚴經》、《起信論》，乃至於對於《楞嚴經》都有所接觸，在禪、教合流的趨勢之下，真心說廣爲流行。而《金光明經》的廣、略本，也在教界中流傳，金光明道場也不時啓建。晤恩法師在這兩方面，著墨甚深，應合著局勢以及他超凡的懸解能力與義學著作的出世，使他在忠懿王即位時（948～978）能在錢塘佛教界被稱爲義虎。

　　天台宗之所以在五代宋初之際興發起來，首先是因爲其止觀之學吸引僧人來參學，尤其是念《法華經》或者是喜念佛、禪修的人，在修習律學之後，其根器更是貼近台教，如皓端（890～961）、晤恩（912～986）與義寂（919～987）。他們不僅是學出多門者，也是天台宗以別子爲宗的典範。三人之中，義寂雖居天台山行化四十五年，但晤恩是集玄燭與清竦系下教法之大成者，且曾跟不少傑出的僧家論學。晤恩因爲在定、慧之學都很卓越，在錢塘繼志因之後有義虎之美名，所出弟子也互相角立；其法緣之勝，遠超過居山不出的皓端與得王臣護持的義寂，其會下學人如文備、源清與洪敏等都是傑出的講師。雖然晤恩所引發出來的山外宗，是當時禪、教合流與台教在自身受限的環境之下發展出來的產物，然而對於當時的佛教社會卻有著極大的衝擊力

與影響力，他們的心性之說不僅受到時人的矚目，也影響宋代心性之學的發展。對於晤恩在天台宗的地位，可以從四方面來加以考察，一是學派的氣勢，二是義學的創發，三是祖道的發揚，四是法緣的遷移。

一、學派的氣勢

　　晚唐五代之時，玄燭、皓端與志因、晤恩，在台教義學或講說上甚有氣勢，所以能吸引傑出的人才來就學、參問與宣講。這影響到嫡系的台教宗匠，如天台清竦、螺溪義寂、國清宗昱等人在當時的社會地位。又，義寂會下的國清宗昱、廣教澄彧、石壁行靖、寶雲義通等師，雖有義學著作出世〔註463〕，義寂會下的門人甚多，門室可觀者有澄彧、寶翔與義通，但他們的成就還是不如晤恩的。因為晤恩的堂室也很可觀，其義學著作頗多，在教化學人方面甚為得力。源清的一些著作，且由晤恩首肯後才出世的，日本天台山東塔院沙門覺運見之且說：「文義備矣，理趣明矣。」「卷舒鑽仰，慕道欣義。」晤恩在禪、慧上已達到一如的境地，源清稟持師說亦然，只是他們在觀行上不同於天台山系的僧家，而讓日僧質疑。

　　釋贊寧的《宋高僧傳》，把晤恩列入「義解篇」，其傳記在皓端之後、義寂之前。按理上說，皓端是他參慈光院志因之前的師父，而皓端在吳越國地位崇高，其師父被稱為第十祖的玄燭。那晤恩既然在皓端會下學南山律、天台止觀，那為何還要離去秀州靈光寺到錢塘慈光院去跟志因修學呢？如其一直跟隨皓端，那他是否可能被稱為天台宗第十二祖呢？晤恩若是只跟皓端受學而開講，以正統自居的天台山家們勢必視其為非正統、不明承嗣者，同那後來的山家宗史家們歸類玄燭與皓端的屬性一樣。因此，在玄燭與清竦的時代裏，想必當時的天台宗內部已經存在著正統與不正統話題了，只是因為當時的吳越國錢王們對於宗教管制嚴格。錢王對於建立金光明道場極為重視，以達成其護國願望，但主事者初時卻非天台宗人，而是禪師幼璋（840～927）〔註464〕與律師從禮（846～925）〔註465〕，當時的天台宗人除了止觀之學的傳習之外，也僅就《金光明經》的廣、略本作研究。

〔註463〕《佛祖統紀》卷第二十五「山家教典志第十一」，前引書，頁479～480。
〔註464〕《景德傳燈錄》卷第二十〈杭州瑞龍院幼璋禪師傳〉，前引書，頁209～210。
〔註465〕《宋高僧傳》卷第十六〈後唐天台山福天寺從禮傳〉，前引書，頁427。

　　就天台山的清竦來說，玄燭、皓端一系，當然不是正統，且不詳承嗣〔註466〕。可能皓端也認識到這一點，或許兩派之間也產生過爭執，因爲學人往來於京師、天台山與秀州、錢塘之地，勢必也帶來各方的訊息與話頭，或許是爲了不被這些流言蜚語所波及，皓端隱居山林講學，「而誓約不出寺門」〔註467〕。晤恩依皓端受學至少八年（936～944），想必也知悉這種情勢。《宋高僧傳》的作者贊寧婉約地說晤恩，在皓端處「微聞天台三觀六即之說，冥符意解，開運中造錢塘慈光院。」〔註468〕清竦、志因在《宋高僧傳》中無傳記，可見他們的重要性在於他們是天台宗的嫡系傳人，《釋門正統》與《佛祖統紀》必然要加以述說。義寂約在後晉天福五年（940），才跟清竦受學，其年代比志因晚些，志因到錢塘慈光院自立門戶時，清竦應該還在世。志因是錢塘人，可能在慈光院出家，學成之後回到慈光院接本師寺院講學，這種情況在晚唐宋初的天台宗與禪門是常見的情狀。

　　晤恩的年齡比義寂大七歲，然輩份卻比義寂小一輩，義寂是晤恩的師叔，但義寂出世比晤恩晚了十多個年頭。奇怪的是晤恩的後世兒孫如智圓，係以晤恩爲祖師而非是志因，可見志因的思想可能比較接近於清竦或潙仰宗本師，然其以弘傳止觀之學以及宣講台教之學爲主，在義學上無甚麼成就顯現，這由智圓的〈錢唐慈光院備法師行狀〉中可以考察得知。而文備所學則與晤恩貼近，文備且比晤恩博學，所以兩人互相推重，兩人既是同學又是師友。志因在慈光院只有禪講見長，而晤恩不只如此，其在課徒、禪講以及度化俗世上都是有其成就的，尤其在義學與禪講上比志因傑出，或許他跟志因比較起來，在觀行上是比較豪邁而無所顧忌，所以其成就超過其師志因。這種超師的狀況，在禪門中是多見的，學過於師方堪傳授，在志因與晤恩的行實中可以見到。

　　天台宗是注重止觀之學，也就是說一心三觀是他們的法門。而志因、晤恩在錢塘被稱爲義虎，而文備則被晤恩稱讚說：「（文）備雖後進，與吾並驅於義解之途，諒無先後矣！」則慈光院一門，出三義虎是也！則其氣勢，至少從後晉開運中（944～946）到宋雍熙三年（986）五十多年間是蓋過當時的其他宗匠多矣。但由贊寧《宋高僧傳》書中的皓端、晤恩與義寂諸師傳記來

〔註466〕對於玄燭與皓端師徒，釋志磐：《佛祖統紀》卷第二十二把他們列在「未詳承嗣傳」中，這種情況可能在吳越國時代就存在了。
〔註467〕《宋高僧傳》卷第七〈宋秀州靈光寺皓端傳〉，前引書，頁174。
〔註468〕《宋高僧傳》卷第七〈宋杭州慈光院晤恩傳〉，前引書，頁178。

看，贊寧是很維護天台宗的，這可能是因為輩份的關係，以及跟義寂較有往來之故，站在僧官的立場護持天台山的教法。但晤恩法席與法緣之盛況，卻不是贊寧所能輕忽的，看到天台宗流派發展狀況之後，贊寧有隱憂在。由禪學發展上來看，禪宗有南、北之學與牛頭學，贊寧在《宋高僧傳》卷第八〈宏忍傳〉上說：

> 初（宏）忍於咸享初，命二三禪子各言其志。神秀先出偈，惠能和焉，乃以法服付慧能，受衣化於韶陽。神秀傳法荊門洛下，南、北之宗，自茲始矣。又（道）信禪師嘗於九江遙望雙峰，見紫雲如蓋，下有白氣，橫開六岐。信謂忍曰：「汝知之乎？」曰：「師之法，旁出一枝，相踵六世。」信甚然之。及法融化金陵牛頭山，貽厥孫謀，至于慧忠，凡六人號牛頭六祖，此則四祖法又分枝矣。然融望忍，則庶孽耳，安可匹嫡乎？！〔註469〕

贊寧說牛頭禪學，就達磨禪學來論是旁出、是庶出，而對於南、北禪宗，其則一視同仁，看作是達磨禪學的嫡系，這在神秀傳〔註470〕與神會傳〔註471〕中已經講得很明白了。佛學貴一門專擅，乃能得力，但到通人之際，則不捨一法，不專一味，不犯時忌，佛法真正的外護者當如是。就五代宋初之際天台宗皓端、晤恩與義寂來看，依贊寧論禪宗流派的說詞，玄燭、皓端系就天台山的山家而言是旁出是庶出，對於同出於天台山的晤恩與義寂當一視同仁對待，兩者同是智者教法的嫡系，這由《宋高僧傳》三人傳記中可以考察得出贊寧的心意與史觀。

二、義學的創發

　　當時天台流派的氣勢，是跟義學的創發有著密切的關係，而不僅是台教的宣講以及止觀的傳習而已；在行化上，當然還少不了一些門風與施設。在這些方面，晤恩都比當時的宗匠們傑出。吳越國時期，天台宗約有三大流派在流傳。一是，玄燭、皓端、晤恩一系；二是清竦、志因、晤恩與源清、洪敏一系；三是清竦、義寂、義通一系。而晤恩，兼列皓端與志因系，皓端、志因與義寂會下，雖還有其他世業的弟子，但在法緣上卻不能與晤恩系爭盛。

〔註469〕《宋高僧傳》卷第八〈唐蘄州東山宏忍傳〉，前引書，頁189～190。
〔註470〕《宋高僧傳》卷第八〈唐荊州當陽山度門寺神秀傳〉，前引書，頁195～198。
〔註471〕《宋高僧傳》卷第八〈唐洛京荷澤寺神會傳〉，前引書，頁198～201。

三大流派以地域來分，是以秀州、錢塘與天台山爲重鎮。而皓端與晤恩兩人，都是守戒而嚴謹的僧家，義寂雖受王恩但也是一位簡約而持重、謙卑的宗匠，雖然他曾請諡天台諸祖，有破壞學派間平和發展的跡象，但沒能改變天台山家們的氣勢。

贊寧在《宋高僧傳》卷七中，沒把皓端比作牛頭學是庶出，也沒把晤恩或義寂其中之一當作是天台宗唯一的正統者，其言下之意是說他們兩家都是嫡傳。在贊寧的禪教史觀上來看，其說從貞觀到宋初，山頭主義很是盛行，禪與教「不能兼者，互相非斥」，「若相互推重，佛法增明。」如是，能「酬君王度己之恩，答我佛爲師之訓。」〔註472〕因爲當時在吳越地區流傳的天台宗流派甚多，而嫡系的義寂一門又不是主流，教內難免存在著一些雜音是非或閒言閒語在。由史事上考察，晤恩一系與皓端是有所往來，而義寂與志因、晤恩師徒間卻無往來訊息出現，而跟義寂來往的多是天台僧家與法眼宗會下學人如石壁寺僧人與贊寧。

贊寧與義寂是同年出生，或說他們曾是同學，其護持義寂甚力，但站在僧官且是佛教史家的立場，他還是很希望天台宗的諸宗匠能同舟共濟，使天台宗振興起來，其作法跟國師天台德韶是相同的。而德韶的弟子永明延壽，雖然修淨土行，卻也護持天台宗，其門下行紹、行靖曾到義寂處受學，其並強調禪教一致、萬善同歸。這種狀況，甚符合吳越國王的宗教政策。天台宗與各宗和諧共處，教內宗匠各自行化，不墜師道，這是吳越有國時的宗教常態，但實際上的人心未必如是的想念。天台宗內的學人，選宗匠去參學，以得鑪、拂之授受爲尙，是必然的現象。而宗匠的法緣如何，以及祖師之道的興衰問題，還有天台宗的佚文與天台宗在時代發展中扮演的角色、進路等問題，是有識之士所關心的課題，而不是只修止觀、例行佛事、配合著政府的宗教政策，就能滿足他們的願行！天台山家們在五代末年，急於尋找遺失的經教是有根據的，因爲會昌法難之後其能找到的只有《淨名疏》而已，而禪林寺的法堂也以「淨名」爲名。題淨名之意，雖是爲了記念湛然在此講是經書故。但淨名，也有正名意在。只靠《淨名疏》，是無法與晤恩的觀行爭盛的，唯有經教的尋回。到有了舊有的經籍在手，要消化它們、形成新的文義出世，還要費一番功夫，還有新文義能不能被時人容受大有問題在，義通在明州寶雲院行化就碰到這個處境。有山家派的處境，就可以看出晤恩法師的卓越處，

〔註472〕《宋高僧傳》卷第八「習禪篇・論曰」，前引書，頁342。

以及他在天台教史的地位。

就晤恩來說，當時吳越國境內南山律學、禪學與華嚴學、名數之學，都極為興盛。其本人年少即跟《彌陀經》相應，學毗尼與南山律學，又跟皓端受學〔註473〕。而皓端通南山律，學過名數與《法華經》，又了一心三觀，撰有《金光明經隨文釋》十卷。〔註474〕晤恩後跟志因，所學乃天台三觀法門，這些行法是〈錢唐慈光院備法師行狀〉所云的「《法華》、《止觀》、《淨名》、《金光明》等一家之教。」文備與晤恩常相論學，而文備在未到慈光院造訪志因之前，於《法華》、《維摩》、《圓覺》、《十六觀》、《小般若》等經靡不精練，曾講《百法論》，通名數一支。志因在世之時，文備同晤恩並趨於義解之途。志因圓寂之後，文備又依晤恩為師，因為「學無常師，理長則就。」〔註475〕因為有晤恩在慈光院課徒、演教，所以文備能「三十餘年坐忘一室，陶神妙觀，繫想淨方，疏遠眾流，介然自得。」〔註476〕所以除了《宋高僧傳》、《釋門正統》、《佛祖統紀》等書的〈晤恩傳〉之外，由文備的行持，也可以窺見晤恩在慈光院的行持與教化上的一些特質。文備終日如愚，學人疑其不誨人一方，文備則說當時的「宗匠頗眾」〔註477〕。而《佛祖統紀》引文備的話，說當時慈光院的景象是：「講授滿門，祖風未墜。」因為慈光院已有宗匠在行化，所以文備效法祖師，「抗跡閑居，從吾所好。」其一心一意辦道而去，但圓寂之前則如晤恩平日誨人的模樣，他出示圓相，即說此圓相乃是指西方淨土事。可見晤恩與文備兩人在觀行與教學法上，是一致性的，在當時都有義學著作流傳於學人之中，雖然他們在義學上的論點跟山家宗有別，但洪敏與源清的著作且被志磐的《佛祖統紀》列在「山家教典志」之中，而洪敏與源清所共造難詞二十條，係輔助其師的《發揮記》而做的。所以，晤恩會下學人的思想，大致上是不離其師之教。而源清會下的慶昭，其禪講也只是有乃父之風而已，其並無義學上的發展。

〔註473〕《宋高僧傳》卷第七〈宋杭州慈光院晤恩傳〉，前引書，頁178。

〔註474〕《宋高僧傳》卷第七〈宋秀州靈光寺皓端傳〉，前引書，頁174。

〔註475〕《釋門正統》卷第五〈文備傳〉，前引書，頁832上。

〔註476〕《閑居編》卷第二十一，《卍新纂續藏經》第56冊，頁897b。

〔註477〕《釋門正統》卷第五〈文備傳〉，前引書，頁832上；《閑居編》卷第二十二〈錢塘慈光院備法師行狀〉則說：「法師氣度沈靜，終日如愚。洎乎後學詢疑，同儔難問，擊蒙辨惑，旨逮辭文。人或問曰：『斷佛種人，乃祖斯戒，識見若此，盍誨人於一方乎？』答曰：『師匠且眾，講授頗多。祖宗之風，未墜地也。抗跡閑居，從吾所好。』即韞其深解，隱其多能。」

　　義學對台教人士來說是重要的，它是禪講或演教時之所需，能為後學指點修學之進路。從五代中葉到宋初，祖道之荷負與禪講之風氣，除了皓端、義寂之外，最傑出的首推晤恩法師了，其系下學人對山家仁岳來說只是「當途繼祖者」，沒有更傑出的表現，而慶昭會下的咸潤則在懺法的行持上被時人所認同。「當途繼祖者」，是說學人追求祖道，這種祖道對禪門來說是「鳥道」，就儒家來說是過去聖賢的痕跡，禪門則說它是別人的閒傢俱，多說無益於後學；學人不能超師之見，依師之教禪講，只能培養一些義解僧徒，世業傳習者則變成法師，易失本宗。智圓受此衝擊，「有扶持之志」，努力於撰述與禪講，其訓「不失宗」。道在人之弘揚，道依當處而存在，晤恩法師在慈光院數十年的講學、課徒，讓法華大旨全美於代，則非後世學人所能比擬的。因為其樹立的觀心義與止觀旨歸的禪教觀行，其系下乃能開出山外宗派，到智圓出世，思慕祖師之道法，「凡大師之說、荊溪所未能記者，悉能記之，」而智圓「論宗旨，度越諸師」，又「皆明吾佛之教，以見孔、老二家談性命與夫報應之說，皆未臻其極。」〔註478〕山外派在義學的闡發上，重視道法之理明義通，以及談性命之圓通與臻極等，是晤恩在世時就確立下來的，其後源清、智圓在各人緣法上、慧解上有所發揮，因此形成山外學派的思想風格，而影響到天台學人在觀行上的義解，以及儒學人士對於性命之學的認知。

三、祖道的發揚

　　晚唐以來，尤其會昌法難之後，雖有清竦、玄廣與志因居大道場講學，但都屬於止觀之傳習。贊寧說天台宗的情況是，「談妙之辭，沒名不顯。」《釋門正統》則說，「湛然歿後，微言墜地者多矣。」所以，晤恩出世後，想要有一番新的作為。這些志行，如贊寧則說的，是他「嫌昔人科節，與荊溪記不相符順，」乃有一些義學著作行之於世。

　　晤恩於祖道的發揚，跟清竦會下的山家義寂很不一樣，但兩師都有所成就。在吳越國忠懿王（948～978）到宋初之時，晤恩雖是錢塘四虎之一，但其行持，跟贊寧交結王公名士以及義寂得王公與諸僧官護持，很不一樣。然而一般學人或著重在贊寧的聲名，或看重義寂及山家派對天台宗的成就，如牧田諦亮在〈贊寧與其時代〉文中說：

〔註478〕《釋門正統》卷第五〈智圓傳〉，前引書，頁828。

由五代的混亂中推移到獨裁君主的統一天下，在趙宋初期佛教界遺
有盛名的，只有贊寧一人，如像譯出了經典數百卷的法天、法護等
西天三藏諸人，後來在經錄中都記述了贊寧的大名。只有著《佛祖
統記》的志磐，則對他的加官封爵而有所批評。〔註479〕爾後像前往
西天取經的行動以及許多的印度僧侶，在當時的佛教界也沒有多大
的活動，當時只有蒐集天台教籍的螺溪義寂（919～987），再以後便
是引起山家山外爭端的四明知禮（960～1028）和致力於禪淨融合的
慈雲遵式（964～1032）諸人，也都只不過以杭州為中心，局限於江
南之地。只有贊寧是由江南佛教全盛之地進出，迄久經戰亂、精神
文化荒廢年的江北。〔註480〕

而贊寧因為有僧職在，對吳越國境內的佛教是熟悉的，其所撰的《宋高僧傳》
對於當時的天台宗，他是推崇晤恩與義寂的，不偏袒任何一個派系，但也由
是受到志磐的批評，然宗鑑在《釋門正統》則說贊寧「護教縝密」〔註481〕。

至於山家派，對晤恩亦有美言。釋宗鑑在《釋門正統》延續贊寧的思維
說：「先是一家教典，經會昌毀廢，文義殘缺，談妙遺音，固已掃地。師尋繹
十妙始終，研覈五重旨趣，講演大部二十餘周。解行兼明，目足雙運，使法
華大旨昭著于世，師之力也。」〔註482〕而志磐在《佛祖統紀》卷第十〈法師
悟恩傳〉說：「初是一家教典，自會昌毀廢，文義殘闕。師尋繹十妙，研覈五
重，講演大部二十餘過，《法華》大意昭著於世，師之力也。」〔註483〕宗鑑將

〔註479〕宋太宗以贊寧除翰林與學士陶穀同列，《佛祖統記》卷第四十三〈雍熙二年〉
　　　　　條下述曰：「自古人君重沙門之德者，必尊其位異其稱，曰僧錄、僧統、法師、
　　　　　國師，入對不稱臣，登殿賜高座，如是為得其宜。至若封官、加爵、稱卿、
　　　　　稱公，混濫朝端，輕招物論，上失尊僧之禮，下貽失節之譏，釋氏清風，幾
　　　　　於不競。彼徵君處士，不事王侯者，吾輩寧無愧乎。若不空開府於唐朝，息
　　　　　災光祿於吾宋，皆由翻譯功高，特承天澤，蓋將答主上重法之心，非所以為
　　　　　榮也。」對於贊寧的《宋高僧傳》，在〈端拱元年〉條下則述曰：「洪覺範謂
　　　　　（道）宣律師作僧史，文辭非所長，作禪者傳，如戶昏案檢。（贊）寧僧統雖
　　　　　博學，然其識暗，聚眾碼為傳，非一體。覺範之論，何其至耶。昔魯直見僧
　　　　　傳，文鄙義淺，欲刪修之，而不果。惜哉！如有用我者，吾其能成魯直志乎！」
〔註480〕牧田諦亮著、索文林譯《中國近世佛教史研究》（台北華宇出版社，民國74
　　　　　年8月），頁157～158。
〔註481〕《釋門正統》卷第八〈贊寧傳〉，前引書，頁901上。
〔註482〕《釋門正統》卷第五〈晤恩傳〉，前引書，頁827上。
〔註483〕《佛祖統紀》卷第十〈法師悟恩傳〉，前引書，頁370。

晤恩一系列入扶宗的行列，志磐列其爲旁出世家。然錢謙益在《楞嚴經疏解蒙鈔》，則說晤恩一系是「通賢宗以輔教」，而說山家派的苛責是擔板之見。晤恩、文備的圓指，是關乎台教的淨土，而與禪門教學無所關涉，這由子璿從學於洪敏而不知禪源而要去參瑯琊慧覺可以得到明證。

　　贊寧對天台宗的護持甚力，其從禪宗的分流看出天台宗也走上同樣的途路。其在《宋高僧傳》對於牛頭禪，在〈弘忍傳〉中云：

> 初（弘）忍於咸享初，命二三禪子各言其志。神秀先出偈，惠能和焉，乃以法服付慧能，受衣化於韶陽。神秀傳法荊門洛下，南北之宗自茲始矣。又（道）信禪師嘗於九江遙望雙峰，見紫雲如蓋下有白氣橫開六岐。（道）信謂忍曰：「汝知之乎？」曰：「師之法旁出一枝相踵六世。」（道）信甚然之。及法融化金陵牛頭山，貽厥孫謀至于慧忠，凡六人號牛頭六祖，此則四祖法又分枝矣。然融望忍則庶孽耳，安可匹嫡乎。〔註484〕

至於傳衣問題，在〈慧能傳〉後「系」曰：

> 五祖（弘忍）自何而識一介白衣便付衣耶？通曰：「一言知心，更無疑貳。況復記心輪間，如指之掌。」（弘）忍師施一味法，何以在家受衣鉢乎？秀師則否？通曰：「是法寧選緇白，得者則傳。周封諸侯，乃分分器，同姓異姓別也，以祖師甄別精麤。」（中略）通曰：「忍言受傳衣者，命若懸絲，如是忍之意也，又會也。稟祖法則有餘，行化行則不足，故後致均部之流，方驗能師之先覺。（信衣）不傳無私恡之咎矣。」〔註485〕

晚唐到吳越國版籍入宋這段期間，尤其是會昌法難之後，天台宗在佛教發展史上，其情勢跟以前完全不同。之前其學人，都是定、慧與戒德兼備，而且被稱爲禪師，深得各方的景仰，學人前來參問、聽經，或修習止觀之學，有的成爲一代宗師，這在釋道宣所編撰的《續高僧傳》中得見。會昌法難之前，達磨禪分化爲南宗學與北宗學；道信以其道傳法融，法融居牛頭山以次相傳智巖、慧方、法持、慧忠爲牛頭學，到慧忠傳惟則，有佛窟學。佛窟巖的寺院，在「會昌中例毀之，其院爲道門所有。」〔註486〕而惟則，有法子天台山

〔註484〕《宋高僧傳》卷第八〈唐蘄州東山宏忍傳〉，前引書，頁189～190。
〔註485〕《宋高僧傳》卷第八〈唐韶州今南華寺慧能傳〉，前引書，頁195。
〔註486〕《宋高僧傳》卷第十〈唐天台山佛窟巖遺則傳〉，前引書，頁250～251。

雲居智禪師。〔註487〕智威次傳鳥窠道林（741～824）、招賢會通，《景德傳燈錄》卷第四會通傳說：「暨鳥窠歸寂垂二十載，武宗廢其寺，師與眾僧禮靈塔而邁，莫知其終。」〔註488〕道信會下開出的牛頭禪，碰到會昌法難，法緣不見了。此外，則是攝山之學，先後被禪宗與天台禪學所消融。其次是神秀一系，「慧能一系，在慧能寂後荷澤神會（686～760）出而論定是非，指出達磨宗的正統法嗣不是神秀而是慧能，並以神秀之禪由方便入爲漸門，不如慧能之頓悟，於是有南頓北漸之分。南頓適合於當時佛教徒舍繁趨簡的要求，日漸其盛，神秀的門庭遂漸寂寞，傳了幾代，法脈就斷絕了。」〔註489〕會昌法難之後，神秀一系的禪法，在少林寺與天台禪融會在一塊。〔註490〕

　　南北禪宗的頓、漸問題，因學人的直超頓入而趨向南宗，在後世產生教學法上的問題，以及參禪者的行履常被教下學人批判爲野狐禪、默照禪或只是義解僧徒。關於南、北禪宗的行化，《宋高僧傳》在〈神秀傳〉中云：

> 禪師身長八尺，厖眉秀目威德巍巍，王霸之器也。初秀同學能禪師
> 與之德行相埒，互得發揚無私於道也。嘗奏天后請追能赴都，能懇
> 而固辭。秀又自作尺牘序，帝意徵之，終不能起。謂使者曰：「吾形
> 不揚，北土之人見斯短陋，或不重法。又先師記吾以嶺南有緣，且
> 不可違也。」了不度大庾嶺而終，天下散傳其道，謂秀宗爲北，能
> 宗爲南，南北二宗名從此起。」系曰：「夫甘苦相傾，氣味殊致。甘
> 不勝苦，則純苦乘時。苦不勝甘，則純甘用事。如是則爲藥治病，
> 偏重必離也。昔者達磨沒，而微言絕。五祖喪，而大義乖。（神）秀
> 也，拂拭以明心。（慧能）能也，俱非而唱道。及乎流化北方，尚修
> 練之勤。從是分岐南，服興頓門之說。由茲荷澤行于中土，以頓門
> 隔修練之煩。未移磐石，將絃促象韋之者。空費躁心，致令各親其
> 親，同黨其黨。故有盧奕之彈奏，神會之徒遷。伊蓋施療，專其一
> 味之咎也，遂見甘苦相傾之驗矣。理病未效，乖競先成。秖宜爲法
> 重人，何至因人損法。二弟子濯擊師足，洗垢未遑，折脛斯見。其
> 是之喻歟。」〔註491〕

〔註487〕《景德傳燈錄》卷第四〈天台山雲居智禪師傳〉，前引書，頁70。
〔註488〕《景德傳燈錄》卷第四〈杭州招賢寺會通禪師傳〉，前引書，頁69。
〔註489〕黃懺華〈神秀傳〉，《中國佛教總論（二）人物與儀軌》，頁146。
〔註490〕溫玉成《少林訪古》「天台宗北傳與晚唐五代的少林寺」，頁143～150。
〔註491〕《宋高僧傳》卷第八〈唐荊州當陽山度門寺神秀傳〉，前引書，頁196～198。

禪門的頓、漸行法，是隨人根器設教，法本無高下，法之高下因人而有。對於荷澤神會，贊寧在〈神秀傳〉後「系」曰：「修其教不易其俗，齊其政不易其宜者，貴其漸也。會師自南徂北，行曹溪之法。洛中彌盛，如能不自異，外護已成則可矣。況乎旁無力輪人之多僻，欲無放逐其可得乎。或曰：『其過不多何遽是乎。』通曰：『犯時之忌，罪不在大。失其所適，過不在深。後之觀此，急知時事歟。』是以佛萬劫學化行者，知化行難耳。無令固己而損法，慎之哉。」〔註492〕學佛法，在學自行化他，由是知曉自行化他之難，而不會爲了固執己之見地而損壞道法，而敗了自己的德行。五代之時，晤恩與義寂各走各的途路，自行化他，乃他們兩位師匠以及皓端的努力之下乃能使天台宗的祖風在宋初更加地振興起來。

贊寧的嫡、庶的說詞，以及相忍爲佛法的顧慮，也可以反映在清竦與玄燭、皓端，以及義寂、義通與志因、晤恩，乃至於知禮與慶昭身上。螺溪義寂雖受天台山家們的付託，但在行化上不如慈光晤恩得力，部份因素是勢力不同的緣故。佛法的行化與施療濟世，只專其一味有其咎，後來的山家宗主知禮因不似贊寧所云的是知人之哲者，他大力排斥山外宗的教學，也爲天台宗的發展產生不良的後果。而天台宗的山家、山外宗的發展是跟禪宗的發展不同，禪門中人直趨心地法門，而天台宗的知禮系卻亟於恢復祖道，而保留妄心觀的傳統，排斥受真心觀影響的流派與學人。因此，當天台宗於知禮系獨擅之時，晤恩的歷史地位與義學發展就被山家宗的學人給定位下來了。然對於祖道之扶持與宗風的敷揚，從《佛祖統紀》的〈知禮傳〉、〈慶昭傳〉，以及《釋門正統》的〈智圓傳〉以及智圓對祖師晤恩以及祖庭慈光院的思慕可以推知；因山外宗學人重視師道，重視台教的微言大義，而努力不使之墜落於地。晤恩課徒嚴謹，卒前不忘對門人說觀心義與止觀旨歸，其意在使得其門者增多，其婆心之意甚爲濃冽。這也當是贊寧所說的：「河漢中有魚泝流而上者，河潛泳有所取，故（晤）恩公不寬戒而出。」其在慈光院，講授滿門，貴在得其門者，如那臨濟會下無多子，得一法子能爲萬人敵。法子與道法的重要性，在晤恩會下得見。而不失宗本，在洪敏、源清的義學著作，乃至於慶昭與咸潤跟知禮論戰之時的書文，乃至於智圓在孤山的夜講與課徒時得見。

〔註492〕《宋高僧傳》卷第八〈唐洛京荷澤寺神會傳〉，前引書，頁200～201。

四、法緣的遷流

　　晤恩功在台教，或說因其大有護持之故，《新脩科分六學僧傳》一書〔註493〕，把晤恩法師列入「慧學傳宗科」，可見其在當時對天台教的貢獻及其地位是崇高的，其云晤恩：「晉天福初（936），從攜李皓端師聽習，駿穎出流輩。後漢開運間（944～946），依錢唐慈光院志因師。受天台三觀六即之說，窮覈《法華》、《光明經》、《止觀論》等義。已而復述，青藍冰水之譽。」〔註494〕山家知禮一系立延慶院之後，出所謂的山家教義以及五德家法，配合遵式的門派，在浙之東西發展開來，相對之下錢塘一系在晤恩圓寂之後義學不如義通會下的學人為盛，後來連帶把晤恩的歷史地位給掩蓋不少。但由山家宗所出的天台教派史中，如《釋門正統》與《佛祖統紀》兩書，卻可勾勒出當時的概況。

　　晚唐之時，台教還是很衰微的，但天台山還有僧家清竦諸師在傳習教法。宗鑑的《釋門正統》卷第二〈山門授受──清竦傳〉云：「清竦，天台人。弟子志因、義寂、覺彌。（志）因，錢塘人，弟子懷贄、義清、可榮、晤恩。（晤）恩，見《荷負扶傳》。」〔註495〕山家宗把志因列在旁出〔註496〕，因為贊寧立傳已表明志遠、皓端、晤恩對天台宗的貢獻，宗鑑的《釋門正統》也就把諸人列在《荷負扶傳》中以說。《釋門正統》卷第五《荷負扶傳》序云：「嗚呼！楚狄敝中國，而齊桓霸叔，帶危宗周，而晉文興。會昌籍沒，五代分崩，不有大士起而救之。則中興正派，不可待而授也。障狂瀾，弭酷燄，功豈淺哉。撰遠、端、恩三師、孤山列傳。」〔註497〕山家宗所謂的中興正派，是指義寂、義通、知禮一系。會昌法難之後，天台山國清寺一系的授受傳承，是極其衰微的。道邃圓寂之後，物外碰到會昌法難，淪落為山僧，在饑餓中修定學，為弟子說止觀法門。而五台山華嚴寺的志遠，碰到會昌法難，臨寂前囑付弟子曰：「天台宗疏，務在宣傳。《法華疏》十卷、《本跡二門》、《三周記別》，開近顯遠。《玄文》十卷，五義判釋。《止觀》十卷，境觀雙修。《不定》、《頓漸》、《八教麤妙》，遮照平等，行解圓明。一多相即，

〔註493〕　《卍新纂續藏經》第 77 冊。
〔註494〕　《新脩科分六學僧傳》卷第八〈宋晤恩傳〉，《卍新纂續藏經》第 77 冊，頁146c。
〔註495〕　《釋門正統》卷第二〈山門授受──清竦傳〉，前引書，頁 761 上。
〔註496〕　《佛祖統紀》卷第十〈高論旁出世家〉，前引書，頁 364。
〔註497〕　《釋門正統》卷第五〈荷負扶傳〉序，前引書，頁 826 下。

一藏文句，瑩玉摐金，將踐聖階，降茲罕及。禮懺方等，必假精誠。志之永懷，副吾之意也。」〔註498〕唐宣宗大中之後，有弟子元堪，「取三部傳唱敷揚。」〔註499〕會昌法難不僅使天台宗的發展受到重創，對於天台山山家們的傳習也大有影響。

當時的台教，會昌之前道邃、廣修的門生甚為眾多〔註500〕，會昌法難之後，則有傳授不易的現象出現。如道邃的法子，除了最澄與廣修之外，僅有京師大興善寺的守素禪師，但守素禪師足不出闇，長誦《法華經》〔註501〕。會昌前後，除了五台山的僧眾以及大順年間（890～891）行化於帝師人稱台教十祖的玄燭之外，道邃以下的廣修、物外、元琇、清竦諸師的法緣不盛，廣修、物外、元琇的門生，大多是天台人或是天台僧家。〔註502〕這種師資授受的狀態，《佛祖統紀》卷第八〈第十三祖妙說尊者元琇傳〉中說得很明白了，其云：「（元琇）師當僖昭之際，天下方亂。學教之徒，忽聚忽散，以故得定慧之業者，艱其人。唯清竦、常操，承事日久，洞達無遺。」〔註503〕元琇與清竦，皆天台人，而常操則住天台常寧寺，其下傳義從、德儔，至德儔方出四明定水慧贇與越州法性修雅。這時候，已是錢鏐在吳越地區建國發展之時。

從智者立台教以來，至九祖湛然，世代以師說授受，就史實來說是被世人所接受的，不論是梁肅之文或《宋高僧傳》諸師傳記中都言之鑿鑿。湛然之後，則傳承已有異說，逮到清竦在國清寺弘揚止觀，天台宗有復興的跡象出現。此後台家在吳越地區的弘化，多支並流，然以清竦會下的義寂與清竦會下志因的門人晤恩兩系為盛，所以釋贊寧在《宋高僧傳》卷六為兩人立傳，表明了兩系都是嫡傳，都是天台正宗。此時，吳越國的宗教情勢，以禪家跟南山律宗為盛，兩宗高僧大德且得錢王所禮重，相較之下台家的氣勢就顯得衰弱許多。法眼宗的德韶，為忠懿王國師，時人稱為智者的後身，其雖助天台宗取回教籍與扶持台家人才，其並修建智者在天台山的道場，但並沒有把國清寺還給天台宗人去住持。自從隋朝國清寺建立以來，至會昌法難之前，大都以天台宗人主持國清寺，但會昌法難之後情況就轉變了。唐末天台宗人

〔註498〕《宋高僧傳》卷第七〈唐五台山華嚴寺志遠傳〉，前引書，頁152。
〔註499〕《釋門正統》卷第五〈荷負扶傳——志遠傳〉，前引書，頁826下。
〔註500〕《佛祖統紀》卷第八〈十一祖至行尊者廣修傳〉，前引書，頁344。
〔註501〕《佛祖統紀》卷第十〈法師守素傳〉，前引書，頁369。
〔註502〕諸師與天台僧人，參見《佛祖統紀》卷第十，前引書，頁364。
〔註503〕《佛祖統紀》卷第八〈第十三祖妙說尊者元琇傳〉，前引書，頁344。

雖依然還在國清寺潛修，但寺主雖修習台教，卻未必是台教中人，如國清寺的清觀。尤其是吳越國之後，除了清竦及其門人之外，只見義寂的法子宗昱曾居住過國清寺，其他則是居住天台山其他寺院或者是四明、錢塘之地。宗昱的本師可能是國清寺僧家，其雖跟義寂受學，然其義學思想是禪、教合流的趨勢。宗昱會下的溫州契能，後主天台山常寧寺，其教法也是一樣。這明顯看出在五代宋初之時，禪、教合流的趨勢是時代的一大風尚，義寂會下的溫州系僧家跟晤恩的思想很是貼近，也是事出有因的。所以宗昱後來受到天台山的山家宗徒以家法對待，被排斥出上首弟子的行列，這由贊寧的《宋高僧傳》以及元悟的《螺溪振祖集》中都沒有談到宗昱可以想見。天台山的僧家們，有其傳統的意識在，維護天台祖道只是其中的一項因素，台教正宗才是他們的顏面。

　　錢王雖然助義寂尋回經教佚文，爲建螺溪寺，給扁定慧，並賜號淨光，而義寂請諡天台諸祖，而《佛祖統紀》卷第八說「止諡天台以十六祖〔註504〕」，卷首則說：「昔吳越王請諡諸祖，而龍樹、北齊、南嶽三師未及諡。今並取邃法師下無師號者，即本紀之文，摭其行實以爲尊稱。」〔註505〕依《佛祖統紀》卷第六、七所載，唯有智者、章安、慧威、玄朗、湛然有諡號爲尊者，這很合乎時人對天台祖師的認知。義寂只不過被錢王賜號爲淨光法師，德韶既然爲國師，對於天台祖師的諡號以及對義寂的賞賜，想必是有所參與的，不然也有耳聞。由義寂對德韶之禮敬可想而知，當時的天台宗人是不敢有非份之想的，因爲吳越國有其一套嚴密的宗教管理制度。從贊寧的評價來看，晤恩與義寂兩人各有其功業在，難分軒輊；如果勉強地區分，則晤恩門風嚴謹，通於禪教與律儀。在傳教上，兩人都是不遺其力的，而義寂喜言感通，晤恩則在寂前曾說夢見灌頂的情事。在人情事故上，義寂交結的權貴與庶民多，其願行自然與晤恩不同，乃得因之尋回教典佚文與化導群迷。晤恩則重在修行，課徒以止觀旨歸及觀心義，偏誨人以彌陀淨業救生死事，直了心源之意昭彰，所以贊寧說其：「使法華大旨全美流於代者，（晤）恩之力也。」總體言之，晤恩有慧文、慧思一心圓攝的意境在，又有從智者、灌頂以來重視彌陀淨業，又能融攝禪教而「示人以一乘圓意」，在解行上實有超越義寂之處。然義寂爲人則較晤恩平易近人，對國師德韶也甚爲謙卑，能克制會下學人的

〔註504〕《佛祖統紀》卷第八〈十五祖淨光尊者義寂傳〉，前引書，頁345。
〔註505〕《佛祖統紀》卷第八，前引書，頁343。

言行〔註506〕，乃能得德韶與延壽師徒的大力護持；其法緣因之盛多，法子出
眾者到宋初方才輩出。由義寂的行實，亦得窺見晤恩法緣之盛是蓋過義寂的，
然義寂會下得法者甚多，也是事實，只是多錢塘僧家而已。到了宋初以後知
禮出世行化，下開山家宗，而稱晤恩為山外宗祖師，晤恩的德業與聲教之廣
大是超越時人與後學的。

關於晤恩與義寂功業之高下，吳忠偉在〈天台佛教的挫折與復興〉文中
說：「志因所傳一系，在當時是頗有影響的，其聲譽甚至超過了義寂系統，對
此，即便是以山家為正統的志磐也不得不承認，如他在《高論旁出世家》中
〈法師晤恩傳〉說（中略）。在天台處於義理黯然，有待復興的前夜，志因被
時人稱譽為義虎，當不是浪得虛名。而以晤恩為首的志因弟子接踵講法，則
進一步擴大了天台宗的勢力，為天台義學作出了貢獻。」然山家派對晤恩的
看法，楊惠南在〈孤山智圓《金剛錍顯性錄》中的山外主張──色不具三千〉
文中說：

> 許多文獻都告訴我們，宋代天台宗之所以分裂為山家派和山外派，
> 關鍵在於他們各有不同的心性論，而這則和山外派引入華嚴宗的思
> 想有關。元代山家派僧義瑞，在其〈重刻四明十義書序〉即說：「昔
> 者，慈光恩師兼講《華嚴》，不深本教，濫用他宗，輒定一念為真。
> 從是今宗境觀大壞亂矣！」引文中的慈光（晤）恩，即山外派開宗
> 祖師慈光晤恩（912～986），他因為兼講《華嚴》、濫用他宗（指華
> 嚴宗），把天台宗一念三千中的一念，界定為真（如本心），以致使
> 天台宗的境觀大亂。在此，境觀指境與觀。境指觀智所觀的對象，
> 即修習止觀時所觀察的對象。觀，則指用來觀察境的觀智。依山家
> 派，所觀之智──觀，具有兩重「能」與「所」。第一重能所：先用
> 如槌的妄心──能，觀陰妄一念（妄心）──所。然後是第二重能
> 所，能觀之妄心與所觀之陰妄一念，合而為一，成為如能觀之智，
> 再來觀察不可思議境──所。因此，依山家，觀智的所觀境，必須
> 是帶有煩惱的妄心。〔註507〕

〔註506〕興教明和尚參問德韶事，參見《五燈會元》卷第十〈天台山德韶國師傳〉，頁
219下～220上。

〔註507〕楊惠南〈孤山智圓《金剛錍顯性錄》中的山外主張──色不具三千〉，《中華
佛學學報》第19期（台北：中華佛學研究所，民國95年7月），頁210。

晤恩的作品已經散失，但他的弟子源清，則有《法華十妙不二門示珠指》傳世。檢閱該書，確實將天台所說的「心」或「念」，了解為真心。其不但把「性」字解釋為「一念三千」中的「一念」，而且還用天台宗的佛身三德（法身、般若、解脫），以及涅槃四德（常、樂、我、淨），來解釋「性」字。因此，「性」或「一念」，與真如心的意義完全相同。法藏等華嚴宗高僧真如隨緣而不變的思想，都被天台山外派大師所接受，開創出與山家派截然不同的心性論。由於山外派的心性論是真心思想，聯帶著山外派的所觀境也是真心。然而，以天台正統自居的山家派，卻持著完全相反的主張，以為所觀境必須是我們的現象心，亦即帶有煩惱的妄心。四明知禮（960～1028）是山家派最重要的代表，他在《十不二門指要鈔》中，即強烈批判山外派的真心思想及其真心觀。〔註508〕天台宗的藉教悟宗、藉論疏發揮禪境，到了元浩與晤恩出世之後使得教法更為增上。元浩與道邃一樣，同為湛然的嫡系弟子，是湛然道法的付囑者，但會昌法難之後，元浩系下法緣不見了；會昌法難之後，道邃系的法緣持續傳了下去，道邃乃被山家宗奉為第十祖。

　　清竦門生志因系下除了晤恩（912～986）之外，還有文備（926～985），《釋門正統》卷第五有〈文備傳〉。依孤山智圓的〈錢唐慈光院備法師行狀〉與志磐的《佛祖統紀》的〈法師文備傳〉，都說其不誨人而從其所好。這是融合天台智者與禪門之教的，也是禪、教合流下的特質。從吾所好，是智者以來天台宗匠的一大特色；而本門有宗匠在，不「聚徒開法」〔註509〕，這是北禪宗師匠行化上的問題，這誠如贊寧所說的，「無令固己而損法。」〔註510〕由此可以見到志因與晤恩門下學人，是知所進退的。晤恩（986）卒後，奉先源清傳師之道，有慶昭（963～1017）於奉先處學天台之道十七年（983～999），智圓則在奉先處學天台止觀之道二年。咸平二年（999）奉先源清謝世，智圓乃離群索居，後在西湖孤山開山，其多在夜晚講訓，不失宗風，學者如市。〔註511〕

　　至於慶昭，於奉先謝世之後，眾請嗣講，不墜父風，學者歸之者眾。〔註512〕

〔註508〕楊惠南〈孤山智圓《金剛錍顯性錄》中的山外主張——色不具三千〉，前引刊物，頁211～216。

〔註509〕《宋高僧傳》卷第九〈唐京兆慈恩寺義福傳〉，前引書，頁215。其於同學普寂後，方在都城傳教二十餘載。

〔註510〕《宋高僧傳》卷第八〈唐洛京荷澤寺神會傳〉「系曰」，前引書，頁200～201。

〔註511〕《釋門正統》卷第五〈智圓傳〉，前引書，頁828上。

〔註512〕《釋門正統》卷第五〈慶昭傳〉，前引書，頁832下。

後不知何因而徙居石壁寺，年不到四十就有終老之意，可能受到某些事情的刺激所引發的。石壁寺是延壽、德韶、義寂三人門下行靖與行紹行化的寺院。慶昭居石壁山寺時，繼齊跟隨而來研習《淨名大義》，繼齊跟孤山智圓為忘年友。〔註513〕慶昭住本師開化寺院時，咸潤前來參學，博究《淨名》、《法華》、《涅槃》、《楞嚴》之義，慶昭分座給他，及慶昭於宋真宗景德元年（1004）四月主梵天寺，令其代開化寺法席。天禧元年（1017）慶昭示寂，授咸潤以爐拂，嗣居梵天寺。〔註514〕宋仁宗天聖三年（1025），咸潤徙居會稽永福寺，聚徒五百；日遣眾行化，以供二時；嘗造普賢像率眾行道，大士放光證明，時人尊之曰懺主，謂可亞於慈雲遵式。〔註515〕咸潤揮拂塵三十年，五處百講，然其行法似已逐漸不像祖師晤恩與先賢孤山智圓，而近於山家派，因為其接近官宦與大眾，這是行化上的問題使之然的。智圓雖有心懷扶持天台教觀之志〔註516〕，其以三觀四教約文以釋《楞嚴》大義，以為：「智者三止之說，與經懸契。」淨覺仁岳看過釋文之後，說：「其（智圓）得經之深，非諸師所可及也。」〔註517〕由智圓（976～1022）的思想與懺法的行持上來看，其是不墜祖風的，但卻英年早逝。智圓與遵式、仁岳之間，是有所往來的，諸人在風格上也有貼近之處。遵式除了重視鑪、拂的傳授，也遵循寺院的十方住持體制，並包容被山家知禮抨擊的學人如智圓〔註518〕，以及從知禮門下叛出的仁岳〔註519〕，而仁岳則欣賞智圓的義學，後其對《楞嚴經》用力極深。仁岳隨著年長而閱歷與見識隨之開闊，有了自己的看法，因此跟知禮產生爭執，後移住天竺寺，被慈雲遵式攝為法嗣。仁岳曾遷住石壁寺，知禮卒（1028）後仁岳住靈芝寺行道，還大力破斥知禮的教法，因此被稱為後山外學人。

　　慶昭門下到了咸潤，門風逐漸在改轉中，此後山外派不見宗匠出世。宗

〔註513〕《釋門正統》卷第五〈繼齊傳〉，前引書，頁833上。

〔註514〕《釋門正統》卷第五〈咸潤傳〉，前引書，頁833下。

〔註515〕《佛祖統紀》卷第十〈法師咸潤傳〉，前引書，頁372。

〔註516〕《釋門正統》卷第五〈智圓傳〉，前引書，頁828上。

〔註517〕《佛祖統紀》卷第十〈法師智圓傳〉，前引書，頁371。

〔註518〕孤山與慈雲間的關係，參見《釋門正統》卷第五〈智圓傳〉，前引書，頁831上。

〔註519〕知禮、遵式與仁岳間的關係，參見《釋門正統》卷第五〈仁嶽傳〉，前引書，頁842；《佛祖統紀》卷第二十一〈諸師雜傳——淨覺仁岳法師傳〉，前引書，頁437。

鑑在《釋門正統》卷第五〈慶昭傳〉中說：「今山家號（源）清、（慶）昭之學爲山外宗，故天台之道自師敷傳之後，厥嗣漫息，而中興教觀遂屬於法智（知禮）焉。」〔註520〕景德四年（1007），知禮遣門人本如與會稽什師，持《十義書》、《觀心二百問》詣錢塘慶昭室，時孤山居慶昭坐端。孤山後與知禮論難，《佛祖統紀》卷第十慶昭傳說：「而四明之學者，始指（晤）恩、（源）清、（慶）昭、（智）圓之學，稱爲山外，蓋貶之之辭云。」〔註521〕自從知禮之學盛行之後，山家宗的氣勢愈盛，初時稱源清、慶昭之學爲山外宗，到南宋的志磐稱山外宗的範圍及於晤恩與智圓，後世學者更擴大說有前山外與後山外。前山外，係指晤恩系下的學人，還有與山家宗論戰的天台學人，還包括宗昱；而後山外，則從山家宗分出去的仁岳及其門下子昉，以及繼忠的門下從義等，被《佛祖統紀》從「諸師列傳」中排除，歸在「諸師雜傳」中，且在「序」文云：「雜傳之作，將以錄諸師之未醇正者。故淨覺（仁岳）以背宗錄，神智（從義）以破祖錄，草菴（道因）以失緒錄。或曰：『法智之世，先後爲異說者有之矣，豈當盡以雜傳處之乎？』然（慶）昭、（智）圓之於四明，無師資世系之相攝，後人概以山外指之，亦足懲之矣。至若法智子孫，時爲逆路之說者，未若淨覺、神智之爲甚也。彼祝之而不類，我且指二人爲首云（祝職救反事，見楊子）。」〔註522〕山家派嚴其家法，排斥他教，亦及本宗。贊寧是有先見之明的，如其在世時見此情事，會說「只專一味之咎也！」「理病未效，乖競先成。」〔註523〕依佛法來說，「只宜爲法重人，何至因人損法。」「是以佛萬劫學行化，知化行難耳，無令固己而損法，慎之哉！」〔註524〕贊寧在《宋高僧傳》中，一再地呼籲佛教界，要「互相推重」，他尤其愛護天台宗，但後人不醒，終於爆發了山家、山外宗之爭。究史實來看，五代宋初之間天台宗清竦會下有嫡傳的兩大學派，其宗匠分別是志因、晤恩、源清與義寂、義通。而山家宗的義寂門下，也傳出嫡系與正統之分別，這種情況在贊寧撰《宋高僧傳》時已經存在這種現象，這是天台山家門風使之然的，所以他們的傳承說是「衡嶽世家」，其教觀理當一代代傳續下去，難以更化。這衡嶽世家的習氣，影響到玄燭、皓端，乃至於志因以及晤恩的歷史地位，其他

〔註520〕《釋門正統》卷第五〈慶昭傳〉，前引書，頁829上。

〔註521〕《佛祖統紀》卷第十〈法師慶昭傳〉，前引書，頁370。

〔註522〕《佛祖統紀》卷第二十一「諸師雜傳——序」，前引書，頁370。

〔註523〕《宋高僧傳》卷第八〈唐荊州當陽山度門寺神秀傳〉「系曰」，前引書，頁187～198。

〔註524〕《宋高僧傳》卷第八〈唐洛京荷澤寺神會傳〉「系曰」，前引書，頁200～201。

台教流派更不用說了。

　　山家與山外宗之爭後，兩家分宗流並流，後來以知禮系為主體的山家宗對晤恩祖師地位另有見解，他們把晤恩定位為山外宗之祖，而有別於山家祖道傳承之授受。如山家、山外術語，只是分別兩宗的緣起與兩宗的教法，因此天台宗在宋初產生了兩個學派，這兩個學派就天台山的傳承來看都是嫡系，至於誰才是正宗不是知禮及其系下學人所說的就能成為定數，山家宗史書的定祖立說被後來的學者稱為是僭越，其道理部份在此。總之，從晚唐發展起來的天台宗山外宗學派，經過玄燭、皓端、晤恩的師弟傳承，以及清竦、志因、晤恩的天台山傳承，再經由晤恩在義學上的敷揚與禪觀上的發明，依次傳出源清、慶昭與智圓、咸潤等宗匠，形成了一大流派。此被山家宗人稱為山外宗的學派，深深地影響著五代至宋代中葉吳越地區的學風，甚至連後山外的學人亦受到他們的影響。而晤恩所引導出來的山外學風以及個人的風範，是宋初之後知禮系學人所最顧慮的情事，也是義通會下學人極力要更化的對象，但兩家學人相論辯、受激發的結果，使天台宗的義學與行持獲得到很大的發展。

表五：晤恩及其系下學人行實略表

年　　代	事　　略	引　　據	備　　考
五代後梁太祖乾化二年（912）	1、晤恩法師出生姑蘇長熟，俗姓路。母張氏，嘗夢梵僧入其家，而妊焉。 2、母張氏，嘗夢梵僧謂曰：「吾欲寄汝為母！」已而妊焉。 3、法師悟恩，字修己，路氏常熟人。	1、《宋高僧傳》卷第七〈宋杭州慈光院晤恩傳傳〉。 2、《釋門正統》卷第五〈晤恩傳〉。 3、《佛祖統紀》卷第十〈法師悟恩傳〉。	1. 《佛祖統紀》卷第二十七《往生高僧傳》中有〈宋慈光院悟恩法師傳〉。
唐莊宗同光三年（925）	是年晤恩法師十三歲，聞誦彌陀經，遂求出家。親黨饒愛，再三沮之，乃投破山興福寺受訓。	《宋高僧傳》卷第七〈宋杭州慈光院晤恩傳傳〉、《釋門正統》卷第五〈晤恩傳〉、《佛祖統紀》卷第十〈法師悟恩傳〉。	

唐明宗長興中（930～933）	後唐長興中受滿分戒，登往崑山慧聚寺學南山律。	《宋高僧傳》卷第七〈宋杭州慈光院晤恩傳〉。	1. 這段事跡，《釋門正統》卷第五〈晤恩傳〉省略不提，而《佛祖統紀》卷第十〈法師悟恩傳〉則說是「初學毗尼」。
晉初帝天福初年（936）	晤恩於晉天福初，從檇李皓端師聽習經論，時二十五歲。其懸解之性天然，時輩輒難抗敵。	《宋高僧傳》卷第七〈宋杭州慈光院晤恩傳〉、《釋門正統》卷第五〈荷負扶持傳——晤恩傳〉、《佛祖統紀》卷第十〈高論旁出世家——法師悟恩傳〉。	1、晤恩是否也被歸類為皓端的法子，不詳。 2、這段事跡，《釋門正統》卷第五〈晤恩傳〉與《佛祖統紀》卷第十〈法師悟恩傳〉都省略不提。 3、皓端的台教傳承，與天台山系或許存在著爭端在，晤恩後往志因會下學習，而不往天台山習台教，當事出有因的。
晉高祖開運初年（944）	1、時年三十三歲。 2、晤恩後微聞天台三觀六即之說，冥符意解。漢開運中（944～946），造錢唐慈光院志因師，講貫彌年，通達《法華》、《光明經》、《止觀論》，咸洞玄微，尋施覆述。出弟子相次角立。 3、晤恩在志因會下，出諸弟子右，於是盛相推伏，時稱義虎。	1、《宋高僧傳》卷第七〈宋杭州慈光院晤恩傳〉。 2、《釋門正統》卷第五〈晤恩傳〉、《佛祖統紀》卷第十〈法師悟恩傳〉。	1、志因生卒年不詳，《釋門正統》卷第二〈清竦傳〉與《佛祖統紀》卷第八〈十四祖高論尊者傳〉皆稱為清竦門人。 2、據元悟《螺溪振祖集》所編集的錢易〈淨光大師行業碑〉，天福五年（940），義寂到天台山依清竦、玄廣修學止觀之學。 3、義寂論輩份，為晤恩之師叔。 4、天台宗因有志因、晤恩在錢塘講學，台教因之走出了山林。而志因所居住的寺院，也是其本師的寺院。

| 周太祖廣順元年（951） | 1、時晤恩四十歲。
2、文備法師，福州候官縣人，幼事師于太平寺。敏達之性有異常童，誦法華、維摩、圓覺、十六觀、小般若等經，靡不精練。後唐清泰三年，受尸羅於本寺，堅持淨檢，苦志為學，該綜經律，雅好文儒，五經諸子常所博覽。晉天福間，卷衣入漸，初泊會稽，從柔法師傳百法論，尋講貫焉，歷數稔。復度江，詣錢唐龍興寺，訪于先達，考論大義，以求溫習，故於名數一支，尤造淵極，學徒自遠方來者，罔弗從其求益矣。後聞天台三觀之學，可以指南群惑、研幾心性，欽尚匪懈，誓欲傳通。時值志因法師，傳道於慈光院，遂及其門，即周廣順元年也。既而遊刃融宗，攻堅至理，孜孜然翼翼然，不舍晝夜，其耽玩也如此，至是法華、止觀、淨名、金光明等，凡曰一家之教， | 智圓《閑居編》卷第二十一〈錢唐慈光院備法師行狀〉。 | 1、據元悟《螺溪振祖集》錢易〈淨光大師行業碑〉所云，義寂在清竦與玄廣座下修學多年之後，欲離開天台山，後受錢忠懿王的挽留，囑其勿他往，授以釋署淨光大師，乃建法華道場於天台山。其六時行釋事，晝夜不怠。
2、晤恩在錢塘慈光院，而義寂在天台山，兩人都頗有盛名。山家、山外之分，或在此時就產生了。 |

	悉搜抉祕要，洞曉指歸，慧解燦然，難乎倫等。時因有上首弟子晤恩師者（《大宋高僧傳》義解科中有傳），高節不群，清風肅物，每與法師覆述心觀，而神領意得，不俟終日，由是以爲得意之交。謂人日：「備雖後進，與吾並驅於義解之途，諒無先後矣。」因師既沒，遂北面事於恩，學無常師也。		
宋建隆二年（961）	1、晤恩之師皓端於是年三月十八日，坐滅秀州靈光寺，火化舍利無數，門弟子八十餘人。 2、是年晤恩五十歲。	1. 《宋高僧傳》卷第七〈宋秀州靈光寺皓端傳〉、《釋門正統》卷第五〈皓端傳〉 2. 《佛組統紀》卷第二十三〈法師皓端傳〉。	1. 據《宋高僧傳》卷第七〈宋秀州靈光寺皓端傳〉 2. 《釋門正統》卷第五〈皓端傳〉，皓端學台教於人稱台教十祖的玄燭法師。
宋太祖乾德元年（963）	1、是年慶昭出生，幼出家於錢塘開化院，年十三受具。慶昭後爲晤恩門人奉先源清之首座。 2、時晤恩五十二歲。	1. 《閒居編》卷第十五〈故梵天寺昭闍梨行業記〉、《釋門正統》卷第五〈慶昭傳〉。	
宋乾德二年（964）	1、是年晤恩法師五十三歲，仍在慈光院行化。 2、乾德甲子歲秋八月，螺溪道場的法堂成立，乃請義寂法師居之，	1. 《螺溪振祖集》〈吳越錢忠懿王賜淨光法師制（三道）〉、錢儼〈建傳教院碑銘〉、錢易〈淨光大師行業碑〉、《宋高僧傳》卷第七〈宋	1、由錢王與德韶之贊助，可以窺見義寂之德行。 2、由《宋高僧傳》卷第七〈宋杭州慈光院晤恩傳傳〉與〈宋天台山螺溪傳教院義

	其默然，遂率學徒二十人以之俱往。既而雲居韶禪師（寺在天台），以其傳燈之地未廣函丈之規，爲疏於漢南王，架懺堂諸屋以廣之（見錢儼撰傳教院碑及傳燈）。此後，四方學侶，霧擁雲屯。甲子秋居螺溪之後，講導事如法華道場，忠懿王供施日至焉。	天台山螺溪傳教院義寂傳〉、《佛祖統紀》卷第十〈法師願齊傳〉。	寂傳〉得窺，宋初之時在吳越地區台教的發展已經形成晤恩系與義寂系，爭正統首先發難於義寂之請諡天台宗諸祖師。
宋開寶九年（976）	1、是年晤恩法師五十五歲。是年智圓出生，八歲受具戒於錢塘龍興寺，二十一從師學儒，博學多聞，但被疾所繫，思學釋氏。	1. 《釋門正統》卷第五〈荷負扶持傳——智圓傳〉。	
宋太宗太平興國二年（977）	1、元帥府都押衙王君承益、內知客余君德徽，同議本院建造彌陀佛殿。王復命施錢八十萬，又請義寂講《金光明經》一座，飯僧三萬人，香華、旛蓋、供佛之具，一皆稱足。 2、是年晤恩五十六歲。	1. 元悟《螺溪振祖集》錢儼〈建傳教院碑銘〉。	1. 晤恩亦曾講《金光明經》略本。
宋太平興國四年（979）	1、知禮從寶雲義通學台教，一月自講心經，聽者服其速悟。 2、是年晤恩六十八歲。	1. 《釋門正統》卷第二〈知禮傳〉、《佛祖統紀》卷第八〈十七祖法智尊者知禮傳〉。	

宋太平興國七年（982）	1、是年遵式年二十，往天台山禪林寺受具戒。次年，習律於守初律師，後入國清寺於普賢像燃一指，誓傳天台教觀，乃往四明寶雲寺受學。 2、是年晤恩七十一歲。	《釋門正統》卷第五〈遵式傳〉、《佛祖統紀》卷第十〈十法師遵式傳〉。	
宋太平興國八年（983）	1、是年，慶昭二十一歲，投錢塘奉先寺源清學天台之道。 2、時晤恩七十二歲。	《閑居編》卷第十五〈故梵天寺昭闍梨行業記〉、《釋門正統》卷第五〈慶昭傳〉、《佛祖統紀》卷第十〈法師慶昭傳〉。	源清所居的奉先寺，也是其本師的寺院，其參學晤恩之後，回到本師的寺院開講台教。
宋雍熙元年（984）	1、是年遵式從天台山來，依寶雲義通。 2、時晤恩七十三歲。	《佛祖統紀》卷第十〈法師遵式傳〉。	義通得知禮與遵式兩神足，後得山家祖師之名。
宋太宗雍熙二年（985）	1、晤恩法師的高弟文備，於是年秋染微疾，忽於一日憑几圖出圓相至于三。瞻病者勸其調養，輒止之，或有送食問以西方信，乃書偈答云：「噫！彼浮世人問我西方信，其信早縱橫，群迷自不認；一水百千波，波波皆佛印；舉動真彌陀，誨爾常精進。」越十月十八日，厥疾漸加，侍者慶堯泣請曰：「師修安養業	《閑居編》卷第二十一〈錢唐慈光院備法師行狀〉、《釋門正統》卷第五〈文備傳〉、《佛祖統紀》卷第十〈法師文備傳〉。	1、文備初依志因，後依晤恩，台教因有晤恩在開講，其遂從其所好。因為當時的天台宗重視義學之發展，文備系的傳承因之不明。 2、據《釋門正統》卷第五〈智圓傳〉，孤山以猶子述其行業記，則智圓年少時就認識文備與晤恩。

	有年數矣，今也報齡將謝，何休徵乎？」曰：「吾先圖出圓相，乃是所見淨土之事。吾欲無言，今由汝問也。」言訖，奄然累足而逝。往生之驗，於斯見矣。享年六十，僧臘四十九。法師平時味道耽學，不以衣食繫念，於禪觀誦經之外，手寫南北宗章疏，凡萬餘紙，辭藻既富，頗有著述。嘗撰別遺骸文，故在街僧錄通慧大師贊寧在杭修僧史之日，深貴其文。 2、是年晤恩七十四歲。		
宋太宗雍熙三年（986）	1、是年八月朔日，晤恩於中夜睹白光自井而出，明滅不恒，謂門人曰：「吾報齡極於此矣。」乃絕粒禁言，一心念佛。次夢擁納沙門，執金鑪、焚香，三遶其室。自言：「祖師灌頂來此相迎，汝當去矣。」夢覺，呼弟子至，猶聞異香。至二十五日，為弟子說止觀旨歸及觀心義，辰	1、《宋高僧傳》卷第七〈宋杭州慈光院晤恩傳〉、《釋門正統》卷第五〈晤恩傳〉、《佛祖統紀》卷第十〈法師悟恩傳〉。 2、《釋氏稽古略》卷第四「雍熙三年」條下。	晤恩卒後，門徒四散行化。其因在於慈光院不是晤恩開山的寺院，而後繼者也非贊同與宣揚晤恩之教者。

	時端坐面西而化。享年七十五，僧臘五十五。 2、秋八月二十五日。秀水高僧晤恩端坐面西而逝。初天台宗。元自唐德宗建中三年荊溪尊者滅後五傳而至清竦。竦有二弟子。曰義寂。曰志因。寂以教觀正脈傳義通。通傳知禮（四明尊者）遵式（下竺懺主）。源源授受。志因傳晤恩。恩名著僧史。恩傳洪敏源清。清傳智圓（孤山法師）慶昭。昭傳繼齊咸潤。境觀解行各師其說。四明知禮辭而闢之。衡嶽家世斥之爲山外宗（天台教部）。		
宋太宗雍熙四年（987）	1、是年，臨海、縉雲、永康、東陽諸邑請義寂施戒。九月，義寂至自太末，十月寢疾於本院方丈。十一月四日，囑誡門人：「不許哭泣，祭奠應緣俗禮者，非吾弟子也。」即奄于方丈，樹小塔焉。享年六十九，法臘五十矣。四方傳法弟子，見星而舍者，數百人。 2、晤恩卒後二年。	《宋高僧傳》卷第七〈宋天台山螺溪傳教院義寂傳〉、《釋門正統》卷第二〈義寂傳〉、《佛祖統紀》卷第八〈十五祖淨光尊者義寂傳〉、《釋氏稽古略》卷第四。	1、對於義寂門下中義通的地位問題，《佛祖統紀》巧妙地篡改以說：「傳法弟子百餘人，外國十人，義通實爲高第，而澄彧、寶翔亞焉。」其說法，與《宋高僧傳》與《釋門正統》實不相同。 2、義寂會下以義通爲上首，是山家山外之爭後山家立祖言說的結果，以明他們傳承的正統性。由是志因、晤恩系就被《佛祖統紀》貶爲「高論旁出世家」。

宋太宗端拱元年（988）	1、是年十月，寶雲義通圓寂，火化後葬於阿育王寺之西北隅。 2、義通法師傳天台教，是年十月十八日入寂於明州寶雲院。通本高麗王種，初出家傳《華嚴》、《起信》有聲。石晉天福中，渡海來謁螺溪義寂，頓悟開顯十法界圓融之旨，嗣法流通。逾二紀，得知禮、遵式高弟，益大其傳（塔記）。 3、晤恩卒後二年。	1、《釋門正統》卷第二〈義通傳〉。 2、《釋氏稽古略》卷第四。	因晤恩之教高揚於吳越地區，以及義通是高麗人之故，其當時也只是義寂會下的高弟之一，所以其教化聲名尚是薄弱的。
宋太宗淳化元年（990）	1、是年遵式受眾請，居寶雲寺，此後到咸平四年，凡居四明十二年。 2、晤恩卒後三年。	《釋門正統》卷第五〈遵式傳〉、佛祖統紀》卷第十〈法師遵式傳〉。	義通在寶雲寺開山，為山家派走入城市行化之始。
宋太宗淳化二年（991）	1、知禮受請主乾符寺，綿歷四載，諸子悅隨。後遷於延慶寺，專事講懺四十餘年。 2、晤恩卒後四年。	《釋門正統》卷第二〈知禮傳〉、《佛祖統紀》卷第八〈十七祖法智尊者知禮傳〉。	山家派走入城市行化，漸能與晤恩會下的錢塘僧家爭勝。。
宋至道元年（995）	1、知禮徙居保恩院，二年院主顯通舍為長講天台教法、十方住持之地。 2、晤恩卒後八年。	《釋門正統》卷第二〈知禮傳〉、《佛祖統紀》卷第八〈十七祖法智尊者知禮傳〉。	山家派在四明開山。
宋眞宗咸平元年（998）	1、智圓聞清源師傳智者三觀之法於奉先寺，歲負笈	1、《釋門正統》卷第五〈智圓傳〉。 2、《佛祖統紀》卷第十	智圓在西湖孤山買地開山建寺。

	造焉，於奉先處凡二年，奉先寂後遂往居西湖孤山。 2、晤恩卒後十一年。	〈法師智圓傳〉。	
宋真宗咸平元年（998）	是年三聖日，宗昱撰《注法華本跡十不二門》并序。	《卍新纂續藏經》第五十六卷。	宗昱本為天台義寂會下首座，其義學跟晤恩貼近，後被山家學人歸列在山外派。
宋咸平二年（999）	1、慶昭於奉先處，服勤十七年（983～999）。貌名峻業，穎出朋儔。奉先謝世後遂嗣講，不墜父風，後學歸之者眾，後徙石壁寺。 2、晤恩卒後十二年	《釋門正統》卷第五〈慶昭傳〉、《佛祖統紀》卷第十〈法師慶昭傳〉。	《佛祖統紀》卷第十云，義寂弟子行靖與行明居石壁寺凡五十年，可能兩師寂後，慶昭曾在此演教。
宋咸平三年（1000）	1、真宗咸平三年（1000）至景德三年（1006），慶昭、智圓與四明知禮，進行長達七年的論辯。 2、晤恩卒後十三年。	《釋門正統》卷第五〈慶昭傳〉、《佛祖統紀》卷第八〈十七祖法智尊者知禮傳〉、《佛祖統紀》卷第十〈法師慶昭傳〉。	據《佛祖統紀》卷第八〈十七祖法智尊者知禮傳〉，知禮係以晤恩的〈發揮記〉解《金光明經》「略本」為發端。
宋景德元年（1004）	1、四月，慶昭至梵天寺上方講院開山，以咸潤代其開化院法席。 2、晤恩卒後十七年。	《釋門正統》卷第五〈慶昭傳〉與〈咸潤傳〉、《佛祖統紀》卷第十〈法師咸潤傳〉。	山外宗開山之始，從此慶昭有穩定勢力，能與知禮系抗衡，儼然是繼晤恩、源清之後的宗匠。
宋景德四年（1007）	1、閏五月六日，智圓撰〈錢唐慈光院備法師行狀〉，洪敏作真贊。 2、晤恩卒後二十年。	《閑居編》第二十一。	據《佛祖統紀》卷第八「高論旁出世家」條下所云，洪敏為晤恩門人，居靈光寺。

宋景德四年 （1007）	越州上虞宰裴煥與里中緇素迎咸潤還本師子明的等慈院，宣講淨教。	《釋門正統》卷第五〈咸潤傳〉、《佛祖統紀》卷第十〈法師咸潤傳〉。	山外宗常回本師處宣講台教。
宋景德四年 （1007）	1、知禮遣門人本如、會稽什師，持《十義書》、《觀心二百問》詣錢塘慶昭師室。時孤山智圓居慶昭師座端，觀如什論辯不可，當邃白郡守，以來無公據發遣，令還不復致答。從此兩家觀法不同，個開戶牖，枝派永異。 2、晤恩卒後二十年。	1、《佛祖統紀》卷第八〈十七祖法智尊者知禮傳〉。 2、《釋門正統》卷第五〈慶昭傳〉。	山家、山外分宗並流。
宋大中祥符九年（1016）	月建戊戌朔臨壬寅日在己巳，智圓因葬晤恩靈骨而作〈祭孤山神文〉。月建己亥朔臨壬申日在庚寅，晤恩卒後三十二年，智圓收其靈骨葬於孤山瑪瑙坡累石為塔，並作〈祭祖師文〉。	《閑居編》第十七。	
宋天禧元年 （1017）	是年四月十六日，慶昭歸寂，傳教弟子凡九十七人。滅後四年，門人從政請孤山智圓狀其行業。	《釋門正統》卷第五〈慶昭傳〉。	
宋天禧元年 （1017）	咸潤從錢塘開化院徙居越州隆教院，後述籤疑以三種消伏，俱約圓論，淨覺為文難之。四月十六日，慶昭寂前授咸潤鑪拂，嗣居梵天寺開講。	《釋門正統》卷第五〈咸潤傳〉、《佛祖統紀》卷第十〈法師咸潤傳〉。	

宋天禧二年（1018）	夏六月五日，智圓慨天台墳塔既毀、碑表亦滅，使先祖之德善、梁公之論譔不明著於後世焉，於是師僧之尊賢重道者同立石于孤山瑪瑙院佛殿之右，庶觀者既美其所稱，又美其所為，乃撰〈書荊溪大師碑後序〉。夏六月十日，智圓糾同志立石于錢唐孤山瑪瑙院佛殿之左，乃撰〈書智者大師碑後序〉。	《閑居編》第十二。	
宋天禧二年（1018）	十月八日，智圓撰〈金光明經文句索隱記序〉於瑪瑙坡負暄亭。十月十九日，智圓撰〈金光明經玄義表微記序〉於瑪瑙坡玉峰亭。	《閑居編》第四。	
宋天禧二年（1018）	智圓因得祖師晤恩的遺骨於它舍，乃鬻衣僦工刻石為塔葬之於孤山瑪瑙坡。是年冬十月既望越三日乙巳，懼後世不知，乃於塔之左勒崖以識之，名為〈大宋高僧慈光闍梨塔記〉。	《閑居編》第十五。	
宋天禧四年（1020）	夏四月既望越三日，智圓作〈普入不思議法門經序〉。	《閑居編》第一。	
宋天禧四年（1020）	夏五月五日，慶昭滅後四年門人日從政，大懼師之徽猷堙沒，走孤山之下，亟謁潛夫以論譔為請，智圓因之而作〈故梵天寺昭闍梨行業記〉。	《閑居編》第十五、《釋門正統》卷第五〈慶昭傳〉。	

宋天聖三年 （1025）	咸潤從錢塘梵天寺徙居越州永福院行化，聚徒五百。	《釋門正統》卷第五〈咸潤傳〉、《佛祖統紀》卷第十〈法師咸潤傳〉。	
宋天聖八年 （1030）	1、長水子璿，太平興國中依秀州洪敏法師學楞嚴經，後參滁州瑯琊山慧覺禪師得悟，後如其教，勵志扶持賢首宗，以報佛恩。後住長水，眾幾一千，是年以賢首宗教撰《楞嚴經疏》十卷，御史中丞王隨序之行于世（長水疏記）。 2、晤恩卒後四十五年。	《釋氏稽古略》卷第四。	
宋崇寧三年 （1104）	敕諡杭州孤山智圓為法慧大師。	《釋門正統》卷第五〈智圓傳〉。	
說　明	一、晤恩法師原先的師承是秀州靈光寺的皓端，在五代初年是台教與南山律學並揚的大師。 二、或許因為皓端的台教之學來自十祖玄燭，其正統性受到時人的質疑，所以晤恩可能在皓端點撥之下，往錢塘慈光院志因會下參學，時人稱為義虎。 三、志因之學，來自天台山的清竦，志因後來回到本師處開講台教，台教因之走出山林。慈光院有志因、晤恩與文備，咸名遠播，學人遠來受學，慈光院成為天台山與靈光寺之後的另一個修習台教的重要道場。 四、志因卒後，晤恩繼席開講，其在義學上多所敷揚，儼然是一派宗師，下開天台宗山外派。晤恩卒後，門人四散行化。 五、晤恩會下的洪敏回本師靈光寺行化，為判官，子璿前來受學《楞嚴》，振興賢首宗。 六、晤恩會下源清，在晤恩在世之時就回本師寺院奉先寺開講台教，成為晤恩之後山外派的宗匠，其著作流傳到海外，引起日僧學台教者的批判。 七、奉先源清會下出慶昭與智圓，源清卒（咸平二年，999）後的次年（1000），就發生山家、山外之諍論。		

八、慶昭在梵天寺、智圓在孤山開山，由是山外派的學風逐漸成形而穩固，山家、山外分宗並流，天台宗在宋初可說是興盛的，因爲有兩個嫡系學派在弘揚教法。

九、山外派在慶昭與智圓之後，義學不見到有所發展，其傳承由是不明。但山外之學，也影響到後山外的學者。

十、自從會昌法難之後，天台山逐漸成爲研習止觀的重鎮之一，志因、義寂前來受學，而在吳越國時期形成兩個重要學派。山家與山外之爭，當是早已存在，但到兩派的宗匠如晤恩、源清與義寂、義通卒後，才引發兩家門人激烈的諍論，這有其歷史背景與時代課題。而佛法之興衰，贊寧在《宋高僧傳》中謂之爲更化問題，而不只是意氣與義學之爭。